BÊTES, HOMMES ET DIEUX

FERDYNAND OSSENDOWSKI

BÊTES, HOMMES ET DIEUX

A travers la Mongolie interdite
1920-1921

Traduit de l'anglais par
ROBERT RENARD

Phébus *libretto*

L'ÉDITEUR TIENT A REMERCIER
MICHEL MARTY
QUI A ATTIRÉ SON ATTENTION SUR CET OUVRAGE

Illustration de couverture :
Appollinary Vasnetsov
Lac de montagne dans les Ourals (détail)
© Moscou, Musée russe

NOTE DE L'ÉDITEUR

Il était polonais, ce qui signifie qu'à sa naissance, sa patrie n'était « nulle part » (comme la Pologne du Père Ubu, justement). Sa Pologne à lui, démembrée depuis cent ans, était pour l'heure partagée entre la Russie, l'Allemagne et l'Autriche. Et d'ailleurs il était né à Vitebsk – qui n'est plus aujourd'hui polonaise mais biélorusse... On conçoit qu'à ce régime il ait eu du mal à se sentir chez lui quelque part. Il résolut le problème à sa façon : en ne tenant pas en place, et en cherchant à faire du vaste monde son village.

Sacré lascar assurément, comme pourra en juger le lecteur du livre dont il est ici question.

Rien ne préparait semble-t-il Ferdynand Ossendowski (1878-1945) à connaître la célébrité grâce à un livre d'aventures. Il se voulait homme de science, fut poussé par l'Histoire à s'occuper de politique – un théâtre où on lui confia des rôles difficiles – et demeure à nos yeux d'aujourd'hui l'auteur d'un texte qui lui vaut une place singulière mais non négligeable dans la littérature de ce siècle : Bêtes, hommes et dieux. *Publié dans les années vingt, presque conjointement à Londres et à Paris* [1]*, ce récit qui fit comparer Ossendowski à un nouveau Robinson Crusoé suscita à l'époque de rudes polémiques : l'image qu'il donne de la révolution bolchevik et*

1. La présente édition reprend celle que l'auteur, aidé par son ami Lewis Stanton Palen, donna lui-même en anglais en 1924 – édition aussitôt traduite en français par Robert Renard (chez Plon). On s'est contenté d'en unifier le vocabulaire (noms propres surtout) et d'en réviser soigneusement la traduction.

de ses suites sanglantes cadrait mal avec la légende dorée qu'une certaine intelligentsia tentait alors d'accréditer, non sans succès, en Occident. Et puis l'oubli fit son œuvre et pendant plus d'un demi-siècle (à l'exception d'un bref passage en collection de poche il y a une trentaine d'années) seuls quelques chanceux capables de repérer le livre dans les boîtes des bouquinistes parisiens purent s'en régaler – et en faire profiter leurs amis. Mais le temps qui passe ne se contente pas de ruiner les édifices de la mémoire, il lui arrive aussi de remettre au jour des merveilles qu'on avait un peu vite enterrées. La chute de l'empire soviétique, suite à celle du mur de Berlin, a donné lieu comme on sait à bien des révélations, elles-mêmes prétextes à bien des réévaluations. Bref, on s'est aperçu qu'il était peut-être temps de réécrire une bonne partie de l'histoire récente de l'Asie, à la lumière d'événements survenus loin de chez nous au début de ce siècle – hors de la vue des témoins gênants – et dont les conséquences, on le constate tous les jours, n'ont pas fini de se faire sentir. Façon de dire que le livre de notre Polonais nous revient peut-être à la bonne heure.

Les éléments bio-bibliographiques dont on dispose sur Ossendowski, si l'on excepte la période de sa vie qui nous occupe ici, n'encombreront pas la présente notule. Retourné en Pologne entre les deux guerres (sa patrie étant provisoirement autorisée à réexister), il composa au total une quarantaine d'ouvrages, scientifiques surtout – mais aussi un Lénine *qui ne doit pas être un exercice de révérence – et rendit l'âme assez tard pour voir son pays, martyrisé cinq années durant par la botte allemande, passer une nouvelle fois sous la botte russe.*

Il est sans doute inhabituel d'avoir à se référer si constamment à la violence politique à l'instant de présenter un livre dont il vient d'être dit qu'il pouvait se lire comme un pur et simple récit d'aventures. Le lecteur qui s'en étonnerait comprendra de quoi il retourne quand on lui aura résumé à gros traits ce que furent les trente-huit premières années du héros de ces pages – le mot de « héros », comme on verra, n'étant pas en l'occurrence un abus de langage… dût le regretté Michel Strogoff en grincer des dents de dépit dans sa tombe.

L.S. Palen, dans une brève note introductive à l'édition de 1924, nous apprend que Ferdynand Ossendowski, brillant sujet à l'université, avait suivi une formation poussée d'ingénieur à Paris et à Saint-Pétersbourg avant de devenir un spécialiste écouté de la prospection minière (charbon, or et argent) en Sibérie extrême-orientale. Homme de terrain, il semble avoir largement sillonné dans les premières années du siècle les immensités quasi vierges du continent en bordure du Pacifique, de la Corée jusqu'au détroit de Béring. Il y usa sans doute plusieurs paires de bottes mais acquit ce faisant des connaissances géographiques, ethnographiques et linguisitiques qui, à l'heure de sa grande aventure, lui sauveront la vie.

Si l'on en juge par ses premiers états de service, il est à vingt-cinq ans considéré comme l'un des mieux prometteurs parmi la petite cohorte de savants étrangers qui travaillent sans rechigner pour le compte du tsar, et la police accepte de fermer les yeux sur ses idées, qu'il ne cache pas et qui sont jugées « avancées ». En 1905, il est du côté des révolutionnaires « libéraux » qui veulent changer la Russie en douceur, mais la répression du mouvement par l'armée enflamme son indignation. Il est de ceux qui prônent alors la sécession pure et simple de la Sibérie, et dirige même un temps un « gouvernement révolutionnaire » qui installe – très provisoirement – sa capitale à Kharbin (Mandchourie). Lui et ses compagnons réussissent à tenir deux mois, puis doivent fuir. La police le rattrape début 1906, et la justice du tsar le condamne à mort ; et il n'en réchappera que grâce à l'intervention du comte Witte, qui obtient que sa peine soit commuée en travaux forcés.

En 1917, il est encore par le cœur du côté des révolutionnaires, mais pas pour longtemps. Il comprend vite que les « rouges » ont pour premier objectif la mise à mort de toute opposition. Professeur à l'Institut polytechnique d'Omsk, en Sibérie, il rejoint les partisans du gouvernement Koltchak, qui mènent contre le nouveau pouvoir une guerre désespérée – et c'est ainsi que nous le retrouvons, au plus froid de l'hiver 1920, sur les bords de l'Ienisseï pris par les glaces…

On n'en dira pas plus, ce serait crime. On s'étonnera seulement, le souffle suspendu, de voir l'aventure transformer peu à peu l'homme traqué en homme tout court et l'ingénieur positiviste en escaladeur des chemins du ciel. Il se croyait aux prises avec la géographie, il s'attendait à rencontrer sur sa route des montagnes, des fleuves, des déserts ; il découvre une Asie fantôme peuplée de pouilleux sublimes qui tiennent d'interminables conciliabules avec les esprits du vent, de moines ivres d'opium et de mauvais alcool mais secrètement revenus de toutes les illusions terrestres. C'est que, cheminant à travers les plus hautes solitudes d'un continent encore en proie aux mystères du sacré, il vient de pénétrer sans s'en douter dans un monde miraculeusement hors du temps : les balles de mitrailleuse ont beau y tuer pour de bon, d'autres lois que celles du pouvoir humain y régissent encore les destinées. Tel sera son privilège – cher payé – et le nôtre : être admis, quasi par effraction, à assister à la rencontre brutale non de deux mondes mais de deux âges, et mesurer au plus près ce que l'homme a dû perdre à ce passage. Sur les lamaseries abîmées dans la prière sans fin flottent les étendards frappés du swastika, ce symbole de paix et d'éternité ; et nous savons, nous lecteurs, qu'à la même heure peut-être, dans une brasserie de Munich, un médiocre agitateur en chemise brune brandit le même emblème en promettant à l'holocauste la moitié de l'humanité. Le petit caporal autrichien cède avec ses amis, et bientôt avec des millions de suiveurs, à la tentation nihiliste de l'Histoire ; tandis qu'à l'autre bout de l'Eurasie un homme seul découvre la vanité de tout et retrouve, par-delà le mirage du « progrès », une nature qui vit encore à l'heure du temps immobile, une terre travaillée par l'immémorial levain du mythe.

Le livre refermé, on est comme assourdi par l'énorme rumeur de ce choc que nos sismographes n'avaient su entendre, et dont les gens de là-bas, entre deux tours de moulin à prières, avaient déjà saisi les échos annonciateurs, prévu les prolongements meurtriers (cf. la stupéfiante prophétie de ce moine, sur laquelle s'achève le récit, où se donnent à lire par une vertigineuse anticipation, avec un luxe de détails « qui ne s'inventent pas », l'histoire bruyante de notre siècle, et ses guerres, et sa quête d'une horreur nouvelle, et son goût éperdu de la persécution, de l'esclavage, de l'anéantissement).

Car ce n'est pas tant la Tchéka et ses sbires que fuit Ossendowski au long des pistes blanches, que le temps broyeur d'hommes, massacreur de dieux, ce temps « moderne » gouverné par la superstition du progrès, laquelle n'a rien à envier, quoi qu'on dise, à celle qui aveuglait les chasseurs de sorcières du Moyen Age, les croisés pour-

fendeurs de l'infidèle et les juges de la Sainte Inquisition. Sans doute le discours de l'écrivain vagabond pris dans les affres de l'impitoyable course-poursuite à quoi on l'a contraint par violence n'a pas toujours la clairvoyance que nous prête à nous, à trop bon compte, le fameux recul des années. On peut trouver quelque chose de désuet, d'un peu « Jules Verne », à ces aventures qui sont si terriblement de notre temps. Ne nous laissons pas détourner de l'essentiel par le charme anachronique de ces tribulations. Oublions même le romanesque de ces cent figures de rencontre qui ne semblent pouvoir respirer que dans l'excès – au premier rang desquelles l'inoubliable silhouette de ce général-baron Ungern von Sternberg, descendant des chevaliers Teutoniques qui rêva de fonder au fin fond de la Sibérie (la chose est avérée) un ordre militaire bouddhiste ! Prêtons plutôt l'oreille au message que nous délivre, presque à son corps défendant, le fuyard polonais. Il n'a rien perdu de son actualité ni de son urgence. Il nous rappelle – un quart de siècle avant qu'Ernst Jünger s'en avise – que le monde de l'esprit survit malgré tout aux attentats de l'humaine raison, et que contre la violence inventée par notre savoir si peu sage, il reste toujours, à celui qui refuse la dictature des pouvoirs assassins, cette solution encore offerte : le recours aux forêts.

J.P.S.

PREMIÈRE PARTIE

AUX PRISES AVEC LA MORT

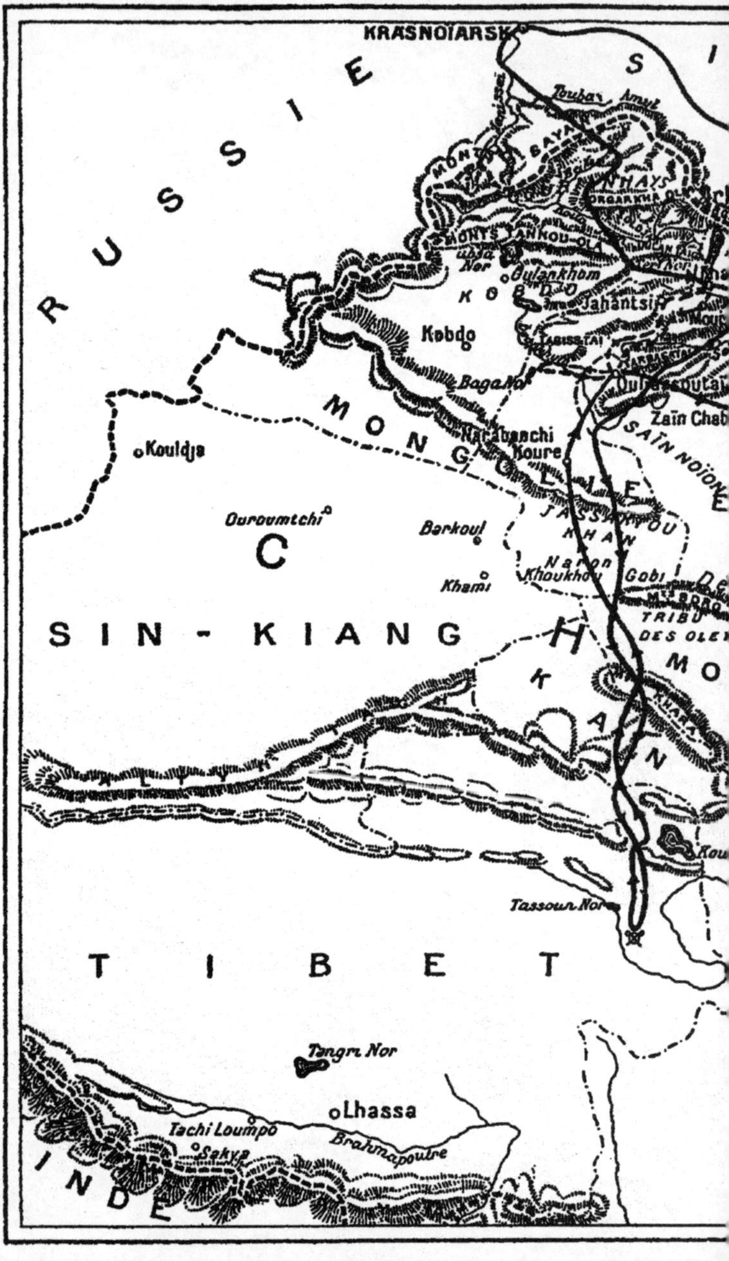
KRASNOÏARSK
RUSSIE
S
Koubar
MONTS
SAYAN
MONTS TANKOU-OLA
Oulankhom
KOBDO
Jahantsi
Kobdo
Baga Nor
MONGOLIE
Zaïn Chab
Narabanchi
Koure
SAÏN NOÏON
oKouldja
Ouroumtchi
Barkoul
JASSAKTOU KHAN
Naron
Khoukhou
Gobi
Khami
C
SIN-KIANG
H
TRIBU DES OLE
MO
K
A
N
KHARA
Tassoun Nor
TIBET
Tangri Nor
Lhassa
Tachi Loumpo
Sakya
Brahmapoutre
INDE

ITINÉRAIRE
DE LA
FUITE DE L'AUTEUR
A TRAVERS L'ASIE
0 100 200 300 400Km
Lac Baïkal
Tchita
Kiakhta
Mandchouli
Khaïlar
MANDCHOURIE
Bouir Nor
Ourga
TSETSEN KHAN
Tola
Kharbin
TOU CHETOU KHAN
de Gobi (Chamo)
Dolo Nor
Moukden
Kalgan
PÉKIN
Tientsin
G. de Petchili
Hoang-Ho
MER JAUNE
Fleuve Jaune
Ouei Ho
CHANGHAÏ
Yang-tse Kiang
MER DE CHINE
Comt P. Pollacchi

I

VERS LA FORÊT

Dans les premières semaines de l'année 1920, je me trouvais en Sibérie, à Krasnoïarsk. La ville est située sur les rives de l'Ienisseï, ce noble fleuve qui prend sa source dans les montagnes de Mongolie, baignées de soleil, et va verser sa chaleur et sa vie dans l'océan Arctique. C'est à son embouchure que, par deux fois, Nansen vint ouvrir au commerce de l'Europe une route vers le cœur de l'Asie. C'est donc à Krasnoïarsk, au plus profond du calme hiver de Sibérie, que je fus soudain emporté dans le tourbillon de la révolution qui faisait rage sur toute la surface de la Russie, semant dans ce pays riche et paisible la vengeance, la haine, le meurtre et bien d'autres crimes encore que ne punit pas la loi. Nul ne pouvait prévoir l'heure fatale qui déciderait de son destin. Les gens vivaient au jour le jour, sortaient de chez eux sans savoir s'ils y reviendraient, s'ils ne seraient pas plutôt happés au beau milieu de la rue et jetés dans les geôles du comité révolutionnaire, parodie de tribunal plus terrible et plus sanguinaire que celui de l'Inquisition. Étrangers à ce pays bouleversé, nous n'étions pourtant pas nous-mêmes à l'abri de ces persécutions.

Un matin que j'étais en visite chez un ami, on vint m'informer soudain que vingt soldats de l'armée Rouge cernaient ma demeure pour m'arrêter et qu'il me fallait fuir sur-le-champ. Aussitôt j'empruntai un vieux costume de chasse à mon ami et, muni d'une petite somme d'argent, m'échappai en toute hâte, à pied, par les petites rues de la ville. J'atteignis bientôt la grand'route et engageai les services d'un paysan qui, en quatre heures, m'avait transporté à une trentaine de verstes [1] et déposé au milieu d'une région très boisée. En chemin, j'avais acheté un fusil, trois cents cartouches, une hache, un couteau, un manteau en peau de mouton, du thé, du sel, des biscuits et une bouilloire. Je m'enfonçai au cœur de la forêt et parvint à une cabane abandonnée, à moitié calcinée. Dès ce jour, je menai l'existence d'un trappeur, mais j'étais bien loin de me douter à quel point cet état forcé allait se prolonger.

Le matin du jour suivant, je partis à la chasse et j'eus la bonne fortune de tuer deux coqs de bruyère. Je découvris des pistes de daims en abondance, ce qui me rassura sur mes possibilités de subsistance. Cependant mon séjour dans cet endroit ne devait guère durer. Le cinquième jour, alors que je revenais de la chasse, je remarquai des volutes de fumée qui montaient de la cheminée de mon abri. Je m'approchai avec précaution de la cabane et aperçus deux chevaux sellés – des fusils de soldats étaient fixés à la selle. Deux hommes sans armes n'offraient aucun danger pour moi qui en possédais une ; aussi, traversant rapidement la clairière, j'entrai dans la cabane. Les deux soldats, assis sur le banc, se dressèrent effrayés. Leurs toques d'astrakan étaient ornées d'étoiles rouges, leurs tuniques de galons de même couleur : c'étaient des bolcheviks. Après nous être salués, nous nous assîmes. Ils avaient déjà préparé le thé et nous le prîmes ensemble, en bavardant, non sans nous examiner mutuellement à la dérobée. Afin de détourner leurs soupçons, je leur racontai que j'étais chasseur, étranger au pays, et que je ne me trouvais dans la région que parce qu'elle était riche en zibelines. Ils m'expliquèrent qu'ils faisaient partie d'un détachement de soldats envoyés dans les bois à la poursuite des suspects.

– Vous comprenez, camarade, me dit l'un d'eux, nous sommes à la recherche de contre-révolutionnaires pour les fusiller.

Je n'avais guère eu besoin de ses commentaires pour comprendre ce dont il retournait, et je m'efforçai du mieux que je pouvais de les convaincre par mon comportement que j'étais bien le simple paysan-chasseur sous les traits duquel je m'étais présenté, et que je n'avais rien de commun avec les contre-révolutionnaires. Pendant

1. Ancienne mesure itinéraire utilisée en Russie, équivalant à 1 067 mètres. *(NdE)*

tout ce temps, je réfléchissais déjà en moi-même à l'endroit où il me faudrait aller après le départ de ces indésirables visiteurs. La nuit tombait. Dans l'obscurité, leurs figures étaient encore moins sympathiques. Ils sortirent leurs bidons de vodka, se mirent à boire, et bientôt les premiers effets de l'alcool se firent sentir. Le ton monta. Ils s'interrompaient à qui mieux mieux, chacun se vantant du nombre de bourgeois qu'ils avaient massacrés à Krasnoïarsk ou des cosaques qui grâce à eux reposaient désormais sous la glace du fleuve. Leur discussion faillit tourner à la querelle mais, fatigués l'un et l'autre, ils allaient se coucher quand, brusquement, sans avertissement, la porte de la cabane s'ouvrit. La buée de la pièce surchauffée s'échappa vers l'extérieur. Et nous vîmes bientôt apparaître, tel un génie de conte oriental surgissant parmi les volutes de fumée, un homme de haute stature, au visage maigre. Il était vêtu comme un paysan, portant une toque d'astrakan et un long manteau de peau de mouton ; à sa ceinture pendait la hache dont ne se sépare jamais le paysan de Sibérie. Debout dans l'embrasure de la porte, le fusil prêt à faire feu, ses yeux vifs et luisants comme ceux d'une bête sauvage se posaient alternativement sur chacun d'entre nous. Brusquement il enleva sa toque, fit le signe de la croix et demanda :

– Qui est le patron ici ?

– Moi, dis-je.

– Puis-je m'arrêter pour la nuit ?

– Oui, répondis-je, il y a de la place pour tout le monde. Vous allez prendre une tasse de thé. Il est encore chaud.

L'étranger, qui n'avait pas cessé d'explorer la pièce du regard, examinant minutieusement chaque personne et chaque objet qui s'y trouvaient, posa son fusil dans un coin et se débarrassa de sa fourrure, ne gardant sur lui qu'une vieille veste de cuir et un pantalon assorti, enfoncé dans de hautes bottes de feutre. Il avait le visage jeune, fin, un brin moqueur. Ses dents blanches et aiguës étincelaient tandis que ses yeux semblaient transpercer tout ce qu'ils regardaient. Je notai quelques mèches grises dans la broussaille de sa chevelure. Les rides d'amertume qui marquaient sa figure de part et d'autre de la bouche révélaient une vie troublée et exposée aux dangers. Il prit un siège à proximité de son fusil et posa sa hache sur le sol à côté de lui.

– Eh bien, c'est ta femme ? lui demanda un des soldats ivres, désignant la hache.

Le regard calme et froid sous ses épais sourcils, le nouvel arrivant le toisa avec placidité :

– On a des chances de rencontrer toutes sortes de gens à notre époque ; avec une bonne hache, c'est plus sûr.

Il avalait son thé avec avidité, tout en cherchant d'évidence à m'interroger du regard, ne me quittant des yeux que pour scruter la cabane, à la recherche d'une réponse à ses inquiétudes. Lentement, d'une voix traînante où perçait la circonspection, il répondait à toutes les questions des soldats. Quand il eut fini son thé, il retourna son verre pour marquer qu'il avait fini, posa sur le sommet le petit morceau de sucre qui restait et dit aux soldats :

– Je vais m'occuper de mon cheval et je dessellerai les vôtres par la même occasion.

– Entendu, répondit le soldat à demi endormi. Rapportez aussi nos fusils.

Les deux soldats s'étaient approprié les bancs pour dormir, nous laissant nous accommoder à même le sol. L'étranger revint bientôt : il rapportait les fusils qu'il remisa dans un coin sombre. Il disposa les selles par terre, s'assit dessus et entreprit de retirer ses bottes. Tous ne tardèrent pas à ronfler profondément, tandis qu'incapable de trouver le sommeil, je restais éveillé en proie à l'incertitude sur ce que je devais faire. Je finis par m'endormir comme l'aube pointait et ne me réveillai qu'au grand jour ; l'étranger n'était plus là. Je sortis de la cabane et le découvris en train de seller un superbe étalon bai.

– Vous partez ?

– Oui, je vais faire un bout de route avec les camarades, murmura-t-il. Ensuite je reviendrai.

Sans l'interroger davantage, je lui répondis simplement que je l'attendrais. Il détacha les sacs qui étaient suspendus à sa selle, alla les cacher dans la partie de la cabane qui n'était plus qu'un amas de bois calciné, vérifia les étriers et la bride et, tandis qu'il finissait de seller, me dit en souriant :

– Je suis prêt. Je vais réveiller les camarades.

Une demi-heure après, leur thé ingurgité, mes trois visiteurs prenaient congé. Je m'activai dehors à casser du bois pour le feu. Soudain, venant du bois, des coups de fusils retentirent dans le lointain ; un d'abord, puis un autre. Des coqs de bruyère s'envolèrent, effrayés par le bruit. Au sommet d'un pin, un geai fit entendre sa plainte. Ensuite, tout redevint calme. J'écoutai longtemps pour voir si personne n'approchait, mais rien ne vint plus briser le silence.

Sur le bas Ienisseï, la nuit tombe de très bonne heure. Rentré à l'intérieur de la cabane, je fis du feu dans le poêle et commençai à faire cuire ma soupe, sans cesser de guetter le moindre bruit venant du dehors. Je sentais, invisible, impalpable, la présence de la mort qui rôdait autour de moi, prête à tout moment à se découvrir sous un aspect imprévisible : l'homme, la bête, le froid, l'accident, la maladie… Face à elle j'étais seul, n'ayant pour seul recours que la vigueur de mes bras et de mes jambes, la précision de mon tir, la vivacité de mon esprit, et la Providence divine ! Plongé dans ces sombres réflexions, je ne m'aperçus pas du retour de l'étranger. Comme la veille, il apparut tout à coup sur le seuil. A travers la buée, je distinguai d'abord les yeux rieurs qui se détachaient sur le fin visage. Il entra dans la cabane et, avec grand bruit, déposa dans un coin trois fusils.

– Deux chevaux, deux fusils, deux selles, deux boîtes de biscuits, un demi-paquet de thé, un sachet de sel, cinquante cartouches, deux paires de bottes, énuméra-t-il en riant. Bonne chasse aujourd'hui.

Surpris, je le dévisageai.

– Qu'est-ce qui vous étonne ? dit-il en riant. *Komu nujny eti tovarich ?* Qui s'inquiète de gens comme ça ? Prenons le thé et allons nous coucher. Demain je vous conduirai vers un endroit plus sûr et vous pourrez continuer votre route.

II

LE SECRET DE MON COMPAGNON

Au point du jour nous partîmes, abandonnant ce qui avait été mon premier refuge. Tous nos effets personnels tenaient dans des sacs que nous accrochâmes sur l'une des selles.

– Il faut que nous fassions quatre ou cinq cents verstes, affirma d'un ton très calme mon compagnon dont j'avais appris qu'il se prénommait Ivan, ce qui, dans un pays où un homme sur deux porte ce prénom, ne disait rien à mon esprit ni à mon cœur.

– Cela fait donc un bien long voyage... observai-je sans trop d'enthousiasme.

– Guère plus d'une semaine, peut-être moins, se borna-t-il à répondre.

Cette nuit-là, nous dormîmes dans les bois. C'était ma première nuit à la belle étoile, mais il y en aurait tant d'autres, semblables, au cours des dix-huit mois qu'allait durer ma vie errante ! Le jour, le froid était particulièrement vif. Sous les pieds de nos chevaux, la neige gelée crissait, s'accumulait sous les sabots et s'en détachait soudain en roulant sur la surface durcie avec un bruit de verre brisé. Ici et là, des coqs de bruyère prenaient leur envol avec nonchalance, des lièvres suivaient en musardant le lit des torrents d'été. Le soir, le vent se mettait à gémir et à siffler, courbant la cime des arbres au-dessus de nos têtes. Nous fîmes halte, cette première nuit, dans un ravin profond, bordé de gros sapins. Quelques troncs abattus nous fournirent des bûches pour le feu et nous pûmes préparer le thé et le dîner.

Puis Ivan choisit avec soin deux troncs d'arbres, dont il équarrit un côté à l'aide de sa hache. Il les disposa parallèlement, les deux faces taillées se regardant, puis les fixa ensemble à l'aide de deux gros coins enfoncés à chaque extrémité, qui les maintenaient séparés l'un de l'autre par une dizaine de centimètres. Dans la large fente ainsi obtenue, il plaça des charbons ardents ; immédiatement le feu se mit à courir sur toute la longueur des troncs.

– Maintenant, le feu va durer jusqu'à demain matin, me dit-il. Les prospecteurs appellent cela une *naïda;* été comme hiver, lorsque nous errons dans les bois, nous nous couchons toujours auprès d'une naïda. C'est extrêmement efficace ! Vous allez d'ailleurs pouvoir en juger par vous-même.

Avec des branches de sapin, il fabriqua ensuite un toit incliné qu'il disposa sur deux montants dans l'axe de la naïda, sous les larges branches protectrices d'un sapin. Sur le sol enneigé furent disposés d'autres branchages où l'on étala les couvertures et les selles. Accommodé de la sorte, Ivan put s'asseoir et enleva ses vêtements de dessus et même sa blouse. Bientôt je vis la sueur perler sur son front.

– A présent il fait bon et chaud ! s'écria-t-il en s'épongeant le cou.

Ce fut bientôt à mon tour d'ôter mon pardessus ; enfin je m'étendis pour dormir sans aucune couverture, tant les branches de sapin et la naïda nous protégeaient confortablement du froid piquant qui régnait dehors. Après cette nuit-là, plus jamais je n'eus peur du froid. Transi sur mon cheval dans la journée, je me réchauffais à la nuit tombée grâce à la naïda, et reposais, débarrassé de mon lourd manteau, sous le toit de pins et de sapins, après avoir dégusté une tasse de thé, toujours la bienvenue.

Au cours de nos étapes quotidiennes, Ivan me raconta l'histoire de ses voyages parmi les montagnes et les bois de la Transbaïkalie, à la recherche de l'or. Ses récits étaient pleins de vie, fourmillaient d'aventures attrayantes, de périls et de luttes. Ivan était le type même de ces prospecteurs qui, en Russie comme ailleurs, ont découvert les plus riches mines d'or mais continuent à vivre comme des mendiants. Il évita de me dire pourquoi il avait quitté la Transbaïkalie et je compris à ses manières qu'il désirait garder son secret. Cependant le voile de mystère qui couvrait cette partie de son existence se souleva un jour par hasard.

Nous approchions du but qu'Ivan avait fixé à notre voyage. Toute la journée nous avions chevauché avec beaucoup de difficulté à travers d'épais taillis de saules, vers l'un des gros affluents de la rive droite de l'Ienisseï, la Mana. Partout, le sol était marqué par les empreintes des lièvres qui peuplent les fourrés, et l'on voyait ici et là surgir sans méfiance devant nous ces petits hôtes des bois au pelage blanc. Parfois, c'était la queue rousse d'un renard, tapi pour nous guetter derrière un rocher. Depuis un moment mon compagnon se tenait silencieux, quand il ouvrit la bouche pour me dire qu'à peu de distance de là se trouvait un petit affluent de la Mana : à l'embouchure, nous trouverions une cabane.

– Qu'en pensez-vous ? Allons-nous pousser jusque-là ou passons-nous la nuit près de la naïda ?

Je suggérai d'aller jusqu'à la cabane, souhaitant vivement me laver et songeant par ailleurs qu'il serait agréable de passer la nuit sous un vrai toit. En guise d'approbation, Ivan fronça les sourcils.

La nuit tombait quand nous parvînmes à la cabane, cachée dans un bois épais et tout entourée de framboisiers sauvages. Elle ne comportait qu'une petite chambre éclairée par deux minuscules fenêtres, où trônait un gigantesque poêle russe. Contre le mur se trouvaient les ruines d'un hangar et d'un cellier. Nous allumâmes le poêle et préparâmes notre modeste dîner. Ivan but au bidon des soldats, qu'il s'était approprié, et devint bientôt éloquent. Les yeux brillants, les mains perdues dans son abondante chevelure, il commença à me narrer l'une de ses aventures. Soudain, les yeux remplis de terreur, il s'interrompit pour fixer l'un des recoins de la pièce.

– Est-ce un rat ? demanda-t-il.

– Je n'ai rien vu, répondis-je.

Il se tut de nouveau, pensif, la mine renfrognée. Souvent il nous arrivait de rester silencieux de longues heures durant, et je ne m'étonnai donc pas. Mais Ivan se pencha tout contre moi et murmura :

– Je veux vous conter une vieille histoire. J'avais un ami en Transbaïkalie, un forçat exilé. Il s'appelait Gavronsky. Nous faisions route ensemble par monts et par vaux à la recherche de l'or. Il était convenu que nous devions partager tous nos gains par moitié. Mais un jour, Gavronsky décida de partir vers la taïga, le long de l'Ienisseï, et disparut. Cinq ans après, on apprit qu'il avait découvert une riche mine d'or et qu'il était devenu un propriétaire prospère, puis que sa femme et lui avaient été assassinés…

Ivan resta silencieux un moment, puis continua :

– Nous sommes dans leur ancienne cabane. C'est ici qu'il vivait avec sa femme et c'est par ici, sur cette rivière, qu'il trouvait son or. Mais jamais il ne voulut révéler à quel endroit précisément. Tous les paysans des environs savaient qu'il avait beaucoup d'argent à la banque et qu'il avait vendu de l'or au gouvernement. C'est ici qu'on les a tués.

Ivan s'avança vers le poêle, en arracha un tison enflammé et, se penchant, éclaira une tache sur le sol.

– Vous voyez ces taches par terre et sur le mur ? C'est leur sang, le sang de Gavronsky. Ils sont morts sans avoir révélé l'endroit où se trouvait l'or. Ils le récoltaient au fond d'une mine qu'ils avaient creusée dans la cave, sous le hangar. Mais il n'a rien voulu dire… Dieu que je les ai torturés ! Je les ai brûlés, je leur ai retourné les doigts, arraché les yeux, mais Gavronsky est mort sans parler.

Après une courte pause, il ajouta précipitamment :

– Tout ça, ce sont les paysans qui me l'ont raconté.

Il jeta la bûche dans le feu et s'étendit sur le banc.

– Il est temps de dormir, conclut-il sèchement avant de retourner au silence.

Je l'écoutai longtemps respirer et marmotter tout seul tandis qu'il se tournait et se retournait sur sa couche en tirant sur sa pipe.

Le lendemain matin, nous quittâmes ce lieu marqué par la souffrance et le crime. Au bout de sept jours de voyage, nous atteignîmes un épais bois de cèdres qui annonçait les premiers contreforts des montagnes.

– Ici, m'expliqua Ivan, nous nous trouvons à quatre-vingts verstes du hameau le plus proche. Les gens viennent dans ces bois cueillir des noix de cèdre, mais seulement pendant l'automne. En dehors de cette saison vous n'y rencontrerez personne. Vous y trouverez en revanche beaucoup d'oiseaux, d'animaux, et des noix en abondance, qui vous fourniront de quoi survivre. Voyez-vous cette rivière ? Quand vous voudrez rejoindre les villages, vous n'aurez qu'à la suivre et elle vous mènera à eux.

Ivan m'aida à construire une hutte en terre, ou ce qui voulait en tenir lieu. En réalité, elle était constituée par les racines d'un grand cèdre abattu, probablement au cours d'un furieux orage. La base de l'arbre déraciné formait une grande cavité qui me servirait de pièce principale; elle était flanquée sur un côté par un mur de terre consolidé par tout un fouillis de racines latérales. En guise de toit, nous emmêlâmes piquets et branchages aux racines supérieures, et je stabilisai cette charpente de fortune à l'aide de pierres, avant de recouvrir le tout de neige pour mieux isoler mon abri. Le devant de la hutte était ouvert à tous les vents, mais la naïda constituait une bonne barrière protectrice.

Je passai les deux mois suivants dans cet antre couvert de neige, sans voir nulle créature humaine, sans aucun contact avec le monde extérieur où se déroulaient les événements considérables que l'on sait. Dans ce tombeau, sous les racines du cèdre abattu, je vécus face à la nature, n'ayant pour seule compagnie que mes épreuves, les inquiétudes que m'inspirait le sort des miens, et pour seul objectif mon âpre lutte pour la vie. Ivan était parti dès le second jour, me laissant un sac de biscuits et un peu de sucre. Je ne l'ai plus jamais revu.

III

LA LUTTE POUR LA VIE

Je restai seul. Autour de moi, rien que les bois de cèdres éternellement verts, revêtus de neige, les buissons nus, la rivière gelée ; à perte de vue, la taïga sibérienne ! Combien de temps me faudrait-il vivre ici ? Les bolcheviks me retrouveraient-ils ? Mes amis apprendraient-ils où j'avais fini ? Et ma famille ? Qu'allait-elle devenir ? Toutes ces questions hantaient en permanence mon esprit, me dévorant de leur feu.

Bientôt, je compris pourquoi Ivan m'avait servi si longtemps de guide. Nous avions rencontré maintes retraites secrètes, éloignées des hommes, dans lesquelles Ivan aurait pu me laisser en toute sécurité, mais il m'avait toujours dit qu'il me conduirait là où la vie était plus facile. Et en effet, les bois de cèdres et les forêts infinies qui couvraient les montagnes jusqu'à l'horizon donnaient du charme et de la douceur à ce refuge solitaire. Le cèdre est un arbre puissant et splendide. Ses branches majestueusement déployées offrent protection à tous les êtres vivants. Dans les bois, la vie était en perpétuelle effervescence. Les écureuils tapageurs sautaient d'arbre en arbre ; les casse-noisettes poussaient des cris perçants ; des nuées de bouvreuils aux gorges carminées traversaient les ramures, semblables à des flammes ; l'armée des chardonnerets donnait concert dans un amphithéâtre d'arbres ; le lièvre gambadait d'un tronc à l'autre, suivi par l'ombre à peine visible d'une blanche hermine rampant sur la neige en tapinois, tandis que je m'efforçais de distinguer la petite tache noire de sa queue ; se mouvant avec précaution sur la neige durcie, un noble daim approchait ;

enfin, du haut de la montagne je reçus la visite du roi de la forêt sibérienne, l'ours brun. Tout cela me distrayait, chassait les noires pensées de mon esprit et m'encourageait à persévérer. J'aimais aussi, bien que cela fût difficile, grimper jusqu'au sommet de la montagne : par-dessus le toit de la forêt, je pouvais alors porter mes regards vers l'horizon, jusqu'à la falaise rouge qui se dressait sur l'autre rive de l'Ienisseï. Là-bas s'étendaient mon pays et ses villes, là-bas se trouvaient mes amis et mes ennemis. Il me semblait même avoir repéré au loin le point où demeurait ma famille.

Pour toutes ces raisons, Ivan m'avait amené ici. A mesure que s'écoulaient les jours dans cette solitude, je commençais à regretter cruellement ce compagnon : bien que ce fût le meurtrier de Gavronsky, il avait pris soin de moi comme un père, sellant toujours mon cheval, cassant le bois et faisant tout ce qu'il pouvait pour assurer mon confort. Il avait passé de nombreux hivers seul avec ses pensées, face à la nature, face à Dieu. Il avait éprouvé les horreurs de la solitude et avait appris à les supporter. Je pensais parfois que si je devais trouver la mort en cet endroit, je consacrerais tout ce qui me restait de force à me traîner au sommet de la montagne, afin de pouvoir contempler en mourant, au-delà de l'océan infini des montagnes et des forêts, le lieu où se trouvaient ceux que j'aimais.

L'existence que je menais me fournissait ample matière à réflexion mais m'obligeait également en permanence à d'âpres exercices physiques. C'était une lutte continuelle pour la vie, une lutte dure et cruelle. Le travail le plus pénible était la préparation des grosses bûches pour la naïda. Les troncs d'arbres qui jonchaient le sol étaient recouverts de neige et cimentés par la gelée. J'étais obligé de les déterrer puis, en me servant d'un long bâton en guise de levier, je m'efforçais de les soulever. Pour faciliter le travail, je m'approvisionnais sur la montagne : si l'escalade était pénible, je pouvais ensuite faire rouler les troncs jusqu'en bas de la pente, sans avoir à les porter. Bientôt, je fis une merveilleuse découverte. Je trouvai près de mon abri une grande quantité de mélèzes, ces géants de la forêt, tristes et magnifiques, que l'orage avait terrassés. Les troncs couverts de neige étaient encore attachés à leurs souches, à l'endroit où ils s'étaient rompus. Lorsque j'y portais la hache, le fer s'y enfonçait tout entier et je ne pouvais l'en retirer qu'avec difficulté. Ce bois gorgé de résine n'avait besoin que d'une étincelle pour s'enflammer et je pris l'habitude d'en conserver toujours une provision que je pouvais allumer rapidement pour me réchauffer les mains et faire bouillir le thé, à mon retour de la chasse.

La plus grande partie de mes journées était consacrée à la chasse. Pour rompre la monotonie des jours et me distraire de mes sombres et tristes pensées, je m'obligeai à établir chaque matin un strict emploi du temps. En général, sitôt après le thé du réveil, je partais dans la forêt à la recherche de coqs de bruyère. Après en avoir tué un ou deux, je commençais les préparatifs du dîner, lequel n'était jamais bien compliqué. C'était toujours du bouillon de gibier agrémenté d'une poignée de biscuits, le tout arrosé d'un nombre extraordinaire de tasses de thé, boisson indispensable dans les bois. Un jour, au cours de ma chasse, j'entendis un bruissement dans les épais fourrés et, regardant attentivement autour de moi, je découvris la pointe des cornes d'un daim. Je rampai pour m'approcher, mais l'animal méfiant m'entendit approcher. Dans un grand fracas, il sortit précipitamment du fourré et je le vis clairement, après qu'il eut couru environ trois cents pas, s'arrêter à mi-pente. C'était un splendide animal au pelage gris foncé, à l'échine presque noire. Il avait la taille d'une petite vache. Je calai mon fusil sur une branche et fis feu. La bête fit un bond, courut quelques pas et tomba. Je me précipitai, hors d'haleine, mais je le vis soudain se redresser et, moitié sautant moitié se traînant, gravir la montagne. Une seconde balle l'arrêta. J'avais gagné un chaud tapis pour mon abri et une belle provision de viande. J'attachai les bois aux branches de mon mur où ils firent un splendide portemanteau.

A quelques verstes de ma demeure, je fus aussi le témoin d'une curieuse scène. Il y avait là un marécage recouvert d'herbes et émaillé d'airelles, où les coqs de bruyère et les perdreaux venaient se gaver de baies. Un jour que je m'étais approché silencieusement, je vis toute une compagnie de coqs de bruyère grattant la neige à la recherche de leur pitance. Tandis que je contemplais cette scène, un des oiseaux fit brusquement un bond dans les airs, tandis que le reste de la troupe prenait son envol, épouvanté. A mon grand étonnement, l'oiseau de tête commença à s'élever en spirale, puis retomba net, mort. Comme je m'approchai du cadavre, une hermine rapace bondit sous mon nez et se cacha derrière un tronc d'arbre tombé. Le cou de la victime était déchiqueté. Je compris alors que l'hermine s'était jetée sur le coq, et qu'agrippée à sa gorge, elle avait été entraînée en l'air par l'oiseau dont elle suçait le sang, causant la lourde chute à laquelle j'avais assisté.

Telle fut ma vie pendant ces interminables journées où me rongeaient avec une force grandissante les plus amères pensées. Les semaines se succédaient et je sentis bientôt tiédir le souffle du vent. Dans les clairières, la neige commençait à fondre. Par endroits, de petits ruisselets d'eau faisaient leur apparition. Un jour je voyais la mouche, un autre l'araignée, tout juste réveillées après ce dur hiver. Le printemps approchait. Je me rendais compte qu'en cette saison il était impossible de sortir de la forêt : toutes les rivières débordaient; les marécages devenaient impraticables; les pistes d'animaux se transformaient en torrents d'eau courante. Je compris alors que j'étais condamné à subir ma solitude jusqu'à l'été. Le printemps prit rapidement possession de la forêt, la montagne quitta son manteau de neige : elle apparut enfin, avec ses rochers, ses troncs de bouleaux et de trembles, les cônes de ses fourmilières. La rivière commençait à briser sa couverture de glace, et ses flots pressés se mirent à courir, bouillonnant d'écume.

IV

A LA PÊCHE

Un jour, à la chasse, je longeais la rive lorsque j'aperçus un banc de gros poissons à dos rouge, qui semblaient remplis de sang. Ils nageaient à la surface, profitant des rayons du soleil. Quand le fleuve fut tout à fait délivré de ses glaçons, les poissons apparurent en énormes quantités. Bientôt, je vis qu'ils remontaient le courant vers les petites rivières de l'amont, pour la saison du frai. Je songeai alors à employer une méthode de pêche sans doute rigoureusement interdite dans tous les pays de la planète : mais puissent tous les législateurs, tous les juges se montrer indulgents envers un homme qui, vivant dans sa hutte, sous les racines d'un arbre abattu, osa violer leurs lois raisonnables.

En recueillant des branchages de bouleau et de tremble, je bâtis en travers du courant une digue sur laquelle les poissons venaient buter dans leur course, et je vis bientôt qu'ils essayaient de la franchir en sautant par-dessus. Près de la rive, je ménageai une ouverture dans ma barrière, à environ cinquante centimètres sous la surface de l'eau, et fixai en amont un large panier, tressé avec des tiges flexibles de saule, dans lequel le poisson pénétrait une fois l'obstacle franchi. Faisant le guet, je frappais alors cruellement mes prises sur la tête, avec un gros bâton. Toutes celles que j'attrapai pesaient plus de trente livres; quelques-unes même dépassaient les quatre-vingts. Cette espèce de poisson, connue sous le nom de *taïmen*, appartient à la famille des truites, et il n'en est pas de meilleure dans l'Ienisseï.

Deux semaines plus tard, tous les poissons étaient passés et, mon panier ne me donnant plus rien, je repris la chasse.

V

UN DANGEREUX VOISIN

A mesure que le printemps ramenait la vie, la chasse devint de plus en plus fructueuse et agréable. Le matin, dès le point du jour, la forêt se remplissait de voix, étranges et incompréhensibles pour l'habitant des villes. Le coq de bruyère, perché sur les hautes branches d'un cèdre, gloussait et faisait entendre son chant d'amour en contemplant avec admiration la poule grise qui grattait les feuilles mortes au-dessous de lui. Il était facile d'approcher le ténor emplumé et, d'un coup de fusil, de le faire dégringoler des hauteurs où l'élevait son lyrisme, pour le ramener à des fonctions plus utilitaires. Sa mort était une euthanasie : il tombait fauché en pleine extase d'amour, sourd à tout le reste. Dans la clairière, les coqs noirs aux larges queues tachetées se battaient, tandis que les femelles se pavanaient à proximité, tendaient le cou et jacassaient – en commérages sans doute sur leurs galants en bataille qu'elles contemplaient avec délice. Au loin, grave et profond, plein de tendresse et de désir, retentissait l'appel d'amour du cerf; des pics montagneux descendait, bref et chevrotant, le bramement du daim de montagne. Dans les fourrés, les lièvres gambadaient, tandis qu'aplati contre le sol, le renard roux, tout près, guettait sa proie. Jamais je n'entendis de loups : on n'en trouve généralement pas dans les régions de Sibérie montagneuses et boisées.

Mais j'avais un voisin. Et il devint évident que l'un d'entre nous devait céder la place. Un jour, alors que je rentrais de la chasse, un gros coq de bruyère sous le bras, je distinguai soudain parmi les arbres une masse noire et mouvante. Je m'arrêtai et, regardant attentivement, je vis un ours, occupé de toutes ses forces à creuser une fourmilière. Il me sentit, grogna violemment et s'éloigna à vive allure, ce qui ne laissa pas de me surprendre tant sa démarche était lourdaude. Le lendemain matin, tandis que j'étais encore couché sous mon manteau, mon attention fut attirée par un bruit derrière ma hutte. Je jetai un œil avec précaution et découvris l'ours. Il était dressé sur ses pattes de derrière et reniflait bruyamment, se demandant quelle créature vivante avait bien pu adopter la coutume de ses congénères et se loger ainsi, pendant l'hiver, sous des troncs d'arbres tombés. Je poussai un cri et frappai du plat de ma hache contre la bouilloire. Mon visiteur matinal s'enfuit aussi vite qu'il le put, ce qui n'empêcha pas sa visite de me laisser un souvenir extrêmement désagréable.

Tout ceci se passait au début du printemps ; l'animal n'aurait pas dû quitter si tôt ses quartiers d'hiver. C'était un ours fourmilier, bête singulière, entièrement dépourvue des civilités dont s'enorgueillissent les espèces supérieures de la race. Je savais les fourmiliers audacieux et particulièrement irritables, et me préparai donc en toute hâte à la défense et à l'attaque. Ce fut rapide : j'émoussai les extrémités de cinq de mes cartouches, de façon à les transformer en balles dum-dum, argument le plus susceptible d'être compris sur l'instant par mon indésirable visiteur. Enfilant mon manteau, je me dirigeai vers l'endroit où j'avais pour la première fois rencontré l'animal et où se trouvaient de nombreuses fourmilières. Je fis tout le tour de la montagne, explorai chaque ravin, mais ne pus nulle part retrouver l'intrus. Déçu, fatigué, je regagnais ma hutte sans méfiance, quand soudain je découvris le roi de la forêt sortant de mon humble demeure et qui en reniflait l'entrée de haut en bas. Je fis feu. La balle lui traversa le flanc. Il rugit de douleur et de colère et se dressa sur les pattes de derrière. La seconde balle lui cassa une patte et le força à s'accroupir, mais aussitôt, se soulevant et s'efforçant de se tenir debout, il lança son attaque. Seule la troisième balle, qu'il reçut en pleine poitrine, l'arrêta. Il pesait entre deux cents et deux cent cinquante livres, autant que je pus en juger, et sa chair se révéla savoureuse, notamment accommodée en boulettes que je roulais et faisais rôtir sur des pierres chauffées, les regardant se gonfler jusqu'à devenir aussi légères que les plus fines omelettes soufflées que nous avions tant appréciées au *Medved*, à Pétrograd. C'est sur cette provision de viande, venue avec tant d'à-propos enrichir mon garde-manger, que je vécus dès lors, jusqu'à l'époque où le sol s'assécha et où le niveau des crues s'abaissa suffisamment pour me permettre de suivre le fleuve jusqu'au pays qu'Ivan m'avait indiqué.

Voyageant toujours avec de grandes précautions, je fis route le long de l'eau, à pied, emportant avec moi tout mon ménage enveloppé dans le sac de peau de daim que j'avais fabriqué en liant entre elles les pattes de l'animal par un nœud grossier. Ainsi chargé, je passais à gué les petits ruisseaux et pataugeais dans les marécages qui se trouvaient sur mon chemin. Après quelque soixante-quinze verstes de marche, j'atteignis le pays qu'on appelle Sifkova, où je trouvai la hutte d'un paysan nommé Tropoff. Elle était située tout près de la forêt qui était devenue mon univers familier. C'est là que je vécus encore quelque temps.

Aujourd'hui, dans la sécurité et la paix extraordinaires où je vis, mon expérience de la taïga sibérienne m'inspire quelques réflexions. A notre époque, chez tout individu sain de corps et d'esprit plongé dans l'adversité, on voit resurgir les instincts de l'homme primitif, chasseur et guerrier, ces instincts nécessaires à sa lutte contre la nature. L'homme cultivé a cette supériorité sur l'être inculte qu'il possède pour triompher deux armes irremplaçables : la science et la volonté. Mais l'homme cultivé paie cher ce privilège : rien n'est plus affreux dans la solitude absolue que la conscience même de cet isolement, loin de toute société humaine, là où n'ont plus cours aucune valeur esthétique, aucune loi morale. La faiblesse et la folie peuvent en un instant s'emparer de cet homme, le pousser inéluctablement vers la destruction. J'ai passé des jours affreux à combattre le froid et la faim, mais j'ai passé des jours plus terribles encore à lutter de toute ma volonté contre les pensées déprimantes et délétères. Leur simple souvenir me glace le cœur et, tandis que je les revis avec acuité en écrivant le récit de mes épreuves, ils me plongent de nouveau dans un état de terreur. Je ne peux m'empêcher de penser que les pays parvenus à un très haut degré de civilisation négligent par trop cet aspect de l'éducation qui rend l'homme apte, quand il est réduit aux conditions primitives de l'existence, à lutter contre la nature et à assurer sa propre survie. C'est pourtant la seule façon de développer une génération nouvelle d'hommes sains et forts dont la volonté et les muscles de fer s'allieraient en même temps à une âme sensible.

La nature détruit le faible mais elle aide le fort ; enfin et surtout, elle éveille au fond de l'âme des émotions incapables d'éclore dans les conditions de vie de nos cités modernes.

VI

LA RIVIÈRE EN TRAVAIL

Mon séjour dans le pays de Sifkova ne se prolongea guère, mais je l'employai de mon mieux. Tout d'abord, j'envoyai un homme en qui j'avais confiance chez mes amis de Krasnoïarsk, afin qu'ils me fissent parvenir du linge, des bottes, de l'argent, une trousse de pharmacie et, plus important encore puisque les bolcheviks devaient me considérer comme mort, un faux passeport. Je réfléchis ensuite au meilleur plan d'action. Les gens de l'endroit m'ayant appris que le commissaire du gouvernement des soviets devait venir réquisitionner du bétail pour l'armée rouge, je jugeai dangereux de rester plus longtemps. Il me fallait pourtant attendre que l'Ienisseï fût débarrassé de l'épaisse couche de glace qui le bloquait encore, alors que depuis longtemps déjà le dégel avait délivré les petites rivières et que les arbres avaient revêtu leur feuillage printanier. Pour mille roubles, j'engageai un pêcheur qui consentit à me conduire jusqu'à une mine d'or abandonnée, à quatre-vingts verstes en amont du fleuve, dès que celui-ci serait entièrement délivré de ses glaçons. C'est alors qu'un matin j'entendis un bruit assourdissant, celui d'une formidable canonnade, et je courus voir : le fleuve venait de soulever sa chape de glace, puis l'avait laissé retomber pour la briser.

De la rive, j'assistais à un spectacle à la fois terrible et majestueux. Descendant du sud, le fleuve charriait vers le nord une énorme masse de glace qu'il transportait sous l'épais couvercle de gel qui le recouvrait encore par endroits. Or la terrible poussée provoquée par le déplacement de cette masse avait rompu le barrage hivernal au nord : l'Ienisseï, fleuve-père, fleuve-héros, fleuve parmi les plus longs d'Asie, profond et magnifique, encaissé tout le long de son cours moyen dans des gorges escarpées, effectuait sa dernière ruée vers l'océan Arctique. La masse énorme avait traîné avec elle de gigantesques champs de glace, les pulvérisant sur les rapides et sur les roches isolées, les faisant tournoyer en tourbillons courroucés, soulevant par portions entières les noires routes de l'hiver, emportant les tentes construites pour les caravanes qui descendent à cette saison le fleuve gelé, de Minoussinsk à Krasnoïarsk. De temps en temps le flot était arrêté dans son cours ; avec un sourd mugissement, les champs de glace écrasés s'empilaient parfois jusqu'à une hauteur de dix mètres et formaient un barrage. Le fleuve, par derrière, montait si rapidement qu'il inondait les terrains bas, jetant sur le sol d'énormes monceaux de glace. Soudain, avec une puissance démultipliée, les eaux s'élançaient à l'assaut du barrage et l'entraînaient vers l'aval dans un épouvantable fracas de verre brisé. Aux tournants des rivières, contre les rochers, c'était un terrifiant chaos. D'énormes blocs de glace s'enchevêtraient, se bousculaient ; quelques-uns, projetés en l'air, venaient s'abîmer tumultueusement contre ceux qui se trouvaient déjà là, ou, précipités contre les falaises et les berges, en arrachaient des rocs, de la terre et des arbres au plus haut des flancs escarpés. Tout le long des basses rives, ce géant de la nature pouvait élever, avec une brutalité qui donnait à l'homme la sensation de devenir aussi petit qu'un pygmée, un grand mur de glace, de cinq à six mètres de haut. Les paysans appellent ces imposantes murailles à travers lesquelles ils doivent se tailler un chemin des *zaberega*. Ailleurs, j'ai encore vu le Titan accomplir cet exploit incroyable : un bloc de plusieurs pieds d'épaisseur et de plusieurs mètres de large fut projeté en l'air et retomba hors du lit de glace, écrasant de jeunes arbres à plus de quinze mètres de la rive.

En contemplant cette fabuleuse retraite des glaces, je restai saisi de terreur et de révolte devant le tableau horrible qu'offrait l'Ienisseï charriant dans sa débâcle annuelle les plus affreuses dépouilles : c'étaient les cadavres des contre-révolutionnaires exécutés, officiers, soldats et cosaques de l'ancienne armée du gouverneur général de toute la Russie anti-bolchevik, l'amiral Koltchak.

Tel était le résultat de l'œuvre sanguinaire de la Tchéka à Minoussinsk. Des centaines de ces cadavres, têtes et mains coupées, visages mutilés, corps à moitié carbonisés, crânes défoncés, flottaient à la dérive parmi les blocs de glace à la recherche d'un tombeau, quand ils n'étaient pas entraînés dans la fureur des tourbillons où ils se trouvaient alors déchiquetés, écrasés, déchirés, masses informes que le fleuve, écœuré de sa tâche, vomissait sur les îles et les bancs de sable. J'ai longé tout le cours moyen de l'Ienisseï et, sans cesse, j'ai rencontré ces effroyables témoignages putréfiés de l'œuvre des bolcheviks. Il me souvient qu'à certain tournant du fleuve, je tombai sur une troupe de trois cents chevaux au moins, gisant les uns sur les autres. A une verste en aval, ce que je vis ensuite me souleva le cœur : un bouquet de saules, le long de la rive, avait arraché au flot et gardé entre ses branches tombantes, comme entre les doigts d'une main, des corps humains de tous aspects et dans toutes les attitudes, leur conservant par-delà la mort une apparence de naturel qui grava à jamais dans mon esprit le souvenir de cette vision d'épouvante. Dans ce groupe macabre je comptai soixante-dix cadavres.

Enfin, la montagne de glace passa, suivie de crues limoneuses charriant encore troncs d'arbres, branches, cadavres, cadavres, cadavres... Le pêcheur et son fils me firent monter dans leur barque, taillée dans le tronc d'un tremble, et se mirent à remonter le courant à la perche, le long de la berge. Il est très dur de remonter ainsi un courant rapide. Aux tournants brusques, nous étions obligés de ramer de toutes nos forces contre la violence du flux. A certains endroits même, nous n'avancions qu'en nous cramponnant aux rochers. Quelquefois, il nous fallait un temps infini pour ne progresser que de cinq ou six mètres. Dans ces conditions, il nous fallut deux jours pour atteindre le but de notre voyage.

Je passai plusieurs jours dans la mine d'or où habitaient le gardien et sa famille. Comme ils manquaient de nourriture, ils ne purent rien m'offrir et je dus une nouvelle fois avoir recours à mon fusil pour me nourrir et contribuer au ravitaillement de mes hôtes. Un jour se présenta un ingénieur agronome. Je ne me cachai pas car, pendant mon hiver dans les bois, j'avais laissé pousser ma barbe, si bien que ma mère elle-même ne m'aurait pas reconnu.

Cependant notre visiteur plein de finesse me devina aussitôt. Cela ne m'inquiéta pas trop ; je compris bien vite qu'il n'était pas bolchevik, ce qu'il n'allait pas tarder à me confirmer. Il vivait près de la mine d'or, dans un petit village où il dirigeait les travaux publics. Nous nous découvrîmes des amis communs et des opinions identiques sur les événements, et nous décidâmes bientôt de fuir ensemble. J'y pensais depuis longtemps ; maintenant j'avais un plan. Connaissant la situation en Sibérie et la géographie du pays, je m'étais dit que le meilleur itinéraire passait par le territoire des Urianhays [1], dans le nord de la Mongolie, près des sources de l'Ienisseï, puis à travers tout le territoire mongol, vers l'Extrême-Orient et le Pacifique. Avant que ne fût renversé le gouvernement Koltchak, j'avais reçu la mission d'étudier la région des Urianhays et la Mongolie occidentale : j'avais alors eu l'occasion de consulter de manière extrêmement approfondie toutes les cartes et tous les ouvrages disponibles. Mais surtout, pour venir à bout d'une si folle entreprise, je disposais du plus puissant des stimulants : la volonté d'assurer coûte que coûte ma propre survie.

1. Les Urianhays (ou Urianghais), également nommés Ouriankhs, Ourianghas ou Ourantchas, sont une peuplade turco-tartare vivant au nord-ouest de la Mongolie. Issus de Sibérie, ils ont subi au cours des siècles l'influence des Mongols et du bouddhisme lamaïque. *(NdE)*

VII

EN TERRITOIRE SOVIÉTIQUE

Au bout de quelques jours, nous nous mettions en route vers le sud, à travers la forêt située sur la rive gauche de l'Ienisseï. Autant que possible, nous évitions les villages, de peur de laisser derrière nous une piste qui permettrait de nous suivre. Toutes les fois que nous ne pouvions faire autrement que de les traverser, nous recevions fort bon accueil des paysans, abusés par notre déguisement. D'ailleurs, nous voyions bien qu'ils détestaient les bolcheviks, car ceux-ci avaient détruit nombre de leurs villages. Lors d'une de nos étapes, on nous dit qu'un détachement de l'armée rouge avait été envoyé de Minoussinsk pour chasser les blancs. Nous fûmes alors obligés de nous éloigner des rives et de nous cacher dans les montagnes couvertes de forêts. Nous y restâmes près d'une quinzaine de jours : pendant tout ce temps les soldats rouges sillonnèrent la région, capturant dans les bois des officiers désarmés ; ceux-ci, à moitié nus, se cachaient, craignant l'atroce vengeance de leurs poursuivants. Plus tard, nous traversâmes un bois dans lequel nous trouvâmes les corps de vingt-huit officiers, pendus aux arbres, le visage et le corps atrocement mutilés. Nous prîmes alors la ferme résolution de ne jamais tomber vivants entre les mains des rouges. Nous avions pour éviter cela nos armes, ainsi qu'une provision de cyanure de potassium.

Un jour, en traversant un affluent, nous vîmes un passage étroit et marécageux dont les abords étaient jonchés de cadavres d'hommes et de chevaux. Un peu plus loin, c'est sur un traîneau brisé, des malles défoncées et des papiers épars que nous tombions. Alentour, des vêtements déchirés et des cadavres. Qui étaient ces pauvres gens ? Quelle tragédie s'était donc déroulée dans le cadre majestueux de ces bois ? Nous tentâmes d'éclaircir ce mystère à l'aide des documents que nous pûmes rassembler. C'étaient des papiers officiels adressés à l'état-major du général Popelaïeff. Il est probable que, pendant la retraite de l'armée Koltchak, une partie de l'état-major avait passé par ces bois, s'efforçant de se cacher de l'ennemi qui approchait de tous côtés ; mais les fugitifs avaient été saisis par les rouges et massacrés. Non loin de là, nous découvrîmes le corps d'une malheureuse femme dont l'état disait clairement ce qu'elle avait dû subir avant que ne vînt la délivrer la cartouche libératrice. Le corps gisait à côté d'un abri de feuillage jonché de bouteilles et de boîtes de conserves, sinistres vestiges de l'orgie qui avait précédé le crime.

Plus nous avancions vers le sud, plus les gens devenaient franchement hospitaliers, de plus en plus hostiles aux bolcheviks. Enfin, nous sortîmes de la forêt et atteignîmes les immenses steppes de Minoussinsk, traversées par la haute chaîne de montagnes rouges qui ont reçu le nom de Kizil-Kaiya, célèbres pour leurs nombreux lacs salés. C'est la région des tombeaux : des dolmens, grands et petits, monuments funéraires des premiers possesseurs de ce pays, et des pyramides de pierre de dix mètres de haut qui marquent pour l'éternité la route suivie par Gengis Khan puis par Tamerlan dans leur marche conquérante. Par milliers, ces dolmens et ces pyramides s'étendent en alignements interminables vers le nord. C'est dans ces plaines que vivent maintenant les Tartares. Pillés par les bolcheviks, ils les haïssent. Nous leur confiâmes ouvertement que nous étions en fuite. Ils nous donnèrent gracieusement de quoi manger, nous fournirent des guides et nous indiquèrent chez qui nous pouvions nous arrêter et les endroits où nous cacher en cas de danger.

Quelques jours après, du haut de la rive de l'Ienisseï, nous pouvions apercevoir l'*Oriol*, premier bateau à vapeur faisant route de Krasnoïarsk à Minoussinsk, chargé de soldats rouges. Bientôt, nous arrivions à l'embouchure de la Touba que nous devions suivre dans notre voyage vers l'est, jusqu'aux monts Sayan où commence le pays des Urianhays. Nous considérions l'étape le long de la Touba et de son affluent l'Amyl comme la partie la plus dangereuse de notre route, car les vallées que forment ces deux rivières sont occupées par une population où ont été recrutés en grand nombre les soldats des partisans communistes Schetinkin et Krafchenko.

Un Tartare nous fit passer, nous et nos chevaux, sur la rive droite de l'Ienisseï. A l'aube, il nous confia à des cosaques qui nous guidèrent jusqu'à l'embouchure de la Touba. Nous nous reposâmes toute la journée et fîmes un vrai festin de cassis et de cerises sauvages.

VIII

TROIS JOURS AU BORD DU PRÉCIPICE

Munis de faux passeports, nous remontâmes la vallée de la Touba. Toutes les dix ou quinze verstes, nous rencontrions de gros villages ; certains comportaient jusqu'à six cents maisons. Toute l'administration était entre les mains des soviets, et des espions surveillaient les passants. Nous ne pouvions éviter ces villages pour deux raisons. D'abord, nous rencontrions constamment les paysans de la région, et nos tentatives pour les éviter auraient fini par éveiller les soupçons : un soviet nous aurait arrêtés et dirigés sur la Tchéka de Minoussinsk, où nous aurions vu se lever notre dernier matin. La seconde raison était que les papiers de mon compagnon de route l'autorisaient à faire usage des relais de poste du gouvernement. Ainsi étions-nous obligés d'aller rendre visite aux soviets des villages pour changer de chevaux. Nous avions laissé nos premières montures au Tartare et à l'un des cosaques qui nous avaient aidés à l'embouchure de la Touba, en échange de quoi il nous avait emmenés dans sa charrette jusqu'au village le plus proche, où nous avions pu nous procurer des chevaux de poste. A l'exception d'une petite minorité, la plupart des paysans étaient hostiles aux bolcheviks et nous aidaient volontiers. Je m'acquittais envers eux en soignant leurs malades, tandis que mon compagnon leur donnait des conseils pratiques pour leurs travaux agricoles. C'est de la part des vieux dissidents et des cosaques que nous recevions l'aide la plus spontanée.

Parfois nous tombions sur des villages entièrement communistes, mais nous apprîmes bientôt à les reconnaître. Quand nous entrions dans un village, précédés par le tintement des clochettes de nos chevaux, et que nous trouvions les paysans assis devant leurs maisons, prêts à se lever, les sourcils froncés et grommelant dans leur barbe « voilà encore ces démons qui arrivent », nous savions que le village était anticommuniste et que nous pouvions nous y arrêter en toute sécurité. Mais si les paysans venaient à notre rencontre, nous accueillaient avec joie en nous donnant du « camarade », nous savions aussitôt que nous étions chez l'ennemi et prenions nos précautions en conséquence. La population de ces derniers villages n'était pas celle des paysans sibériens, amis de la liberté; elle se composait d'émigrants d'Ukraine : paresseux et ivrognes, ils vivaient dans des huttes misérables et sordides, malgré la fertilité des terres noires de la steppe environnante.

Malgré le danger, nous parvînmes à faire à Karatuz une étape relativement agréable. Cette grosse bourgade comptait en 1912 environ quinze mille âmes; cette même année, deux collèges y avaient été ouverts. Le spectacle qui s'offrait désormais aux yeux du voyageur n'avait plus rien à voir : l'armée rouge avait massacré la population cosaque, brûlé et détruit la plupart des maisons; l'ancienne capitale des cosaques du sud de l'Ienisseï était devenue le centre du bolchevisme et du communisme pour l'est du district de Minoussinsk. Dans le bâtiment du soviet où nous nous présentâmes pour échanger nos chevaux se tenait une assemblée de la Tchéka. Nous fûmes aussitôt entourés et l'on examina nos papiers. Guère rassurés sur l'impression qu'ils pouvaient produire, nous aurions bien voulu éviter cette visite, mais mon compagnon me répéta souvent par la suite :

– Il est heureux pour nous que, parmi les bolcheviks, l'incapable d'hier soit devenu le gouverneur d'aujourd'hui, et qu'au contraire des savants soient employés à balayer les rues ou à nettoyer les écuries de la cavalerie rouge. Je puis causer avec les bolcheviks parce qu'ils ne connaissent pas la différence entre « désinfecté » et « désaffecté », « anthracite » et « appendicite »; je m'arrange toujours pour les amener à ma manière de voir, et même à les persuader de ne pas me fusiller.

C'est ainsi que nous sûmes convaincre les membres de la Tchéka de nous offrir tout ce dont nous avions besoin : nous leur présentâmes un splendide projet d'organisation de leur région; nous construirions des ponts et des routes qui leur permettraient d'exporter le bois des Urianhays, l'or et le fer des monts Sayan, le bétail et les fourrures de Mongolie. Rien n'égalerait en triomphe pour le gouvernement des soviets cette entreprise créatrice ! Cette ode lyrique ne nous demanda pas moins d'une heure, au terme de laquelle les membres de la Tchéka, n'ayant plus cure de nos papiers, nous donnèrent de nouveaux chevaux, mirent nos bagages sur la charrette et nous souhaitèrent bonne chance. Nous venions de subir notre ultime épreuve à l'intérieur des frontières de la Russie.

Quand nous eûmes franchi la vallée de l'Amyl, la chance nous sourit. Près du bac, nous rencontrâmes un membre de la milice de Karatuz. Il avait dans son véhicule quelques fusils et des pistolets automatiques – des mausers pour l'essentiel – destinés à armer une expédition punitive contre quelques officiers cosaques qui avaient causé de grands ennuis aux bolcheviks et qui s'étaient réfugiés chez les Urianhays. Nous restâmes sur nos gardes. Nous aurions pu facilement rencontrer cette expédition et nous n'étions pas assurés que les soldats apprécieraient nos belles phrases avec autant de ferveur que les membres de la Tchéka. En interrogeant soigneusement notre homme, nous réussîmes à lui faire dire par quelle route l'expédition devait passer. Au village suivant, nous fîmes halte dans la même maison que lui. Il me fallut ouvrir ma valise, et je remarquai aussitôt le regard d'admiration qu'il fixait sur son contenu.

– Qu'est-ce qui réjouit tant votre œil ? lui demandai-je.

Il murmura :

– Un pantalon... un pantalon...

J'avais reçu de mes amis une culotte de cheval toute neuve en beau drap noir épais. C'était cette culotte qui attirait son attention ravie.

– Si vous n'en avez pas d'autres... lui dis-je, tout en réfléchissant à un plan d'attaque.

– Non, expliqua-t-il avec mélancolie, le soviet ne nous en fournit pas. Ils disent qu'eux aussi s'en passent. Mais la mienne est tout usée. Regardez.

A ces mots il souleva un pan de son manteau et je ne pus m'empêcher de me demander comment il pouvait tenir, dans une misère de pantalon où il y avait plus de trous que d'étoffe.

– Vendez-le-moi, implora-t-il à voix basse.

– Impossible, j'en ai besoin moi-même.

La fermeté de ma réponse le fit réfléchir quelques minutes, puis s'approchant de moi :

– Sortons, voulez-vous, on ne peut pas causer ici.

Une fois dehors, il me dit :

– Eh bien ? Que dites-vous de cela ? Vous allez chez les Urianhays. Les billets de banque des soviets n'y ont aucune valeur et vous ne pourrez rien acheter, alors qu'il s'y trouve quantité de zibelines, de renards, d'hermines, mais aussi de poudre d'or que les gens du pays vous vendraient volontiers en échange de fusils et de cartouches. Vous avez déjà un fusil chacun. Je vous en donnerai encore un autre ainsi qu'une centaine de cartouches, si vous me donnez la culotte.

– Nous n'avons pas besoin d'armes. Nos papiers sont une protection suffisante, répondis-je, faisant semblant de ne pas comprendre.

– Mais non, m'interrompit-il, vous pourrez échanger ce fusil contre des fourrures ou de l'or. Allons, prenez-le.

– Soit, mais c'est bien mal payé pour cette culotte neuve. Toute la Russie va sans culottes à présent, et nulle part vous n'en trouverez de pareille. Quant à votre fusil, on m'en donnera tout juste une zibeline, et qu'aurais-je bien à faire d'une peau ?

Petit à petit, j'obtins ce que je voulais. Le milicien gagna ma culotte en échange d'un fusil, de cent cartouches et de deux pistolets automatiques munis de quarante cartouches chacun. Nous étions assez armés à présent pour nous défendre. De plus, je persuadai l'heureux possesseur de ma culotte de nous donner un permis de port d'armes : la loi comme la force étaient désormais de notre côté.

Dans un village reculé, nous engageâmes un guide, achetâmes des biscuits, de la viande, du sel, du beurre et, après vingt-quatre heures de repos, nous reprîmes notre expédition en remontant l'Amyl vers les monts Sayan à la lisière de la région des Urianhays. Là, nous espérions bien ne plus rencontrer de bolchevik, qu'il fût intelligent ou stupide.

Trois jours après avoir quitté l'embouchure de la Touba, nous traversions notre dernier village russe avant la frontière. Ce furent trois jours de dangers permanents, parmi une population sans foi ni loi, trois jours où, sans cesse, la mort pouvait surgir de nulle part.

Seules une volonté de fer, une présence d'esprit et une ténacité à toute épreuve nous permirent de nous tirer de ces périls et nous sauvèrent d'un gouffre où tant de malheureux avant nous avaient échoué en tentant de s'élever, comme nous y sommes parvenus, vers les cimes de la liberté. Peut-être manquaient-ils de volonté ou de présence d'esprit, peut-être manquaient-ils d'inspiration poétique pour chanter des hymnes à la gloire des ponts, des chaussées et des mines d'or; peut-être simplement n'avaient-ils pas de culotte de rechange.

IX

VERS LES MONTS SAYAN ET LA LIBERTÉ

D'épaisses forêts vierges nous environnaient. Dans l'herbe haute et déjà jaunie, notre piste serpentait, à peine visible, parmi les buissons et les arbres qui commençaient à peine à perdre leurs feuilles multicolores. Nous étions sur la vieille route de la vallée de l'Amyl, aujourd'hui oubliée. Il y a vingt-cinq ans, elle transportait les provisions, les machines et les travailleurs vers les nombreuses mines d'or de ce pays, abandonnées depuis. Elle suit le cours sinueux de l'Amyl, large et rapide à cet endroit, puis s'enfonce dans l'épaisse forêt, où elle contourne un marécage plein de ces périlleuses fondrières que l'on trouve partout en Sibérie, gagnant ensuite les hauteurs à travers bois et steppes. Notre guide n'avait sans doute aucun soupçon sur nos intentions réelles ; parfois, regardant le sol avec appréhension, il disait :

– Trois cavaliers dont les chevaux étaient ferrés sont passés par ici. C'étaient peut-être des soldats.

Son inquiétude disparut quand il découvrit que les empreintes quittaient la route, puis y revenaient pour reprendre la piste.

– Ils ne sont pas allés plus loin, observa-t-il en souriant avec malice.

– Pas de chance, répondis-je. Il aurait été plus agréable de voyager ensemble.

Mais le paysan se contenta de caresser sa barbe en riant. Il était manifeste qu'il ne s'était pas laissé prendre à notre affirmation.

Nous passâmes près d'une mine d'or autrefois renommée pour la modernité de son organisation et de son exploitation ; à présent, elle était abandonnée et les bâtiments étaient tous détruits. Les bolcheviks avaient raflé les machines, les approvisionnements et même une partie des baraquements. A proximité se dressait une église sombre, lugubre, dont les fenêtres étaient brisées, le crucifix arraché, le clocher brûlé, pitoyable symbole de ce qu'était devenue la Russie. Le gardien et sa famille, mourant presque de faim, vivaient à la mine dans les privations et les dangers constants. Ils nous racontèrent que dans cette région forestière une bande de rouges parcouraient le pays, volant tout ce qui restait sur les terrains miniers, extrayant tout ce qu'ils pouvaient de la partie la plus riche : munis des pépites d'or qu'ils y trouvaient, ils s'en allaient boire et jouer dans les tripots des villages alentour, où les paysans fabriquaient, avec des baies et des pommes de terre, de la vodka de contrebande qu'ils vendaient au poids de l'or. Puissions-nous éviter de rencontrer cette bande, sans quoi, c'était la mort ! Pour notre sauvegarde, nous franchîmes sans encombre la partie nord des monts Sayan et, trois jours après, nous passions la rivière frontalière qu'on nomme l'Algyak : à compter de cet instant nous entrions sur le territoire des Urianhays.

Cette région admirable, qui possède la plus grande variété de toutes les richesses naturelles, est habitée par une peuplade mongole qui compte encore soixante mille hommes, mais est en train de lentement disparaître ; leur langue est tout à fait différente des autres dialectes mongols et ce sont des adeptes de la doctrine de l'éternelle paix. La région a servi depuis longtemps de champ d'expériences administratives aux Russes, aux Mongols et aux Chinois qui, tous, en ont revendiqué la souveraineté. Les malheureux Soyotes [1] qui vivent là ont dû payer un tribut à ces trois impérialismes. Ceci explique que cette contrée ne fût pas encore pour nous un refuge sûr. Notre milicien nous avait déjà parlé de l'expédition punitive qui s'y préparait, et nous sûmes par les paysans que les villages du bas Ienisseï avaient formé des détachements rouges qui dépouillaient et tuaient tous ceux qui leur tombaient entre les mains. Récemment, soixante-deux officiers qui tentaient de

1. Tribu des confins de la Mongolie et de la Sibérie, établie près des sources de l'Ienisseï.

rejoindre la Mongolie avaient été abattus dans les parages ; une caravane de marchands chinois avait été exterminée et un groupe de prisonniers allemands cherchant à fuir le paradis des soviets s'étaient fait massacrer.

Nous marchâmes toute une journée pour atteindre une vallée marécageuse. Au milieu d'une forêt, nous tombâmes sur une maison isolée appartenant manifestement à un Russe. C'est là que nous prîmes congé de notre guide, qui se hâta de rentrer avant que les neiges eussent bloqué les cols. Le patron de l'établissement, quant à lui, consentit pour dix mille roubles en billets des soviets à nous conduire jusqu'à la rivière Seybi. Nos chevaux étaient fatigués, nous étions obligés de les laisser se reposer, aussi décidâmes-nous de faire une halte de vingt-quatre heures avant de repartir.

Nous étions en train de prendre le thé quand la fille de notre hôte s'écria :

– Les Soyotes ! Ils arrivent !

Quatre hommes firent irruption, armés de fusils et coiffés de bonnets pointus.

– *Mendé* (Salut), firent-ils.

Sans plus de cérémonie, ils commencèrent à nous examiner. Il n'est pas un bouton ni une couture de notre équipement qui échappât à leur regard pénétrant. Quand l'inspection fut terminée, l'un d'entre eux, qui semblait être le *Merin*, sorte de gouverneur de la localité, entreprit de nous interroger sur nos opinions politiques. En nous entendant critiquer les bolcheviks, il montra une évidente satisfaction et se mit à nous parler librement :

– Vous êtes des hommes valeureux. Vous n'aimez pas les bolcheviks. Nous allons vous aider.

Je le remerciai et lui offris l'épaisse corde de soie que je portais en guise de ceinture. Ils nous quittèrent avant la nuit en nous signalant qu'ils reviendraient le lendemain matin. La nuit tombait. Nous fîmes un tour dans la prairie pour nous occuper de nos chevaux ; après leur avoir donné à manger, nous rentrâmes. Nous causions joyeusement avec notre aimable hôte quand soudain des piétinements de chevaux se firent entendre dans la cour. Dans un brouhaha de voix rauques, nous vîmes alors entrer cinq soldats rouges, armés jusqu'aux dents de fusils et de sabres. Un nœud m'étreignit aussitôt la gorge et je sentis mon cœur se mettre à tambouriner dans ma poitrine. L'étoile et le triangle rouges qui ornaient leurs bonnets d'astrakan et les manches de leurs uniformes désignaient nos ennemis. C'étaient des membres du détachement lancé à la poursuite des officiers cosaques. Nous jetant des regards torves, ils enlevèrent leurs manteaux et s'assirent. Nous engageâmes la conversation, expliquant que notre mission avait à charge les ponts, les routes et les mines d'or. Ils nous confièrent en retour que leur commandant les rejoindrait bientôt avec sept hommes ; comme nous, ils envisageaient de prendre notre hôte pour guide jusqu'à la Seybi où, pensaient-ils, devaient se cacher les officiers cosaques. Je crus bon d'observer que nos affaires s'annonçaient favorablement et que nous pourrions voyager ensemble. Un des soldats me répondit que cela dépendrait du camarade-officier.

Nous en étions là de notre conversation quand le Merin entra de nouveau. Il considéra très attentivement les nouveaux arrivés, puis demanda :

– Pourquoi avez-vous pris aux Soyotes leurs bons chevaux et leur en avez-vous laissé des rosses ?

Les soldats se mirent à rire.

– Rappelez-vous que vous êtes dans un pays étranger ! répondit le Soyote, d'une voix menaçante.

– Par Dieu et le diable ! s'écria l'un des officiers.

Gardant son calme, le Soyote prit un siège et accepta la tasse de thé que l'hôtesse lui avait préparé. La conversation tomba. Le gouverneur but son thé, fuma sa longue pipe, et dit en se levant :

– Si demain matin les chevaux ne sont pas rendus à leurs propriétaires, nous viendrons les prendre.

Sur ces mots il nous quitta.

J'observai une expression d'inquiétude sur le visage des soldats. L'un d'eux partit bientôt, sans doute pour porter un message, tandis que ceux qui étaient restés se taisaient, les yeux rivés au sol. Tard dans la nuit, leur officier arriva avec les sept cavaliers. Quand il apprit ce qui s'était passé, il fronça les sourcils.

– C'est une mauvaise affaire. Nous allons traverser ces marais, et derrière chaque bosse de terrain, un Soyote sera posté.

Il paraissait extrêmement inquiet et son trouble, par bonheur, l'empêcha de faire attention à nous. J'entrepris de le rassurer et lui promis d'arranger la chose le lendemain avec les Soyotes. Ce n'était qu'une simple brute, un être grossier et stupide, dont le seul souhait était de capturer des officiers cosaques pour obtenir une promotion, et qui commençait à trembler de voir les Soyotes lui barrer la route de la Seybi et des honneurs.

A l'aube nous nous mîmes en route avec le détachement rouge. Nous n'avions pas fait quinze verstes que nous aperçûmes, à demi camouflés par des fourrés, deux cavaliers portant en bandoulière leurs fusils à pierres. C'étaient des Soyotes.

– Attendez-moi ! dis-je à l'officier. Je vais tâcher de parlementer.

Je galopai de toute la vitesse de mon cheval. Un des cavaliers était le Merin, qui me lança :

– Restez en arrière du détachement et aidez-nous.

– Bien, répondis-je, mais causons un moment afin qu'ils croient que nous parlementons.

Quelques instants plus tard, je serrai la main du Soyote et rejoignis les soldats.

– Tout est arrangé, m'écriai-je. Nous pouvons continuer notre marche. Ils ne feront aucune opposition.

Nous nous remîmes en route et, tandis que nous traversions une large portion de steppe, nous aperçûmes au loin nos deux Soyotes qui galopaient à vive allure en remontant le flanc de la montagne. Très doucement, je fis en sorte de me retrouver avec mon compagnon légèrement en arrière du détachement. Derrière nous se trouvait un soldat, de toute évidence abruti, ce qui ne l'empêchait pas de manifester son hostilité à notre égard. Je glissai à mon compagnon un seul mot : « Mauser », et le vis qui ouvrait avec précaution sa sacoche et en dégageait la crosse de son pistolet.

Je ne tardai pas à comprendre pourquoi ces soldats, malgré leur excellente connaissance de la forêt, ne voulaient pas tenter sans guide le voyage jusqu'à la Seybi. Toute la région comprise entre l'Algyak et la Seybi est formée de hautes chaînes de montagnes escarpées, séparées par des vallées profondes et marécageuses. C'est un endroit maudit et dangereux. Sur la première partie du trajet, nos chevaux s'enfonçaient jusqu'aux genoux dans la boue, avançant péniblement, empêtrés dans les racines. Ils tombaient, renversant leurs cavaliers, rompant les courroies des selles et jusqu'aux rênes. Au bout d'un temps, ce fut à nous d'être dans l'eau jusqu'aux genoux. Mon cheval s'enfonça, poitrail et tête, dans la boue rouge et fluide, et nous eûmes toutes les peines du monde à l'en dégager; un peu plus tard, le cheval de l'officier entraîna ce dernier dans sa chute et lui fit heurter la tête contre une pierre; mon compagnon quant à lui se blessa au genou contre un arbre. Quelques-uns des hommes tombèrent et se mirent à mal, eux aussi. Les bêtes soufflaient bruyamment. Nous parvenait de temps à autre la plainte lugubre d'un corbeau.

Puis la route se fit plus mauvaise encore. La piste suivait le même marécage, mais partout elle était obstruée par des troncs d'arbres abattus. Les chevaux, sautant par-dessus, se recevaient dans des fondrières et culbutaient les quatre fers en l'air. Nous étions couverts de boue et de sang, et redoutions d'épuiser nos montures. Sur une longue portion du chemin, nous fûmes obligés de mettre pied à terre et de les conduire par la bride. Pour finir, nous atteignîmes une nouvelle steppe couverte de buissons et bordée de rochers. Bientôt, bêtes et hommes pataugèrent mieux que jamais dans la boue : cette vaste étendue n'était rien d'autre qu'un lac d'eau noire et pourrie, tout juste recouvert d'une mince croûte herbue. En allongeant notre colonne et en marchant suffisamment éloignés les uns des autres, nous réussîmes cependant à nous maintenir tant bien que mal sur cette surface mouvante comme de la gélatine, où les buissons semblaient flotter. A certains endroits la terre se soulevait, prête à craquer sous nos pas.

Soudain trois coups de feu retentirent. La détonation ne fit guère plus de bruit que celle d'une carabine Flobert, mais les balles tirées étaient tout ce qu'il y a de plus réelles, et l'officier et deux soldats s'abattirent brutalement sur le sol. Le reste de la troupe saisit les fusils et lança tout autour des regards apeurés, à la recherche de l'ennemi; quatre autres soldats furent bientôt désarçonnés. C'est alors que j'entrevis la brute de l'arrière-garde qui épaulait son fusil dans ma direction. Mais mon mauser le devança.

– Ouvrez le feu ! m'écriai-je, et nous nous jetâmes dans la fusillade.

Bientôt la prairie fut envahie de Soyotes qui dépouillaient les morts, se partageaient le butin et faisaient main basse sur les chevaux. Il est des guerres où il n'est pas prudent de permettre à l'ennemi de reprendre les hostilités avec des forces écrasantes…

Après une heure de marche pénible, nous commençâmes à gravir la montagne et arrivâmes bientôt sur un haut plateau couvert d'arbres.

– Tout compte fait, les Soyotes ne sont pas si pacifiques, observai-je, en m'approchant du Merin.

Il me regarda d'un air dur :

– Ce ne sont pas des Soyotes qui ont tiré.

Il avait raison. C'étaient des Tartares vêtus de costumes soyotes qui avaient tué les bolcheviks. Ces Tartares, venus de la région d'Abakan, conduisaient leurs troupeaux de bœufs et de chevaux de Russie en Mongolie à travers le territoire des Urianhays. Leur guide et interprète était un Kalmouk lamaïste.

Le lendemain matin nous parvînmes près d'une petite colonie russe. Aux alentours, quelques cavaliers faisaient le guet dans les bois. Un de nos jeunes Tartares se dirigea bravement, au grand galop, du côté de ces hommes, mais revint bientôt avec un sourire rassurant.

– Tout va bien, s'écria-t-il en riant, on peut y aller !

Nous continuâmes notre marche sur une bonne et large route, longeant une haute palissade qui entourait une prairie où paissait un troupeau d'*izubr*. Les colons élèvent ces élans pour leurs bois qu'ils vendent très cher, encore recouverts de leur duvet, aux marchands de médecines du Thibet et de la Chine. Bouillies et séchées, ces cornes deviennent extrêmement précieuses et sont appelées *panti*. Les Chinois les achètent à prix d'or.

Les colons nous reçurent d'abord avec une certaine appréhension.

– Dieu merci ! s'était écriée l'hôtesse à notre arrivée, nous croyions…

Mais un foudroyant regard de son mari coupa court à toute manifestation supplémentaire de sa part.

X

BATAILLE SUR LA SEYBI

Si fatigués que nous fussions, nous gardâmes nos vêtements et laissâmes nos chevaux sellés. Je glissai mon mauser dans la poche intérieure de mon manteau et observai la pièce et les visages autour de moi. La présence constante du danger développe la vigilance et aiguise la perception. Mon regard tomba d'abord sur la crosse d'un fusil à demi dissimulé sous la pile d'oreillers qui garnissent traditionnellement les grands lits paysans. Je remarquai aussi le manège des employés de notre hôte, qui entraient à tour de rôle dans la pièce pour prendre les ordres. Ils n'avaient pas l'air de simples paysans, bien que leurs barbes fussent longues et sales. Ils m'examinaient très attentivement et ne nous laissaient jamais seuls, ni mon ami ni moi, avec notre hôte. Nous ne pûmes cependant rien deviner. A un moment, le Merin entra et, remarquant que l'atmosphère semblait quelque peu tendue, il commença à expliquer à notre hôte, en langue soyote, ce qu'il savait de nous.

– Je vous demande pardon, nous dit alors le colon, mais vous savez vous-mêmes que par les temps qui courent, pour un honnête homme qu'on rencontre, il y a dix mille assassins ou voleurs.

Cela dit, nous nous mîmes à bavarder plus librement. Notre hôte nous apprit qu'il avait été informé de l'arrivée imminente d'une bande de bolcheviks à la poursuite d'officiers cosaques qu'il hébergeait occasionnellement, laquelle bande semblait fort mal disposée à son égard. Le vieil homme avait par ailleurs entendu parler d'une embuscade dans laquelle serait tombée cette patrouille, ce qui ne le rassurait pas totalement, car on évoquait aussi la présence dans les parages d'un important détachement de rouges, venu des frontières du district d'Usinsky à la recherche des Tartares qui fuyaient avec leur bétail vers le sud et la Mongolie.

– D'une minute à l'autre nous craignons de les voir arriver, nous dit notre hôte. Le Merin vient de m'avertir que les rouges sont déjà en train de passer la Seybi et que les Tartares sont prêts à combattre.

Nous sortîmes aussitôt pour vérifier nos selles et nos bâts, puis nous éloignâmes les chevaux que nous cachâmes dans les fourrés. Fusils et pistolets chargés, nous prîmes position dans l'enclos, guettant l'arrivée de l'ennemi commun. Une heure de pénible attente s'écoula. Enfin, l'un des ouvriers accourut du bois :

– Ils sont en train de traverser les marais. La poudre va parler !

Et comme pour confirmer ses paroles, une balle sortie du bois siffla à ses oreilles, bientôt suivie par une salve de plus en plus nourrie. Les tirs se rapprochaient de la maison. Un piétinement de chevaux et une série de cris sauvages se firent entendre. Un instant plus tard, trois soldats qui tentaient manifestement d'échapper au feu des Tartares surgissaient en proférant force jurons. L'un d'eux aussitôt visa notre hôte, qui chancela et tomba à genoux tandis que sa main cherchait la carabine cachée sous les oreillers.

– Qui êtes-vous ? demanda l'un des soldats en se tournant vers nous et en levant son fusil.

En guise de réponse, nous tirâmes à notre tour, avec succès puisque seul l'un d'entre eux parvint à s'échapper : il tomba malheureusement pour lui sur l'un des ouvriers qui l'étrangla. La bataille était engagée. Les rouges hurlaient pour demander renfort. Leurs camarades se tenaient à trois cents pas de la maison, alignés le long du fossé, sur le bord de la route, d'où ils répondaient au feu des Tartares qui les encerclaient. Quelques-uns abandonnèrent leur poste et coururent vers la maison, mais ils furent reçus par une salve nourrie : les ouvriers de notre hôte visaient comme à la manœuvre, avec calme et précision. Cinq rouges s'effondrèrent sur la route ; les autres restaient terrés dans leur fossé. Il leur fallut bien cependant amorcer un repli dans la direction du bois, où ils avaient laissé leurs chevaux. Les coups de fusils devinrent alors de plus en plus distants ; on vit encore une soixantaine de Tartares lancés à la poursuite des fuyards à travers la prairie, puis plus rien.

Nous restâmes deux jours à nous reposer sur la Seybi. Les ouvriers de notre hôte, au nombre de huit, étaient en réalité des officiers qui se cachaient. Ils nous demandèrent la permission de nous accompagner, ce que nous acceptâmes.

C'est ainsi que lorsque mon compagnon et moi reprîmes notre voyage nous avions une garde de huit officiers armés, et trois chevaux de bât. Nous longeâmes d'abord une magnifique vallée entre la Seybi et l'Ut. Partout s'étendaient de splendides pâturages peuplés de nombreux troupeaux, mais les deux ou trois maisons que nous croisâmes sur le bord de la route étaient abandonnées. Les habitants s'étaient cachés, terrifiés par la fusillade qui avait éclaté entre les Tartares et les rouges. Le lendemain nous franchîmes la crête des Daban et, après avoir traversé une vaste région de bois brûlés où nous chevauchions entre les troncs abattus, nous commençâmes à descendre vers une vallée que nous masquaient encore les escarpements de la montagne. C'est derrière ces hauteurs que coulait le petit Ienisseï, dernière des grandes rivières avant la Mongolie.

Une dizaine de verstes plus loin nous aperçûmes une colonne de fumée qui montait d'un bois. Deux de nos officiers partirent en reconnaissance. Leur absence se prolongeait et, craignant qu'il ne leur fût arrivé malheur, nous nous dirigeâmes à notre tour vers la fumée, prêts à combattre s'il le fallait. Parvenus à faible distance, nous eûmes la surprise d'entendre des voix et, parmi elles, le rire bruyant de l'un de nos éclaireurs. C'est alors que nous débouchâmes dans une prairie où, près d'une grande tente qu'entouraient deux abris de branchages, s'activaient une cinquantaine d'individus. Tous se précipitèrent joyeusement pour nous souhaiter la bienvenue. C'était un camp d'officiers et de soldats russes qui, après leur fuite de Sibérie, avaient vécu chez les colons et les riches paysans de la région.

– Que faites-vous ici ? demandâmes-nous, étonnés.

– Vous ne savez donc rien de ce qui est arrivé ?

L'homme qui s'adressait à nous avait un certain âge. Il se présenta comme le colonel Ostrovsky.

– Sur tout le territoire des Urianhays, ordre a été donné par le commissaire militaire de mobiliser tous les hommes âgés de vingt-huit ans et plus ; des détachements de partisans ont été formés, et ils avancent vers la ville de Belotzarsk. Ils dépouillent colons et paysans et tuent tous ceux qui tombent entre leurs mains. C'est de ces bandes que nous nous cachons.

Le camp possédait seize fusils et trois grenades, dont le propriétaire était un Tartare : il voyageait avec son guide kalmouk pour aller inspecter ses troupeaux en Mongolie occidentale. Nous expliquâmes à la petite troupe le but de notre voyage et notre intention de traverser la Mongolie jusqu'au port le plus proche, sur le Pacifique. Les officiers me demandèrent de les emmener avec nous. J'y consentis. Après une reconnaissance vers la maison du paysan qui devait nous faire passer le petit Ienisseï, afin de nous assurer que la voie était libre, nous nous mîmes donc en route pour quitter au plus tôt les abords dangereux du fleuve et nous enfoncer dans la forêt. La neige tombait, mais fondait aussitôt. Avant la tombée du jour, un vent du nord glacé se leva, amenant avec lui une tempête de neige.

Il faisait nuit noire quand nous atteignîmes la rivière. Notre colon nous accueillit avec sympathie. Il proposa que nous embarquions sur son bac, tandis que les chevaux traverseraient à la nage, bien que le fleuve charriât encore quelques glaçons qui descendaient des sources. Pendant que nous mettions au point les détails de notre passage, un des ouvriers du paysan, les cheveux roux, le regard louche, s'était approché de nous pour écouter ce que nous disions. Quand soudain notre passeur s'aperçut qu'il avait disparu, il s'empressa de nous avertir, ne cachant pas ses craintes :

– Il est parti en courant au village, et va sûrement guider les partisans par ici. Il n'y a plus de temps à perdre.

Alors commença la plus terrible nuit de notre voyage. Nous suggérâmes au colon de n'embarquer que notre nourriture et nos munitions : nous passerions à la nage avec nos chevaux, pour éviter de faire plusieurs voyages. La largeur de l'Ienisseï à cet endroit est d'environ trois cents mètres. Le courant est extrêmement rapide et la rive plonge à pic. La nuit était absolument noire, sans une étoile au ciel. Le vent sifflait en rafales, la neige nous fouettait violemment le visage. Le fleuve se déroulait devant nous, tel un tourbillon d'eau noire, entraînant dans ses remous de minces plaques de glace coupante. Longtemps mon cheval refusa de descendre la rive abrupte, s'ébrouant et se raidissant. De toute ma force je dus lui fouetter l'encolure pour qu'il se jette, avec un gémissement pitoyable, dans le fleuve glacé. Nous nous immergeâmes à moitié tous les deux et j'eus grand'peine à me tenir en selle. Nous fîmes quelques mètres en nous éloignant du rivage ; la bête tendait désespérément le col pour avancer, soufflant bruyamment. Je sentais chaque mouvement de ses jambes battant l'eau, chaque contraction de ses muscles dans l'effort. Nous parvînmes enfin au milieu de la rivière, à l'endroit où le courant était le plus rapide et risquait de nous entraîner. Dans la nuit lugubre résonnaient les cris de mes compagnons et les sourds gémissements que la terreur et la souffrance arrachaient aux chevaux. L'eau glacée formait un étau autour de ma poitrine. J'étais griffé par les glaçons, giflé par les vagues qui venaient me frapper au visage. Je ne voyais plus rien, ne sentais même plus le froid. Seul m'animait désormais l'instinct de conservation ; je ne pensais plus qu'à une chose : que mon cheval faiblisse dans sa lutte et j'étais perdu ! Concentré sur ma bête pour la soutenir dans ses efforts, je l'entendis brutalement gémir et la sentis qui coulait. L'eau qui lui rentrait dans les naseaux l'empêchait de s'ébrouer et sa tête venait de heurter un gros glaçon. Nous nous mîmes à dériver. Je tentai à grand'peine, m'y reprenant à plusieurs fois, de diriger de nouveau sa course vers le rivage, mais j'avais beau tirer sur les rênes comme un forcené, ses dernières forces semblaient l'avoir abandonnée ; sa tête disparaissait de plus en plus souvent sous le remous. Je n'avais pas le choix : je me laissai rapidement glisser de la selle et, m'y accrochant de la main gauche, je me mis à nager en m'aidant de mon autre main, entraînant ma monture et l'encourageant de la voix. Un moment elle flotta, les lèvres entrouvertes, les dents serrées. Dans ses yeux largement ouverts se lisait une indescriptible terreur. Mais, délestée de mon poids, elle parvint à remonter à la surface et se mit à nager à son tour, plus calmement et plus rapidement. Enfin ses fers heurtèrent les rochers. Les uns après les autres, mes compagnons abordaient le rivage. Les chevaux bien dressés avaient fait passer leurs cavaliers.

Beaucoup plus loin en aval, notre colon avait abordé avec son chargement. Sans perdre un instant, nous récupérâmes nos bagages et nous remîmes en route. Le vent soufflait toujours, plus violent, plus glacial que jamais. A l'aube, le froid devint terrible. Nos vêtements trempés avaient gelé et étaient devenus aussi durs que du cuir; nous claquions des dents et dans nos yeux brillait une lueur fiévreuse; il nous fallait pourtant avancer sans relâche pour mettre entre nous et les partisans autant de distance que nous le pouvions. Après quinze verstes de marche dans la forêt, nous débouchâmes dans une vallée dégagée. En regardant derrière nous, nous pouvions apercevoir la rive opposée de l'Ienisseï. Il devait être huit heures. Tout le long de la route, de l'autre côté du fleuve, se déroulait comme un serpent une longue colonne de cavaliers et de voitures : sans aucun doute possible, un détachement de soldats rouges avec son train de combat. Nous mîmes pied à terre et nous cachâmes dans les buissons pour ne pas être découverts.

De toute la journée, le thermomètre ne dépassa pas le zéro. Ayant atteint à la nuit les premières pentes couvertes de forêts de mélèzes, nous pûmes enfin faire de grands feux, sécher nos vêtements et nous réchauffer complètement. Les chevaux affamés restèrent groupés autour du bivouac, dormant la tête baissée. De très bonne heure, le lendemain matin, quelques Soyotes se présentèrent à notre campement.

– *Oulan?* (Rouge?), demanda l'un d'eux.

– Non ! Non ! s'écrièrent tous nos compagnons.

– *Tzagan?* (Blanc?), demanda-t-il alors.

– Oui, oui, répondit le Tartare qui nous servait d'interprète, ils sont tous blancs.

– *Mendé, mendé!* nous saluèrent alors les Soyotes.

Autour d'un thé, ils nous fournirent d'intéressantes et importantes nouvelles. Nous apprîmes que les partisans rouges avaient franchi les monts Tannou-Ola [1] pour occuper avec leurs avant-postes toute la frontière de Mongolie où ils arrêtaient les paysans et les Soyotes qui faisaient passer leurs troupeaux. La route des

1. Littéralement les « Monts du Palais », à la frontière de l'Union soviétique et de la Mongolie. *(NdE)*

Tannou-Ola nous était donc désormais interdite. Je ne voyais plus qu'un moyen : obliquer vers le sud-est, traverser la vallée marécageuse du Buret Hei et atteindre la rive sud du lac Kossogol [1] qui se trouve sur le territoire de Mongolie proprement dite. Tout cela n'avait rien de réjouissant. Le premier poste mongol du Samgaltaï n'était pas à plus de quatre-vingt-dix verstes, tandis que le lac Kossogol, par la route la plus courte, était éloigné d'au moins quatre cents verstes. Les chevaux que mon compagnon et moi montions avaient déjà fait plus de huit cent cinquante verstes sur de méchantes pistes ; ils manquaient terriblement de repos et de nourriture, et étaient incapables de parcourir une telle distance. Il n'empêche que je renonçai à la route des monts Tannou-Ola. Nos nouveaux compagnons étaient las, usés nerveusement et moralement, mal vêtus, mal armés, voire pas armés du tout. Risquer combat dans de telles conditions était s'exposer à la pire des catastrophes, à voir la folie et la panique s'emparer d'eux, et courir à notre perte à tous. Non sans avoir consulté ma troupe, je décidai que nous prendrions la route du lac Kossogol. Tous consentirent à me suivre. Après un repas composé d'une soupe relevée de quelques morceaux de viande, de biscuits et de thé, nous levâmes le camp. Deux heures plus tard, les premières montagnes étaient en vue. C'étaient les éperons nord-est des Tannou-Ola, derrière lesquels s'étendait la vallée du Buret Hei.

1. Il s'agit du Hövsgöl Nor, l'un des grands lacs de la Mongolie occidentale. *(NdE)*

XI

LA BARRIÈRE ROUGE

Dans une vallée encaissée entre deux chaînes escarpées, nous découvrîmes un troupeau de yacks et de bœufs que dix Soyotes montés conduisaient rapidement vers le nord. S'approchant de nous avec précaution, ils finirent par nous dire que le *noyon* [1] de Todji leur avait ordonné de conduire ces bêtes le long du Buret Hei, jusqu'en Mongolie, car il craignait le pillage des rouges. Après leur départ, ils avaient appris de la bouche de chasseurs soyotes que cette partie des monts Tannou-Ola était occupée par des partisans venus de Vladimirovka, et ils avaient dû rebrousser chemin. Nous leur demandâmes où se trouvaient les avant-postes et combien de partisans tenaient les passages dans la montagne, puis nous envoyâmes le Tartare et le Kalmouk en reconnaissance. Pendant ce temps, nous prîmes la précaution d'envelopper les pieds de nos chevaux dans nos chemises, et de les museler à l'aide de courroies et de cordes pour les empêcher de faire du bruit et de hennir.

Il faisait nuit quand nos éclaireurs revinrent, nous signalant la présence, à moins de dix verstes, d'une trentaine de partisans qui campaient dans des *yourtas* soyotes qu'ils avaient réquisitionnées. Au col se trouvaient deux avant-postes, deux hommes dans l'un, trois dans l'autre. Nous étions à moins de deux verstes de ces avant-postes, et notre piste passait juste entre les deux sentinelles. Du haut

1. Dignité équivalente à celle de prince ou de khan. Désigne en Mongolie un chef, une « excellence ». *(NdA)*

de la montagne on les voyait nettement, et il était facile de les abattre d'un coup de fusil. Quand nous eûmes atteint le sommet, je m'éloignai du groupe et, prenant avec moi mon ami, le Tartare, le Kalmouk et deux des jeunes officiers, je me mis en faction. Cinq cents mètres en avant brûlaient deux feux; près de chacun d'eux un soldat fusil au poing montait la garde, tandis que les autres dormaient. Je ne voulais pas livrer bataille à ces partisans, mais il fallait pourtant se débarrasser de ces petits postes, en évitant si possible les coups de feu, sans quoi nous ne franchirions jamais le passage. Au-delà, les rouges, me semblait-il, auraient bien du mal à retrouver notre piste, car elle serait piétinée par une multitude de chevaux et de bœufs.

– Je choisis ces deux-là, murmura mon compagnon, désignant l'avant-poste de gauche.

Je l'accompagnai pour lui prêter main forte, laissant aux autres le soin de s'occuper du second poste. Rampant derrière mon ami au creux des fourrés, je ne me faisais aucun souci sur la réussite de sa mission : il mesurait près de sept pieds de haut et il était si vigoureux que lorsqu'un cheval refusait de prendre le mors, il lui suffisait de le prendre au col pour lui faire ployer les genoux et le mettre à bas, après quoi c'était un jeu pour lui que de lui passer les rênes. Parvenus à une centaine de pas, nous vîmes se détacher la silhouette du soldat qui montait la garde, assis près du feu, le fusil entre les jambes. Son camarade, endormi à côté de lui, ne bougeait pas. Leurs bottes de feutre blanc luisaient dans la nuit. Mon compagnon s'éclipsa; tout était calme. A un moment quelques cris étouffés parvinrent de l'autre poste, puis le silence régna de nouveau. La sentinelle avait vaguement levé la tête. C'est alors que je vis se dresser l'imposante silhouette de mon ami. En un clin d'œil les pieds du soldat se retrouvèrent en l'air, et les deux malheureux, saisis à la gorge par une poigne d'acier, allèrent finirent la tête la première dans un buisson où ils disparurent. Un moulinet de fusil et un violent coup de crosse sur le crâne ayant achevé la besogne, mon ami me rejoignit, l'air mi-amusé, mi-honteux :

– C'est fait. Par Dieu et le diable ! Quand j'étais gamin, ma mère voulait faire de moi un prêtre. Et moi, grandissant, je ne songeais qu'à devenir ingénieur agronome... tout cela pour étrangler des gens ou leur fendre le crâne. La révolution est une drôle de chose !

Et, de colère et de dégoût, il cracha par terre avant d'allumer sa pipe.

A l'autre poste aussi tout était fini, et nous franchîmes cette nuit-là les monts Tannou-Ola pour gagner une vallée couverte d'épais fourrés où serpentait un réseau de petites rivières. C'étaient les sources du Buret Hei. Vers une heure, nous fîmes halte pour laisser paître nos chevaux, car l'herbe semblait excellente. L'endroit avait un air rassurant ; on apercevait sur les montagnes des troupeaux de rennes et de yacks. Des Soyotes que nous rencontrâmes achevèrent de nous réconforter : ils n'avaient pas vu de soldats rouges. Nous offrîmes à ces gens un paquet de thé et ils repartirent heureux, assurés que nous étions d'honnêtes tzagans.

Pendant que nos chevaux étaient au repos et pâturaient dans l'herbe haute, nous délibérâmes, assis autour du feu, sur notre itinéraire. Une vive discussion s'engagea bientôt : d'un côté, déterminés par l'absence des rouges, un colonel et quatre officiers souhaitaient continuer vers l'ouest jusqu'à Kobdo [1], d'où ils tenteraient de rejoindre sur l'Emil un camp où les autorités chinoises avaient interné six mille hommes des forces du général Bakich qui avaient pénétré en territoire mongol. Mon compagnon et moi, ainsi que seize autres officiers, nous préférions nous en tenir à notre ancien projet qui était d'atteindre le lac Kossogol, puis l'Extrême-Orient. Comme aucun des deux groupes n'arrivait à persuader l'autre de renoncer à son plan, nous décidâmes de nous séparer et, le lendemain à midi, nous prenions congé les uns des autres.

Notre groupe, dix-huit hommes en tout, eut par la suite à affronter des combats nombreux et des difficultés sans bornes. Six d'entre nous devaient y perdre la vie, mais ceux qui survécurent arrivèrent au bout du voyage si étroitement unis par les liens du dévouement mutuel et des épreuves communes que nous avons conservé jusqu'à ce jour les uns pour les autres les plus puissants sentiments d'amitié. L'autre groupe, dirigé par le colonel Jukoff, périt, décimé au cours de deux combats livrés à la cavalerie rouge. Seuls deux officiers en réchappèrent. C'est eux qui nous racontèrent dans quelles

1. Il s'agit de la ville de Hovd, sur le versant mongol de l'Altaï, au pied des passes qu'emprunte, plus vers l'ouest encore, la piste du Kazakhstan. *(NdE)*

tristes circonstances leurs compagnons avaient trouvé la mort, lorsque nous les retrouvâmes quatre mois plus tard à Ourga.

Notre petite troupe de cavaliers, escortée de cinq chevaux de bât, remonta donc la vallée du Buret Hei. Nous pataugeâmes dans les marécages, passâmes d'innombrables rivières boueuses, essuyâmes des vents glacés, trempés jusqu'aux os par la pluie qui gelait sur nous. Mais nous persistâmes, infatigablement, vers la rive sud du lac Kossogol. Notre guide tartare nous menait avec confiance, suivant les pistes tracées par les nombreux bestiaux qui traversent chaque année le territoire des Urianhays vers la Mongolie.

XII

AU PAYS DE LA PAIX ÉTERNELLE

Les Soyotes qui vivent dans la région des Urianhays sont fiers d'être de vrais bouddhistes, convaincus d'avoir conservé la pure doctrine de Rama et la sagesse profonde de Çakya-Mouni. Ils sont à jamais les ennemis de la guerre et du sang versé. Au XIIIe siècle, ils préférèrent émigrer et chercher refuge au nord plutôt que de livrer combat ou de se soumettre au sanguinaire Gengis Khan qui voulait enrôler dans ses forces ces merveilleux cavaliers-archers. Trois fois au cours de leur histoire, ils ont ainsi émigré vers le nord pour éviter la lutte, et nul ne peut dire aujourd'hui que sur les mains des Soyotes on ait jamais vu du sang humain. Avec leur seul amour de la paix pour arme, ils ont combattu la guerre et ses maux. Les administrateurs chinois, à la sévérité renommée, n'ont pas davantage pu soumettre ce peuple pacifiste à leurs lois implacables. Pareillement, les Soyotes ont résisté aux Russes, assoiffés de crimes et de sang, venus infester leur pays. Ils ont évité avec entêtement de croiser les troupes rouges et les partisans, émigrant vers le sud avec leurs familles et leur bétail, jusqu'aux principautés éloignées du Kemchik et du Soldjak. L'affluent oriental de leur courant d'émigration passa par la vallée du Buret Hei, où nous dépassions continuellement des groupes de Soyotes accompagnés de leurs troupeaux.

Nous avançâmes rapidement le long du sinueux cours d'eau. En deux jours, nous avions atteint les cols qui joignent les vallées du Buret Hei et de la Kharga. La route abrupte était sans cesse coupée par des troncs d'arbres tombés et traversait même, si incroyable que cela puisse sembler, de hauts marécages où les chevaux n'en finissaient pas de patauger. Ce fut ensuite un chemin rocailleux, extrêmement dangereux, où les pierres roulaient sous les sabots et dévalaient le précipice que nous longions. Nos chevaux se fatiguaient vite en passant cette moraine laissée là par d'anciens glaciers. Nous progressions parfois si près du précipice que les chevaux provoquaient de grands éboulements de sable et de pierres. Il me souvient que nous avons dû franchir l'une de ces montagnes entièrement recouverte d'éboulis. Nous fûmes obligés de mettre pied à terre et, prenant les brides en mains, d'avancer pendant plus de deux verstes sur ces lits glissants, nous enfonçant parfois jusqu'aux genoux dans les cailloutis sableux. Un mouvement imprudent aurait suffi par endroits à nous précipiter dans le vide. C'est le sort que subit l'un de nos chevaux : enfoncé jusqu'au ventre dans un piège mouvant, il ne put librement changer de direction et fut emporté par un glissement de terrain jusqu'au bord du précipice où il bascula : après un silence, nous entendîmes un fracas de branches brisées, seul signal de sa chute mortelle. Avec maintes difficultés, nous dûmes alors descendre, pour sauver la selle et les bagages. Un peu plus loin, il nous fallut encore abandonner une autre de nos bêtes de somme qui avait fait tout le voyage depuis la frontière nord de la région des Urianhays. Nous avions d'abord allégé sa charge, mais sans résultat; ni nos encouragements, ni nos menaces n'eurent davantage de succès. Elle restait immobile, tête baissée, l'air si épuisé que nous comprîmes bien qu'elle était à bout. Quelques Soyotes qui se trouvaient avec nous l'examinèrent, lui tâtèrent les muscles des jambes, devant et derrière, prirent sa tête entre leurs mains et la balancèrent de droite à gauche, l'examinant attentivement. Ils donnèrent leur verdict :

– Ce cheval n'ira pas loin. Il a le cerveau desséché !

Nous dûmes l'abandonner.

Parvenus sur les hauteurs, nous contemplâmes ce soir-là un panorama nouveau et splendide : nous nous trouvions sur un vaste plateau couvert de mélèzes. Des chasseurs soyotes y campaient dans leurs yourtas, faites d'écorce au lieu du feutre traditionnel. Dix d'entre eux, armés de fusils, se précipitèrent à notre rencontre. Ils nous informèrent que le prince de Soldjak ne permettait à personne de passer par là, car il craignait l'arrivée de meurtriers et de voleurs sur ses domaines.

– Retournez d'où vous venez, nous conseillèrent-ils, les yeux pleins de frayeur.

Je ne répondis pas, me bornant à apaiser la querelle qui s'apprêtait à surgir entre un vieux Soyote et l'un de mes officiers. Indiquant du doigt la petite rivière qui coulait dans la vallée, je demandai comment elle se nommait.

– Oyna, répondit le Soyote. C'est la frontière de la principauté et le passage y est interdit.

– Très bien, répondis-je, mais vous nous permettrez bien de nous réchauffer et de nous reposer un peu ?

– Oui, oui, protestèrent-ils, l'hospitalité restant pour eux chose sacrée.

Ils nous conduisirent sous leurs tentes. En chemin j'offris au vieux Soyote une cigarette, et à un autre une boîte d'allumettes. Nous marchions tous ensemble, à l'exception de l'un des Soyotes qui traînait en arrière et se tenait le nez d'une main.

– Il est malade ? demandai-je.

– Oui, répondit le vieux Soyote avec tristesse. C'est mon fils. Il saigne du nez depuis deux jours et il est très affaibli.

Je m'arrêtai et appelai le jeune homme.

– Déboutonnez votre manteau, lui ordonnai-je, dégagez votre cou et votre poitrine, et levez la tête aussi haut que vous le pouvez.

Je pressai la veine jugulaire des deux côtés de la tête pendant quelques minutes et déclarai :

– Vous ne saignerez plus du nez à présent. Allez dans votre tente et couchez-vous quelque temps.

L'action mystérieuse de mes doigts produisit sur le vieux Soyote une impression considérable. Rempli de crainte et de respect, il murmura :

– *Ta Lama ! Ta Lama !* (Éminent docteur ! Éminent docteur ! [1])

Dans la yourta, on nous offrit le thé tandis que le vieux Soyote restait profondément absorbé dans ses pensées. Après avoir consulté ses compagnons, il finit par me dire :

– La femme de notre prince souffre des yeux et je crois que le

1. Littéralement « grand prêtre » ; désigne aujourd'hui les docteurs en médecine. *(NdA)*

prince sera très heureux si je lui amène Ta Lama. Il ne me punira pas car, s'il m'a ordonné de ne pas laisser passer de « mauvaises gens », cela ne doit pas empêcher les âmes pures de venir à lui.

– Faites comme vous le jugerez bon, répondis-je en affectant l'indifférence. Il est exact que je sais traiter les maladies des yeux, mais je rebrousserai chemin si vous me l'ordonnez.

– Non ! non ! s'écria le vieillard, prenant soudain peur. Je serai votre guide.

Assis près du feu, il alluma sa pipe avec un silex, l'essuya du revers de sa manche, puis me l'offrit en signe de sincère hospitalité. J'étais au courant des coutumes et je me mis à fumer. Ensuite, il offrit sa pipe à chacun d'entre nous et reçut de chacun, en échange, une cigarette, un peu de tabac et quelques allumettes. Notre amitié était maintenant consacrée. Bientôt, dans notre yourta, de nombreux visiteurs se pressèrent autour de nous, hommes, femmes, enfants et chiens. Nous ne pouvions plus bouger.

Se présenta enfin un lama, la face rasée et le crâne tondu, vêtu de la robe rouge flottante de sa caste. Ses vêtements et sa physionomie différaient de ceux des Soyotes qui, le plus souvent d'une propreté douteuse, portent de longues nattes et des toques de feutre surmontées de queues d'écureuils. Le lama se montra très bien disposé à notre égard, mais ne cessait de lorgner d'un air d'envie sur nos anneaux d'or et nos montres. Je décidai de tirer parti de l'avidité du serviteur de Bouddha. Lui offrant du thé et des biscuits, je lui fis savoir que j'avais besoin de chevaux.

– J'ai un cheval. Voulez-vous me l'acheter ? demanda-t-il. Mais je n'accepte pas les billets de banque russes. Échangeons quelque chose.

Longtemps je marchandai et enfin, contre mon alliance en or, un imperméable et une sacoche en cuir, je reçus un beau cheval soyote qui remplacerait celui que nous avions perdu, ainsi qu'une jeune chèvre. Nous passâmes la nuit au camp où l'on nous régala d'un festin de mouton gras. Le lendemain matin nous nous mîmes en route sous la conduite du vieux Soyote, suivant la vallée de l'Oyna. Il n'y avait plus sur notre route ni montagnes ni marécages, mais il était clair que certains de nos chevaux étaient trop fatigués pour aller jusqu'au lac Kossogol et nous décidâmes de nous en procurer d'autres dans le pays. Nous croisions de temps à autre de petits groupes de yourtas soyotes, entourées de leur bétail et de leurs chevaux. Enfin nous parvînmes en vue de la capitale mobile du prince. Notre guide partit en éclaireur pour annoncer notre visite, non sans nous avoir assurés, en dépit des marques de crainte et d'appréhension que portait son visage, que le prince serait heureux d'accueillir Ta Lama. Nous débouchâmes dans une grande plaine couverte de buissons. Sur le bord de la rivière étaient plantées de grandes yourtas surmontées de drapeaux jaunes et bleus : nous devinâmes qu'il s'agissait du siège du gouvernement. Bientôt notre guide revint vers nous, le visage illuminé par un large sourire. Il agita les mains et s'écria :

– Le noyon vous demande de venir ! Il se réjouit fort de votre visite.

De guerrier, je devins diplomate. En arrivant à la yourta du prince, nous fûmes reçus par deux fonctionnaires portant la toque pointue des Mongols, ornée de plumes de paon piquées sur l'arrière. Avec de profondes révérences, ils prièrent le noyon étranger d'entrer. Mon ami, le Tartare et moi fîmes une entrée remarquée. Dans la riche yourta, drapée de soie magnifique, nous découvrîmes un petit vieillard à la face parcheminée, rasé et tondu, coiffé d'une toque de castor haute et pointue, surmontée de soie écarlate et d'un bouton rouge foncé ; elle était ornée comme celles des fonctionnaires de longues plumes de paon. Son nez était chaussé de grosses besicles chinoises. Il était assis sur un divan bas et faisait tinter nerveusement les grains de son rosaire. C'était Ta Lama, prince de Soldjak et grand prêtre du temple bouddhiste. Il nous accueillit très cordialement et nous invita à nous asseoir devant le feu qui brûlait dans le brasier de cuivre. La princesse, extrêmement belle, nous servit du thé, des confiseries chinoises et des gâteaux. Nous fumâmes la pipe, bien que le prince, en sa qualité de lama, ne nous imitât point, remplissant cependant ses devoirs d'hôte en élevant à ses lèvres les pipes que nous lui offrions et en nous tendant en retour sa tabatière en néphrite verte. Ayant observé les rites d'accueil, nous attendîmes les paroles du prince. Il nous demanda si notre voyage avait été heureux et quels étaient nos projets. Je lui parlai avec franchise et lui demandai l'hospitalité pour notre groupe et nos chevaux. Il consentit immédiatement et ordonna que quatre yourtas fussent préparées pour nous.

– J'ai appris que le noyon étranger est un excellent médecin.

– Oui, je connais quelques maladies et j'ai avec moi divers remèdes, mais je ne suis pas médecin. Je suis un savant en d'autres sciences.

Mais le prince ne comprit pas. Dans sa simplicité, il pensait qu'un homme qui sait traiter une maladie est forcément un médecin.

– Ma femme souffre constamment des yeux depuis deux mois, me dit-il. Soulagez-la.

Je demandai à la princesse de me montrer ses yeux. Il ne me fallut pas longtemps pour comprendre qu'elle souffrait d'une conjonctivite provoquée par la fumée continuelle de la yourta et la saleté générale du lieu. Le Tartare m'apporta ma trousse médicale. Je lavai les yeux de la princesse avec de l'eau boriquée et appliquai sur les paupières un peu de cocaïne et une faible solution de sulfate de zinc.

– Je vous supplie de me soigner, me dit la princesse. Ne partez pas avant de m'avoir guérie. Nous vous donnerons des moutons, du lait et de la farine pour tous vos amis. Je pleure tant à présent que mes yeux sont devenus rouges. Autrefois ils étaient si beaux que mon mari ne cessait de répéter qu'ils brillaient comme des étoiles. C'est plus que je n'en puis supporter.

Elle frappa le sol de son pied d'un geste capricieux et, avec coquetterie, insista :

– N'est-ce pas que vous voulez bien me guérir ?

Le caractère et les manières d'une jolie femme sont partout les mêmes : dans l'étincelant Broadway, le long de la majestueuse Tamise, sur les boulevards animés du gai Paris ou dans la yourta drapée de soie d'une princesse soyote, par-delà les forêts de mélèzes qui recouvrent les montagnes Tannou-Ola.

– Je ferai de mon mieux, répondit avec assurance l'oculiste d'occasion.

Nous demeurâmes là dix jours, entourés de l'amitié cordiale de toute la famille du prince. Les yeux de la princesse qui huit ans auparavant avaient séduit le prince, déjà assez âgé, étaient guéris. Elle ne contenait plus sa joie et ne quittait plus son miroir.

Le prince me donna cinq bons chevaux, dix moutons et un sac de farine que nous transformâmes immédiatement en biscuits. Mon ami lui offrit un billet de banque des Romanoff d'une valeur de cinq cents roubles, avec le portrait de Pierre le Grand. Je lui présentai une pépite d'or que j'avais ramassée dans le lit d'un torrent. Le prince ordonna à l'un des Soyotes de nous servir de guide jusqu'au lac Kossogol. Toute la famille nous escorta jusqu'au monastère qui se trouvait à une dizaine de verstes de la capitale. Nous ne le visitâmes pas, mais nous nous arrêtâmes au *Dougoun* [1]. Les marchands chinois nous regardèrent avec hostilité, en nous offrant cependant toutes sortes de marchandises, pensant notamment nous séduire avec leurs *lanhons*, flacons ronds remplis de *maygolo*, une sorte d'anisette. Comme nous n'avions ni argent en lingots ni dollars chinois, nous ne pouvions que regarder avec envie ces sympathiques fioles, jusqu'au moment où le prince vint à notre secours et ordonna aux Chinois d'en mettre cinq dans nos sacoches.

1. Établissement commercial chinois, installé dans un poste fortifié. *(NdA)*

XIII

SORTILÈGES, MIRACLES ET NOUVELLE BATAILLE

Dans la soirée, nous arrivions en face du lac sacré de Teri-Nor, nappe d'eau de huit verstes de large, boueuse et jaunâtre, bordée de rivages bas et mornes tout creusés de fondrières. Au milieu du lac s'étendait ce qui restait d'une île. On y voyait encore quelques arbres et des ruines anciennes. Notre guide nous expliqua que deux siècles plus tôt le lac n'existait pas, qu'à sa place se dressait une imposante forteresse chinoise. L'un de ses chefs avait offensé un vieux lama, lequel avait maudit le lieu et prédit qu'il serait détruit. Le lendemain, l'eau commença à jaillir du sol, détruisit la forteresse et engloutit tous les soldats. Aujourd'hui encore, quand la tempête fait rage sur le lac, les eaux rejettent sur la rive des ossements des hommes et de chevaux. Chaque année depuis lors, le lac gagne du terrain, et n'est pas loin aujourd'hui d'atteindre la base des montagnes. Longeant la rive orientale, nous commençâmes à gravir une chaîne aux sommets enneigés. Au début la route fut facile, mais le guide nous avertit que la partie la plus dure était devant nous. Deux jours plus tard en effet, nous atteignions une pente escarpée recouverte de forêts épaisses qui disparaissaient sous la neige. Au-delà s'allongeait la ligne des neiges éternelles : une succession de chaînes revêtues d'un blanc tapis qui scintillait sous le clair soleil et sur lequel se détachaient ici et là quelques fragments de roche sombre. C'était la partie la plus orientale et la plus haute de la chaîne des Tannou-Ola. Nous passâmes la nuit dans un bois. A midi le lendemain, le guide nous conduisit sur une piste en lacets sans cesse interrompue par de profonds ravins, des arbres abattus et des rochers éboulés. Pendant plusieurs heures nous gravîmes des pentes qui épuisaient nos chevaux pour aboutir... à l'endroit même où nous avions fait notre dernière halte. Il était évident que le Soyote avait perdu sa route ; sur son visage se lisait une intense frayeur.

– Les démons de la forêt maudite ne veulent pas nous laisser passer, murmura-t-il, les lèvres tremblantes. C'est un mauvais signe. Il faut retourner à la Kharga et voir le noyon.

Je le menaçai alors, et il reprit la tête du groupe, ayant visiblement perdu tout espoir de retrouver le chemin. Heureusement l'un des nôtres, un chasseur urianhay, remarqua sur les arbres des marques qui indiquaient la piste que notre guide avait perdue. En les suivant, nous traversâmes une forêt puis une zone de mélèzes brûlés, enfin un petit bois qui se trouvait au pied des neiges éternelles. La nuit tombait et nous dûmes nous arrêter pour camper. Le vent avait fraîchi ; il soulevait d'énormes rafales de neige qui nous bouchaient l'horizon et ensevelirent bientôt notre camp sous un grand manteau blanc. Nos chevaux se tenaient derrière nous, tels une armée de fantômes, refusant de manger et de s'éloigner du feu. Le vent agitait leurs queues et leurs crinières. Il mugissait et sifflait dans les anfractuosités de la montagne. Au loin se fit entendre le grognement sourd d'une meute de loups, d'où se détachait une plainte solitaire, plus aiguë, que le vent faisait vibrer en un staccato bien marqué.

Tandis que nous nous reposions près du feu, le Soyote vint me trouver et me dit :

– Noyon, viens avec moi à l'*obo* [1]. Je veux te montrer quelque chose.

Je le suivis et nous commençâmes à flanc de montagne. Au pied de la pente abrupte était entassé un amas de troncs d'arbres et de rochers, formant un cône d'environ trois mètres de haut. L'obo était consacré aux mauvais démons, maîtres de ces lieux. Les passants, Soyotes et Mongols, payaient leur tribut aux esprits en suspendant aux branches de l'obo des *hatyks*, c'est-à-dire de longues bannières de soie bleue qu'ils avaient arrachée à la doublure de leurs man-

1. Monument sacré élevé aux endroits dangereux pour apaiser les dieux. *(NdA)*

teaux, ou de simples mèches de poils qu'ils coupaient aux crinières de leurs chevaux ; ils plaçaient aussi sur les pierres des morceaux de viande, des tasses de thé ou du sel.

– Regardez ! dit le Soyote. Les hatyks sont arrachés. Les démons sont courroucés, ils ne veulent pas nous laisser passer, Noyon...

Il me saisit la main et d'une voix suppliante murmura :

– Faisons demi-tour, Noyon, Faisons demi-tour ! Les démons ne veulent pas que nous passions la montagne. Depuis vingt ans, personne n'a osé traverser et tous les audacieux qui l'ont tenté ont péri ici. Les démons sont tombés sur eux avec la tempête de neige. Regardez ! Elle commence déjà. Retournons voir notre noyon, attendons les jours plus chauds et alors...

Je ne l'écoutai pas davantage. Je regagnai le feu que je pouvais à peine distinguer, aveuglé par la neige. Craignant que notre guide ne nous abandonnât, je plaçai un de nos hommes en sentinelle pour le surveiller. Un peu plus tard dans la nuit, la sentinelle me réveilla :

– Je puis me tromper, mais j'ai cru entendre un coup de fusil.

Que pouvais-je en conclure ? Peut-être des égarés, comme nous, signalaient-ils ainsi leur présence à des compagnons, peut-être la sentinelle avait-elle pris pour un coup de fusil le bruit d'un roc ou d'un bloc de glace chutant ? Je me rendormis. Bientôt, une claire vision m'apparut en rêve. Sur la plaine recouverte de neige avançait une troupe de cavaliers. C'étaient nos chevaux de bât, notre Kalmouk et un amusant cheval pie au nez romain. Je nous vis ensuite descendre du plateau neigeux jusqu'à un repli de la montagne où poussaient quelques mélèzes, près desquels gazouillait un ruisseau à ciel ouvert. Puis je remarquai un feu brillant parmi les arbres, et je m'éveillai.

Il faisait jour. Je secouai les autres et leur demandai de se préparer rapidement, afin de ne pas perdre de temps. La tempête faisait rage. La neige nous aveuglait, effaçant progressivement la route. Le froid était intense. Enfin nous fûmes en selle. Le Soyote allait devant, tâchant de distinguer la piste. A mesure que nous montions, notre guide perdait plus fréquemment la route. Nous tombions dans des trous profonds masqués par la neige, trébuchions sur des blocs glissants. Soudain le Soyote fit tourner son cheval et, venant à moi, me dit d'un ton décidé :

– Je ne veux pas mourir avec vous ; je n'irai pas plus loin.

Mon premier mouvement fut de saisir mon fouet. J'étais si près de la terre promise, la Mongolie, que ce Soyote qui entravait la réalisation de mes espérances me semblait mon pire ennemi. Mais j'abaissai ma main brandie car, en désespoir de cause, une idée venait de me traverser l'esprit.

– Écoute, dis-je, si ton cheval fait un mouvement, tu recevras une balle dans le dos, et ce n'est pas au sommet de la montagne que tu périras, mais en bas. A présent, je vais te dire ce qui va nous arriver. Quand nous aurons atteint les rochers là-haut, le vent aura cessé et la tempête de neige ne sera plus qu'un souvenir. Le soleil brillera sur le plateau neigeux et sur la petite vallée de mélèzes où nous descendrons ensuite ; un ruisseau d'eau courante y coule à ciel ouvert. Nous allumerons un feu là-bas et nous y passerons la nuit.

Le Soyote eut un tremblement de frayeur.

– Noyon a déjà franchi les montagnes de Darkhat-Ola ?

– Non, mais la nuit dernière j'ai eu une vision et je sais que nous franchirons cette crête sans encombre.

– Alors je vais vous conduire ! s'écria le Soyote.

Fouettant son cheval, il prit la tête de la colonne qui s'engagea sur la pente abrupte grimpant vers les neiges éternelles.

Parvenu au bord d'un précipice, le Soyote s'arrêta et examina la piste avec attention.

– Un grand nombre de chevaux ferrés sont passés par ici aujourd'hui, cria-t-il dans le vacarme de l'orage. Sur la neige on a traîné un fouet. Et ce n'étaient pas des Soyotes.

La solution de l'énigme nous fut donnée aussitôt, quand une salve de coups de feu éclata dans les airs. L'un de mes compagnons poussa un cri, portant la main à son épaule droite ; un des chevaux de bât tomba mort, atteint derrière l'oreille. Nous mîmes rapidement pied à terre et nous abritâmes derrière les rochers pour étudier la situation. Protégés par un éperon montagneux, nous dominions une petite vallée large d'environ sept cents mètres, où se tenaient une trentaine de cavaliers qui faisaient feu sur nous. Et puisque l'adversaire avait ainsi ouvert les hostilités, j'ordonnai de riposter.

– Tirez sur les chevaux ! cria le colonel Ostrovsky.

Puis il ordonna au Tartare et au Soyote de faire coucher nos bêtes. Nous abattîmes six de leurs montures et en blessâmes sans doute quelques autres, mais nous n'eûmes pas l'occasion de nous en assurer. Nos fusils n'épargnaient aucun de ceux qui étaient assez téméraires pour s'avancer en terrain découvert. Des cris de colère et de malédiction montaient de chez les soldats rouges, dont les tirs devenaient de plus en plus nourris.

Soudain, je vis notre Soyote relever à coups de pied trois des chevaux et sauter en selle, tenant les deux autres par la bride derrière lui. Le Tartare et le Kalmouk s'élancèrent aussitôt à sa poursuite. J'avais déjà dirigé mon fusil vers le fuyard, mais la vue du Tartare et du Kalmouk galopant derrière lui sur leurs admirables bêtes me fit changer d'avis : rassuré, je laissai retomber mon fusil. Assailli par le feu des rouges, les trois hommes réussirent cependant à atteindre les rochers derrière lesquels ils s'échappèrent. La fusillade continua, augmentant d'intensité, et je ne savais que faire ; nous devions économiser les munitions. C'est alors que je remarquai deux points noirs qui se détachaient sur la neige, au-dessus des positions rouges. Se rapprochant lentement de nos ennemis, ils disparurent derrière des monticules pour réapparaître bientôt, juste sur le bord des rochers escarpés au pied desquels les rouges étaient embusqués. Je ne doutai plus, à les voir si proches, qu'il ne s'agît de deux hommes. Brusquement ces derniers se dressèrent, et je les vis brandir quelque chose et le jeter dans la vallée. Deux grondements assourdissants suivirent, indéfiniment répercutés par l'écho. Aussitôt après, une troisième explosion fut suivie de cris farouches et d'une fusillade désordonnée parmi les rouges.

Quelques-uns des chevaux dévalèrent la pente dans la neige, et les soldats, chassés par notre feu, s'enfuirent aussi vite qu'ils pouvaient vers le creux de la vallée.

Plus tard, le Tartare m'expliqua comment le Soyote lui avait proposé de le guider derrière les lignes rouges de façon à les attaquer à revers, avec des grenades. Quand j'eus pansé l'épaule blessée de l'officier et que nous eûmes enlevé le bât de notre cheval tué, nous pûmes reprendre notre route. Notre situation était délicate. Ce détachement rouge venait sans aucun doute de Mongolie. Il y avait donc des rouges en Mongolie. Quelles étaient leurs forces ? Où risquionsnous de les rencontrer ? La Mongolie n'était donc pas la terre promise. Je me sentis gagner par un profond abattement.

Mais la nature se faisait déjà plus clémente. Le vent tomba peu à peu, la tempête cessa, le soleil fit sa percée à travers les nuages rapides. Nous avancions sur un haut plateau recouvert de neige. Cette neige que le vent balayait et qui s'amassait sur la piste gênait nos chevaux et les empêchait d'avancer. Nous fûmes obligés de mettre pied à terre et de nous frayer un chemin par nous-mêmes, enfonçant parfois jusqu'à la ceinture. Souvent un homme ou un cheval tombait et il fallait l'aider à se relever. Enfin nous amorçâmes la descente et, au coucher du soleil, nous fîmes halte dans un petit bois de mélèzes. Nous passâmes la nuit près du feu, parmi les arbres, et prîmes le thé que nous fîmes bouillir avec l'eau apportée du ruisseau. Tout autour s'apercevaient encore les empreintes de nos récents adversaires.

La nature et les démons courroucés de Darkhat-Ola nous avaient finalement aidés. Mais nous n'éprouvions que peu de joie car, une fois encore, nous affrontions l'incertitude, la perspective terrible de nouveaux dangers à venir.

XIV

LA RIVIÈRE DU DIABLE

Nous laissions derrière nous la forêt de l'Oulan taïga et les monts Darkhat-Ola. Nous avancions rapidement car les hauts plateaux mongols commençaient à cet endroit et nous n'avions plus d'obstacles montagneux devant nous. Des bouquets de mélèzes ponctuaient encore notre route. Nous traversâmes quelques torrents très rapides, mais sans profondeur et faciles à passer à gué. Après deux jours de voyage à travers la plaine de Darkhat, nous commençâmes à rencontrer des Soyotes qui conduisaient leurs troupeaux vers le nord-ouest, dans la région des Orgarkha-Ola. Ils nous firent part de nouvelles bien désagréables.

Les bolcheviks du district d'Irkoutsk avaient traversé la frontière, capturé la colonie russe de Khatyl sur la rive méridionale du lac Kossogol, et s'étaient dirigés au sud vers Mouren Koure, une autre colonie russe qui se trouvait auprès d'un grand monastère lamaïste, à quatre-vingt-dix verstes au sud du lac. Les Mongols nous ayant signalé qu'il n'y avait aucune troupe russe entre Khatyl et Mouren Koure, nous décidâmes de passer entre ces deux points pour atteindre Van Koure, plus à l'est. Nous prîmes congé de notre guide soyote et, après avoir envoyé trois éclaireurs en reconnaissance, nous nous remîmes en route. Du haut des montagnes entourant le lac Kossogol, nous ne pûmes retenir notre admiration devant le spectacle splendide qui s'offrait à nos yeux : un vrai lac alpin, serti comme un saphir dans le vieil or des collines environnantes, rehaussé de sombres et riches forêts. Le soir, nous approchâmes de Khatyl avec de grandes précautions et fîmes halte sur le bord du cours d'eau qui descend du Kossogol : le Yaga ou Egiyn Gol. Nous trouvâmes un Mongol prêt à nous mener de l'autre côté de la rivière gelée par une route sûre qui passait entre Khatyl et Mouren Koure. Partout, le long des rives, se trouvaient de grands obos et de petits autels dédiés aux démons des eaux.

– Pourquoi y a-t-il tant d'obos ? demandâmes-nous à notre guide.

– C'est la rivière du Diable, dangereuse et rusée, répliqua l'homme. Il y a deux jours, un train de charrettes a fait craquer la glace ; trois d'entre elles ont été englouties avec cinq soldats.

Nous commençâmes la traversée. La surface du fleuve ressemblait à une épaisse plaque de verre, limpide et sans neige. Nos chevaux avançaient avec précaution, mais quelques-uns tombèrent et patinèrent quelque peu avant de se remettre debout. Nous les menions par la bride. Tête baissée, tremblant de tout leur corps, ils ne quittaient pas la glace des yeux, terrifiés. Je regardai à mon tour et compris leur frayeur. A travers la couche de glace transparente, épaisse de trente centimètres environ, on pouvait voir très clairement le fond de la rivière. Sous la lumière de la lune, les pierres, les trous d'eau et les herbes aquatiques étaient visibles, à une profondeur de dix mètres et plus. Le Yaga roulait ses flots furieux sous la glace à une vitesse terrifiante, marquant son cours de longues stries d'écume bouillonnante. Brutalement je fis un bond et m'arrêtai net, comme paralysé. A la surface de l'eau éclata ce qui ressemblait à un coup de canon, suivi d'un second, puis d'un troisième.

– Vite ! Vite ! s'écria notre Mongol nous faisant signe de la main.

Un nouveau coup de canon suivi d'un craquement retentit tout près de nous. Les chevaux se cabrèrent et tombèrent, plusieurs se cognant la tête contre la glace. Une seconde après, elle se déchirait sur près d'un mètre. Aussitôt, par l'ouverture béante, l'eau se mit à jaillir avec une violence inouïe.

– Vite ! Vite ! s'écria de plus belle le guide.

Mais les chevaux refusaient d'aller plus loin. Ils tremblaient, n'obéissaient plus ; seul le fouet pouvait leur faire oublier leur terreur et les forcer à avancer.

Quand nous fûmes sains et saufs sur l'autre rive, au milieu des bois, notre guide mongol nous raconta comment le fleuve s'ouvre parfois de cette façon mystérieuse, vouant aussitôt à la mort les hommes et les animaux qui parcourent son lit gelé. Le courant froid et rapide les entraîne sous la glace. Quand le craquement infernal se produit juste sous les pieds du cheval, celui-ci en voulant s'écarter tombe presque à coup sûr dans l'eau, et les mâchoires de glace, se refermant brusquement, lui coupent net les jambes.

La vallée qui abrite le Kossogol est formée par l'ancien cratère d'un volcan éteint. On peut en suivre les contours du haut de la rive occidentale. Les puissances infernales y semblent toujours vivaces, proclamant la gloire du démon et obligeant les Mongols à bâtir des obos et à offrir des sacrifices. C'est dans ce lieu étrange que nous poursuivîmes toute la nuit et toute la journée du lendemain notre fuite vers l'est. Vers neuf heures du soir nous aperçûmes non loin un feu. Mon ami et moi nous y portâmes, pensant que c'était certainement une yourta mongole, près de laquelle nous pourrions camper en sécurité. Au bout de deux verstes nous distinguions effectivement un groupe de yourtas. Personne cependant ne vint à notre rencontre et, chose plus étonnante encore, nous ne fûmes pas comme à l'accoutumée assaillis par les chiens mongols, noirs et féroces, dont les yeux jettent des éclairs. Nous avions pourtant vu du feu, il devait donc y avoir quelqu'un. Nous mîmes pied à terre et approchâmes. De la yourta sortirent alors précipitamment deux soldats rouges ; l'un d'eux aussitôt fit feu sur moi mais me manqua, ne réussissant qu'à blesser mon cheval. Un seul coup en retour me suffit pour abattre mon ennemi, tandis que son acolyte était assommé d'un coup de crosse par mon compagnon. Nous examinâmes les corps : dans les poches nous trouvâmes des papiers militaires du second escadron de défense intérieure communiste.

Nous décidâmes de passer la nuit à cet endroit. Les propriétaires des yourtas s'étaient évidemment enfuis et les soldats rouges avaient rassemblé et mis dans des sacs tout ce qu'ils avaient pu trouver sur place. Ils se préparaient probablement à partir, car ils étaient tout équipés. Nous gagnâmes dans cette aventure deux chevaux débusqués dans les fourrés, deux fusils, deux pistolets automatiques et des cartouches. Dans les sacoches, du thé, du tabac, des allumettes, d'autres cartouches encore.

Deux jours plus tard nous approchions de la rive de l'Ouri quand nous rencontrâmes deux soldats russes, cosaques d'un certain *attaman* [1] Soutounine, qui faisait campagne contre les bolcheviks dans la vallée de la Selenga. Ils étaient porteurs d'un message de Soutounine à Kalgorodoff, chef des anti-bolcheviks de la région de l'Altaï. Ils nous apprirent que les troupes rouges étaient disséminées tout le long de la frontière russo-mongole, que les agitateurs communistes avaient pénétré jusqu'à Kiakhta, Oulankhom et Kobdo, et avaient persuadé les autorités chinoises de leur livrer tous les réfugiés russes. Nous sûmes que dans le voisinage d'Ourga et de Van Koure, des affrontements s'étaient produits entre les troupes chinoises et les détachements du général russe anti-bolchevik, le baron Ungern von Sternberg [2], et du colonel Kazagrandi, qui se battaient pour l'indépendance de la Mongolie extérieure. Le baron Ungern ayant été battu par deux fois, les Chinois avaient en quelque sorte établi l'état de siège à Ourga et soupçonnaient tous les étrangers d'entretenir des contacts avec le général russe.

Tout était donc changé : la route du Pacifique nous était fermée. Après avoir bien réfléchi au problème, j'en arrivai à la conclusion qu'il ne nous restait plus qu'une seule possibilité d'évasion : il nous fallait éviter les cités mongoles aux mains de l'administration chinoise, traverser la Mongolie du nord au sud, franchir le désert qui s'étend au sud de la principauté de Jassaktou Khan, pénétrer dans le Gobi à l'ouest de la Mongolie intérieure, franchir aussi rapidement que possible les quatre-vingt-dix verstes de la province chinoise du Kansou et atteindre le Thibet. Là, j'espérais tomber sur l'un des consuls anglais établis dans les montagnes du sud et, avec son aide, parvenir à quelque port anglais de l'Inde. J'avais parfaitement conscience de toutes les difficultés qu'entraînait une telle entreprise, mais je n'avais guère le choix. Il ne restait plus que cette dernière chance si nous ne voulions pas périr sous les balles des bolcheviks ou languir d'interminables années dans un cachot chinois. Quand je fis part de mon projet à mes compagnons, sans leur

1. Ou *hetman* : chef des cosaques. *(NdA)*

2. Figure marquante de la Révolution russe en Sibérie. Descendant d'une famille de barons baltes, il forma en Transbaïkalie un ordre militaire de bouddhistes bouriates et mongols pour combattre les bolcheviks. Réfugié en Mongolie, il essaya de se tailler, sans succès, un empire mongolo-bouriate. *(NdE)*

cacher aucun des dangers que comportait cette folle entreprise, tous me répondirent aussitôt :

– Conduisez, nous vous suivrons !

Une circonstance pourtant jouait en notre faveur : nous ne craignions pas la faim. En effet, nous avions du thé, du tabac, des allumettes, et également des chevaux, des selles, des fusils, des manteaux et des bottes que nous pourrions facilement utiliser comme monnaie d'échange.

Nous nous mîmes donc sans attendre à établir l'itinéraire de la nouvelle expédition. Nous partirions vers le sud, laissant à notre droite la ville d'Ouliassoutaï pour nous diriger vers Zaganlouk ; puis nous traverserions les terres arides du district de Balir, dans la principauté de Jassaktou Khan, et le Naron Khouhou Gobi pour nous diriger vers les montagnes de Boro. Là, nous pourrions faire une longue halte afin de nous remettre de nos fatigues et de reposer nos chevaux. La seconde partie de notre voyage s'effectuerait à travers la partie occidentale de la Mongolie intérieure, par le petit Gobi, les territoires des Torgouts [1], les monts Khara et Kansou, où il nous faudrait choisir une route à l'ouest de Soutchéou. Nous pénétrerions enfin dans le domaine de Koukou-Nor, puis progresserions vers le sud jusqu'aux sources du Yang-tsé-kiang. Au-delà de ce point, mes notions devenaient vagues, mais je pus vérifier grâce à une carte d'Asie appartenant à l'un des officiers que les chaînes de montagnes à l'ouest des sources du Yang-tsé-kiang séparaient le bassin de ce fleuve de celui du Brahmapoutre : au-delà, c'était le Thibet où, comme je l'ai dit, j'espérais trouver l'aide des Anglais.

1. Les Torgouts (ou Torgotes) sont une des branches du peuple kalmouk. *(NdE)*

XV

LA MARCHE DES FANTÔMES

Tel fut notre périple jusqu'à la frontière du Thibet. Dix-sept cents verstes de steppes recouvertes de neige, des montagnes, des déserts que nous franchîmes en quarante-huit jours. Nous nous cachions des habitants, faisions de courtes haltes dans les endroits les plus désolés. Notre seule nourriture durant des semaines entières consista en viande crue, glacée, car pour ne pas attirer l'attention, nous évitions de faire du feu. Toutes les fois que nous avions besoin d'acheter un mouton ou un bœuf pour notre ravitaillement, nous envoyions deux hommes sans armes, qui se faisaient passer auprès des populations locales pour des ouvriers employés chez des colons russes. Nous craignions même de chasser, bien que nous eussions un jour rencontré un troupeau d'antilopes qui comportait au moins cinq mille têtes. Derrière Balir, sur les terres du lama Jassaktou Khan qui avait hérité du trône après avoir empoisonné son frère à Ourga sur l'ordre du Bouddha vivant, nous rencontrâmes des Tartares russes nomades qui descendaient avec leurs troupeaux de l'Altaï et de la région d'Abakan. Ils nous accueillirent avec beaucoup de cordialité, nous donnèrent des bœufs et trente-six paquets de thé. Ils nous sauvèrent aussi d'une mort certaine en nous avertissant qu'à cette saison il était absolument impossible aux chevaux de traverser le désert de Gobi où il n'y avait aucun pâturage. Nous troquâmes donc nos bêtes et une partie de nos provisions contre des chameaux. C'est un des Tartares qui conclut l'affaire avec un riche Mongol qu'il avait fait venir au camp. Celui-ci nous donna dix-neuf chameaux et prit en échange tous nos chevaux, un fusil, un pistolet et notre meilleure selle cosaque. Il nous recommanda vivement de visiter le sanctuaire de Narabanchi, dernier monastère lamaïste avant le Thibet. Nous offenserions très vivement le très saint *Houtouktou* [1], Bouddha incarné, nous prévint-il, si nous ne visitions pas son fameux temple des Bénédictions, où tous les voyageurs en route vers le Thibet ne manquaient pas d'offrir leurs prières. Notre Kalmouk lamaïste se joignit aux instances du Mongol. Je me décidai donc à m'y rendre avec le Kalmouk. Les Tartares me donnèrent de grands hatyks de soie pour les déposer en offrandes, et ils nous prêtèrent quatre magnifiques chevaux. Bien que le monastère fût éloigné de près de quatre-vingt-dix verstes, à neuf heures du soir j'entrai dans la yourta du houtouktou.

C'était un homme d'âge moyen, entièrement rasé, petit et maigre, du nom de Jelyb Djamsrap Houtouktou. Il nous reçut très cordialement, se montra fort satisfait de recevoir les hatyks que je lui offrais et sembla touché par ma connaissance de l'étiquette mongole – mon Tartare n'ayant en effet compté ni son temps ni sa patience pour me l'enseigner. Le houtouktou m'écouta très attentivement, me donna de précieux conseils pour le voyage et m'offrit un anneau qui, depuis, m'a ouvert les portes de tous les monastères lamaïstes, tant le nom de ce houtouktou est hautement estimé, non seulement dans toute la Mongolie, mais jusqu'au Thibet et en Chine lamaïste. Nous passâmes la nuit dans sa splendide yourta et le lendemain matin nous visitâmes les sanctuaires où se tenaient des services solennels accompagnés de musique, de gongs, de tam-tams et de sifflets. Les lamas aux voix graves entonnaient les prières, tandis que les ordres mineurs répondaient aux antiennes. Une phrase sacrée : «*Om! Mani Padme Hung!*» (Salut! Grand Lama à la fleur de Lotus) revenait sans cesse aux répons.

Le houtouktou nous souhaita bon voyage, nous offrit un grand hatyk jaune et nous accompagna jusqu'à la grille du monastère. Quand nous fûmes en selle, il nous dit :

– Rappelez-vous que vous serez toujours les bienvenus ici. La vie

1. Dignitaire religieux. Au sommet de la hiérarchie religieuse locale se trouve le *Houtouktou* d'Ourga, troisième personnage dans la hiérarchie du bouddhisme, après le Dalaï-Lama et le Panchen-Lama. *(NdE)*

est compliquée et tout peut arriver. Peut-être serez-vous obligés plus tard de revenir dans notre région ; ne manquez pas, alors, de passer par Narabanchi Koure.

Dès la nuit suivante, nous rejoignîmes nos Tartares ; le lendemain nous reprenions notre voyage. J'étais très fatigué et le mouvement lent et souple du chameau me berçait et me reposait. Toute la journée, je somnolai, allant parfois jusqu'à m'endormir complètement. Ce fut désastreux car, mon chameau s'étant piqué d'escalader le bord escarpé d'une rivière pendant un de mes sommes, je tombai, donnai de la tête contre une pierre et perdis connaissance. A mon réveil, j'aperçus mon manteau couvert de sang ; mes amis m'entouraient et la crainte se lisait sur leurs visages. On me banda la tête et nous repartîmes. Je n'appris que longtemps après, à la faveur d'un examen médical, que pour avoir fait ainsi la sieste je m'étais bel et bien fendu le crâne.

Nous franchîmes l'Altaï et le Karlik Tagh, sentinelles les plus orientales de la chaîne des Tian Chan, qui veillent sur le Gobi ; puis nous traversâmes du nord au sud toute la largeur du Khouhou Gobi. Il faisait un froid intense, mais heureusement les sables gelés facilitaient notre avancée. Avant de passer les monts Khara, nous échangeâmes nos montures à la démarche somnifère contre des chevaux. Je dois d'ailleurs dire que les Torgouts avec qui nous fîmes la transaction nous volèrent honteusement, en bons « chands d'habits » qu'ils sont.

Contournant les montagnes, nous arrivâmes dans le Kansou. Il s'agissait d'une étape particulièrement dangereuse, car les Chinois arrêtaient tous les réfugiés, et je craignais pour la vie de mes compagnons russes. Nous nous cachions le jour dans les ravins, les forêts et les buissons, avançant à marche forcée pendant la nuit. Il nous fallut quatre jours pour traverser la région. Les quelques paysans chinois que nous rencontrâmes semblaient pacifiques et se montrèrent très hospitaliers ; ils témoignaient surtout leur intérêt au Kalmouk, parce qu'il parlait un peu le chinois, et puis … à ma trousse médicale ! J'eus en maints endroits à soigner des maladies de peau.

Comme nous approchions des Nan Chan, qui forment l'extrémité nord-est des Altyn Tagh (ces derniers étant eux-mêmes la branche orientale du système montagneux issu du Pamir et du Karakoroum), nous rattrapâmes une importante caravane de marchands chinois qui allaient au Thibet et nous joignîmes à eux. Pendant trois jours nous suivîmes les sinuosités sans fin d'un vrai labyrinthe de ravins et franchîmes quantité de cols. Nous constatâmes que les Chinois, à chaque passage périlleux, savaient toujours choisir les meilleures pistes dans ces endroits difficiles.

Tandis que nous progressions ainsi vers un groupe de lacs marécageux qui alimentent le Koukou-Nor et tout un réseau de grandes rivières, je restais plongé dans un état de semi-conscience. La fatigue, la tension nerveuse continuelle et le coup que j'avais reçu sur la tête avaient provoqué chez moi des attaques de fièvre et des frissons : tantôt j'étais brûlant, tantôt je claquais des dents, à tel point qu'effrayé mon cheval me désarçonna plusieurs fois. Je délirais, je poussais des cris ou pleurais; j'appelais les miens, je leur expliquais comment ils devaient faire pour venir à moi. Je me rappelle, comme dans un rêve, que mes compagnons me firent à un moment descendre de ma selle, me posèrent sur le sol, me donnèrent à boire de l'eau-de-vie chinoise et me dirent, quand j'eus un peu repris mes sens :

– Les marchands chinois vont vers l'ouest; or nous devons aller au sud.

– Non, au nord ! répondis-je d'un ton sec.

– Mais non, au sud !

– Par Dieu et le diable ! m'écriai-je furieux, nous venons de traverser à la nage le petit Ienisseï, et l'Algyak est au nord !

– Nous sommes au Thibet, protestèrent mes compagnons. Il faut que nous atteignions le Brahmapoutre.

– Brahmapoutre !... Brahmapoutre !...

Ce mot tournait et retournait dans mon cerveau en feu, y causant un bruit terrible et d'affolants bouleversements. C'est alors que je me souvins de tout et ouvris les yeux. Mais je remuais à peine les lèvres et ne tardai pas à perdre connaissance. Mes compagnons me transportèrent au monastère de Charkhe où un lama me fit revenir à moi, à l'aide d'une solution de *fatil*, sorte de ginseng chinois. En causant avec nous de nos projets, il exprima des doutes sur la possibilité de traverser le Thibet, mais il se garda bien de nous expliquer les raisons de ses réticences...

XVI

MYSTÉRIEUX THIBET

Une route assez longue nous conduisit de Charkhe vers le sud à travers les montagnes ; cinq jours après avoir quitté le monastère, nous débouchions dans une sorte d'amphithéâtre naturel au centre duquel s'étalait un lac immense : le Koukou-Nor. Si la Finlande mérite son nom de « pays des dix mille lacs », la région du Koukou-Nor peut à juste titre prétendre à celui de « district du million de lacs ». Nous contournâmes le Koukou-Nor par l'ouest, du côté de Doulan Kitt, empruntant un chemin qui zigzaguait entre les nombreux marais, les petits lacs et les ruisseaux, profonds et vaseux. L'eau n'était pas encore recouverte de glace et c'est seulement arrivés au sommet des montagnes que nous sentîmes le froid cinglant des vents. Nous ne croisions que de rares habitants, et c'est avec les plus grandes difficultés que notre Kalmouk réussit à trouver notre route, interrogeant chaque fois qu'il le pouvait les bergers de rencontre. De la rive orientale du lac de Tassoun, nous fîmes un détour jusqu'à un monastère peu éloigné, où nous nous arrêtâmes pour prendre quelque repos. Dans ce saint lieu, nous tombâmes sur un autre groupe de visiteurs. C'étaient des Thibétains. Ils se montrèrent plutôt grossiers à notre égard et refusèrent de nous adresser la parole. Ils étaient tous armés de fusils russes et portaient en bandoulière des cartouchières, ainsi que deux ou trois pistolets au ceinturon. Ils nous examinèrent avec la plus grande attention et nous vîmes tout de suite qu'ils essayaient d'évaluer notre force militaire. Le jour où ils quittèrent le monastère, je demandai à notre Kalmouk de s'enquérir de l'identité de ces hommes auprès du grand prêtre du temple. Au départ, le moine se borna à des réponses évasives. Je lui montrai alors l'anneau du houtouktou de Narabanchi et lui offris un grand hatyk jaune ; aussitôt il devint plus communicatif :

– Ce sont de méchantes gens, m'expliqua-t-il. Méfiez-vous d'eux.

Il refusa cependant de me donner leurs noms, justifiant son refus en citant la loi des pays bouddhistes qui défend de prononcer le nom de son père, de son professeur ou de son chef, coutume qui, ainsi que je le découvris par la suite, existe aussi dans le nord du Thibet. Là-bas comme dans la Chine du nord, des bandes de *hounghoutzes* [1] errent par le pays. Ils se présentent aux bureaux principaux des grandes entreprises commerciales et aux monastères, perçoivent un tribut et deviennent ensuite les protecteurs de la région. Il est probable que cette bande tenait ainsi le monastère sous sa tutelle.

En poursuivant notre voyage, nous aperçûmes à maintes reprises des cavaliers solitaires dans le lointain, qui semblaient épier nos mouvements. Toutes nos tentatives pour les approcher et entrer en conversation avec eux furent vaines. Sur leurs rapides petits chevaux, ils disparaissaient comme des ombres. Alors que nous approchions du passage escarpé et difficile du Ham Chan et que nous nous préparions à y passer la nuit, nous vîmes se détacher au sommet d'une crête les silhouettes d'une quarantaine de cavaliers montés sur des chevaux blancs ; sans avertissement préalable ils firent pleuvoir sur nous une grêle de balles. Deux de nos officiers tombèrent en poussant un cri. L'un d'eux avait été tué sur le coup, et l'autre ne survécut que quelques minutes. J'interdis à mes hommes de riposter ; au contraire, j'agitai un drapeau blanc et m'avançai, avec le Kalmouk pour me servir d'interprète. Dans un premier temps ils tirèrent deux nouveaux coups de feu ; puis ils firent taire leurs armes et envoyèrent des émissaires. Les négociations commencèrent. Ces Thibétains nous expliquèrent que le Ham Chan était une montagne sainte et qu'on ne devait pas y passer la nuit ; ils nous conseillèrent de poursuivre notre voyage jusqu'à un endroit où nous pourrions nous considérer en sécurité. Ils nous demandèrent ensuite d'où nous venions et où nous allions. Ayant écouté attentivement nos

1. Brigands chinois. *(NdA)*

réponses, ils nous dirent qu'ils connaissaient les bolcheviks et les considéraient comme les libérateurs des peuples de l'Asie courbés sous le joug de la race blanche. Je n'avais assurément pas l'intention d'entamer avec eux une discussion politique ; aussi je retournai vers mes compagnons. En redescendant la pente jusqu'à notre camp, je m'attendais à chaque instant à recevoir un coup de fusil dans le dos, mais les hounghoutzes se gardèrent de tirer.

Nous reprîmes notre marche, laissant au milieu des pierres les corps de nos deux compagnons, triste tribut payé aux difficultés et aux dangers du voyage. Nous marchâmes toute la nuit ; nos chevaux épuisés s'arrêtaient constamment, quelques-uns se couchant sous leurs cavaliers, mais nous les forcions à repartir. Enfin, quand le soleil eut atteint son zénith, nous fîmes halte. Sans desseller les bêtes, nous les laissâmes se coucher. En face de nous s'étendait une large plaine marécageuse où devaient se trouver d'après nos indications les sources de la rivière Ma-Tchou. Non loin de là, de l'autre côté, s'étalait le lac d'Aroung-Nor. Nous fîmes du feu avec des bouses de vache et mîmes à bouillir l'eau pour le thé. C'est alors que de nouveau, sans avertissement, une pluie de balles s'abattit sur nous. Aussitôt nous nous mîmes à l'abri derrière des rochers et attendîmes. La fusillade se rapprochait, de plus en plus nourrie ; les assaillants ne tardèrent pas à nous encercler, faisant feu de plus belle : nous étions tombés dans une embuscade et tout espoir d'en réchapper semblait perdu. Il ne nous restait plus qu'à mourir. Je tentai une nouvelle fois de parlementer, mais quand je me dressai avec le drapeau blanc, je ne reçus pour toute réponse qu'une salve de balles dont l'une malheureusement, en ricochant contre la roche, vint se loger dans ma jambe gauche. Au même moment un autre de nos compagnons tomba. Nous n'avions plus le choix : nous devions nous engager dans le combat. La lutte dura près de deux heures ; trois des nôtres furent légèrement blessés. Nous résistâmes aussi longtemps que nous le pûmes, mais les hounghoutzes approchaient et notre situation devint bientôt désespérée.

– Nous n'avons pas le choix, dit l'un des nôtres, un colonel dont la réputation n'était plus à faire. Il nous faut remonter en selle et décamper… fuir n'importe où !

– N'importe où !

Mot terrible ! Mais nous n'avions guère besoin de nous consulter : il était évident qu'avec cette bande de brigands à nos trousses, plus nous nous enfoncions au cœur du Thibet, moins nous avions de chances de nous en tirer vivants.

Nous décidâmes de retourner en Mongolie. Comment ? Nous n'en avions aucune idée. La retraite pourtant commença. Faisant feu sans discontinuer, nous repartîmes vers le nord. L'un après l'autre, trois des nôtres tombèrent encore. Je laissai mon ami tartare, gisant avec une balle dans la gorge ; après lui, deux jeunes et vigoureux officiers tombèrent à leur tour en poussant un cri mortel, tandis que leurs chevaux effrayés s'enfuyaient à travers la plaine, aiguillonnés par une terreur qui n'avait d'égale que celle qui nous envahissait. Les Thibétains enhardis par notre déroute se faisaient de plus en plus audacieux. Une balle percuta la boucle de la courroie qui ceignait ma cheville droite et se logea avec un morceau de cuir et d'étoffe dans le mollet ; mon vieil ami l'agronome, déjà passablement éprouvé, lâcha à son tour un cri terrible, porta la main à son épaule, puis à son front ensanglanté. Une seconde plus tard, c'était au tour de notre Kalmouk, touché à deux reprises par des projectiles qui lui mutilèrent affreusement la paume de la main. Puis quinze hounghoutzes se mirent à nous charger au galop, avec une indescriptible sauvagerie.

– Feu à volonté ! commanda le colonel.

Six bandits tombèrent à terre ; deux autres furent désarçonnés et, prenant leurs jambes à leur cou, rejoignirent leurs camarades en fuite. Après quelques minutes, le feu de l'ennemi cessa et nous vîmes bientôt s'agiter un drapeau blanc. Deux cavaliers avançaient vers nous. Lors des pourparlers nous apprîmes que leur chef avait été blessé à la poitrine et qu'ils venaient nous demander de lui apporter les premiers soins. J'entrevis immédiatement une lueur d'espoir. Je pris ma trousse et emmenai avec moi le Kalmouk comme interprète. Il souffrait horriblement de sa blessure et, tout en gémissant, se répandait en malédictions.

– Donnez donc du cyanure de potassium à ce coquin, me dirent mes compagnons.

Mais mon plan était différent.

On nous conduisit vers le chef blessé. Il était étendu sur des couvertures de selles, au milieu des rochers. Il nous dit qu'il était thibétain, mais je vis tout de suite à sa physionomie qu'il devait être plutôt turcoman, originaire probablement de la partie méridionale du Turkestan chinois. Il me regardait d'un air effrayé de supplication muette. En l'examinant, je vis que la balle lui avait traversé la poitrine de gauche à droite et qu'il avait perdu beaucoup de sang ; il était très faible. Consciencieusement, je fis pour lui tout ce que je pus. D'abord j'essayai sur ma propre langue toutes les médecines qui devaient lui être appliquées, même l'iodoforme, pour lui prouver que ce n'était pas du poison. Je cautérisai la plaie avec de l'iode, l'aspergeai d'iodoforme et fis le pansement. Après avoir donné des ordres pour qu'on ne touchât pas au blessé et qu'on le laissât immobile, à l'endroit même où il était couché, je montrai à un Thibétain comment changer le pansement et lui confiai de l'ouate, des bandages et un peu d'iodoforme. Au malade, chez qui la fièvre montait déjà, j'administrai une forte dose d'aspirine ; je lui laissai également quelques comprimés de quinine. Puis, m'adressant à sa troupe par l'intermédiaire de mon Kalmouk, je déclarai d'un ton solennel :

– La blessure est grave, mais j'ai donné à votre chef un remède très efficace et j'espère qu'il va s'en tirer. Une condition cependant est nécessaire : les mauvais démons qui sont venus à son côté pour le pousser à nous attaquer sans raison, nous autres voyageurs inoffensifs, le tueront immédiatement si un seul coup de fusil est tiré sur nous. Vous ne devez même pas garder une seule cartouche dans vos armes.

A ces mots, j'ordonnai au Kalmouk de désarmer son fusil, et moi-même j'enlevai toutes les cartouches de mon pistolet. Les Thibétains aussitôt suivirent notre exemple avec obéissance.

– Rappelez-vous ce que je vous ai dit : pendant onze jours et onze nuits vous ne devez pas bouger d'ici ni charger vos fusils. Sans quoi le démon de mort saisira votre chef et vous poursuivra.

Sur ces mots, j'ôtai solennellement de mon doigt l'anneau du houtouktou de Narabanchi et l'élevai au-dessus de leurs têtes.

Je rejoignis mes compagnons et les rassurai. Je leur dis que nous étions à l'abri de nouvelles attaques de la part des bandits, qu'il nous fallait seulement tenter de retrouver la route de Mongolie. Nos chevaux étaient si épuisés et si maigres qu'on aurait pu suspendre nos manteaux à leurs os décharnés. Nous choisîmes donc de nous attarder encore deux jours dans cet endroit, pendant lesquels je fis de fréquentes visites à mon malade. Cela nous permit de panser nos blessures, heureusement légères, et de prendre un peu de repos. Je dus en ce qui me concerne me contenter d'un couteau de fortune pour extraire la balle qui s'était logée dans ma jambe gauche et enlever de mon mollet droit tous les accessoires de cordonnier qui s'y trouvaient.

En interrogeant les brigands sur la route qu'empruntaient les caravanes, nous découvrîmes bientôt le moyen de rejoindre l'une des pistes principales où nous eûmes la bonne fortune de rencontrer la caravane du jeune prince mongol Pounzig, qui partait en mission sainte à Lhassa, porteur d'un message du Bouddha vivant d'Ourga au Dalaï-Lama. Il nous aida à acheter des chevaux, des chameaux et quelques provisions de bouche.

Toutes nos armes et toutes nos marchandises ayant servi à nous procurer des moyens de locomotion et des aliments, c'est ruinés et entièrement dépouillés que nous revînmes au monastère de Narabanchi, où le houtouktou nous accueillit à bras ouverts.

– Je savais que vous reviendriez, dit-il. Les oracles me l'ont révélé.

Six des nôtres restaient au Thibet, ayant payé de leur vie l'audace de notre expédition. Nous n'étions plus que douze à retrouver le monastère, où nous passâmes quinze jours à nous rétablir, à réfléchir aux événements et à la manière de nous remettre à flot sur cette mer orageuse où il nous fallait tailler la route, espérant un signe qui nous guiderait vers le port et nous indiquerait notre destin. Les officiers s'engagèrent dans le détachement qu'on formait en Mongolie pour combattre les bolcheviks qui dévastaient leur patrie. Mon premier compagnon et moi, nous nous préparâmes seuls à continuer notre route par les plaines de la Mongolie, prêts à affronter de nouvelles aventures et les dangers imprévisibles que nous ne manquerions pas de rencontrer dans notre fuite vers la liberté.

A présent que les péripéties de cette pénible expédition me reviennent en mémoire, le moins que je puisse faire est de dédier les chapitres qu'on vient de lire à mon grand ami, mon vieil ami, mon compagnon d'épreuves, l'agronome, à mes camarades russes, et particulièrement à la mémoire à jamais sacrée de ceux des nôtres dont les corps reposent dans les montagnes du Thibet : le colonel Ostrovsky, les capitaines Zouboff et Touroff, le lieutenant Pisarjevsky, le cosaque Vernigora, le Tartare Mahommed Spirid. Je tiens aussi à exprimer ma profonde reconnaissance, pour l'assistance et l'amitié que j'ai trouvées auprès d'eux, au prince du Soldjak, noyon héréditaire et Ta Lama, ainsi qu'au *kampo gelong*[1] du monastère de Narabanchi, l'honorable Jelyb Djamsrap Houtouktou.

1. *Kampo* et *gelong* désignent des prêtres lamaïstes. Le *kampo* serait l'équivalent de notre prieur ; sa dignité est la plus élevée du clergé séculier. Le *gelong* désigne un prêtre ayant le droit d'offrir des sacrifices à Dieu. Le *kampo gelong* se trouve au sommet de la hiérarchie des *gelongs*. *(NdA)*

DEUXIÈME PARTIE

LA TERRE DES DÉMONS

XVII

EN MONGOLIE EXTÉRIEURE

Au cœur de l'Asie, énorme et mystérieuse, se cache une riche contrée. Des pentes neigeuses des Tian Chan, des sables brûlants de la Dzoungarie occidentale jusqu'aux crêtes boisées des monts Sayan et à la grande muraille de Chine, elle couvre d'immenses étendues sur les marches orientales de l'Asie centrale.

Berceau des peuples, de l'histoire et de la légende; patrie de conquérants sanguinaires qui lui léguèrent leurs anneaux prodigieux, leurs anciennes lois nomades, leurs capitales ensevelies sous les sables du Gobi; pays des moines et des mauvais démons; terre des tribus errantes soumises au pouvoir des khans, descendants de Gengis et de Kublaï.

Contrée mystérieuse où se célèbrent les cultes de Rama, de Çakya-Mouni, de Djonkapa, de Paspa [1], sous la suprême protection du Bouddha vivant qui s'incarne en la personne divine du troisième dignitaire de la religion lamaïste, le Bogdo Gheghen de Ta Koure [2]; univers de docteurs, de prophètes, de sorciers, de devins; monde du symbolique swastika que peuplent encore les esprits de ces puissants potentats qui autrefois régnèrent sur l'Asie et la moitié de l'Europe.

Région de montagnes nues, de plaines brûlées tantôt par le soleil

1. Fondateur de la secte jaune, aujourd'hui branche dominante du lamaïsme. *(NdA)*

2. Ta Koure (littéralement « l'enceinte sacrée ») est le nom par lequel les nomades désignaient la ville d'Ourga. *(NdE)*

tantôt par le froid, où l'épidémie s'abat sans cesse sur le bétail, et la maladie sur l'homme; nid de la peste, de l'anthrax, de la variole; pays aux mille sources d'eau bouillante, aux défilés montagneux hantés par les démons, aux lacs sacrés grouillants de poissons; refuge des loups, des antilopes, des chèvres de montagne, d'espèces plus rares encore; royaume des marmottes que l'on rencontre par millions, des ânes et des chevaux sauvages qui n'ont jamais connu la bride, des chiens farouches et des oiseaux rapaces qui dévorent les cadavres abandonnés.

Patrie du peuple primitif qui autrefois conquit la Chine, le Siam, le nord de l'Inde et une bonne part de la Russie; de ce peuple dont naguère l'élan vint se briser à l'autre bout de l'Asie nomade et sauvage; qui se meurt aujourd'hui et voit blanchir sur le sable et la poussière des plaines les ossements de ses ancêtres.

Terre gonflée de richesses naturelles mais qui ne produit rien; terre victime de si grands cataclysmes qui ont semé la ruine et les souffrances; terre accablée de besoins ; malheureuse et secrète Mongolie !

C'est au cœur de cette contrée que le destin, après mon infructueuse tentative pour atteindre l'océan Indien à travers le Thibet, me ramena, cette contrée où je devais passer six mois à lutter pour ma vie et ma liberté, emporté dans la tourmente d'événements auxquels, bon gré mal gré, mon fidèle ami et moi-même, nous fûmes contraints de prendre part, en cet an de grâce 1921. C'est au cours de cette période agitée que j'ai pu apprécier le calme, la bonté et l'honnêteté du peuple mongol. J'ai déchiffré l'âme mongole; j'ai été témoin des souffrances et des espérances d'une nation tout entière; j'ai connu l'horreur et la crainte qui terrassent l'homme en face du mystère, en ce pays où le mystère domine toute la vie.

J'ai vu dans le grand froid les fleuves briser leurs chaînes de glace avec des grondements de tonnerre, les courants rejeter sur la rive des ossements humains; j'ai entendu des voix inconnues et étranges résonner dans les ravins montagneux; j'ai observé les feux follets courant sur les marais et contemplé des lacs en feu; mes yeux se sont posés sur des pics inaccessibles; mes pas ont rencontré au cœur de l'hiver des fosses énormes grouillantes de serpents; j'ai chevauché par les fleuves éternellement gelés, les rocs aux formes fantastiques semblables à des caravanes pétrifiées, par les montagnes pelées dont les plis évoquaient le manteau de Satan que la pourpre du soleil couchant aurait inondé de sang.

– Regardez là-haut ! s'était une fois écrié un vieux berger en indiquant les pentes du Zagastaï maudit. Ce n'est pas une montagne, c'est *lui*, couché dans son manteau rouge ; il attend le jour pour se lever de nouveau et reprendre sa lutte contre les bons esprits.

En l'écoutant parler, je me rappelais le tableau mystique de Vroubel. C'étaient les mêmes montagnes nues, revêtues de la robe pourpre et violette d'un Satan au visage à moitié caché par un nuage gris qui menaçait. La Mongolie est le pays terrible du mystère et des démons. Nul ne s'étonne, dès lors, que si vient à être transgressé l'antique ordre des choses qui régit la vie des tribus nomades, le sang se mette à couler ; c'est le plaisir démoniaque de Satan, couché sur la cime des montagnes, drapé tantôt dans le voile gris de la désespérance et du deuil, tantôt dans le manteau pourpre de la guerre et de la vengeance.

A notre retour de la région du Koukou-Nor et après ces quelques jours passés au monastère de Narabanchi, nous nous remîmes donc en route, mon compagnon et moi, pour Ouliassoutaï, capitale de la Mongolie extérieure occidentale et dernière cité proprement mongole sur la piste de l'ouest. En Mongolie il n'y a que trois villes entièrement mongoles : Ourga, Ouliassoutaï et Oulankhom. La quatrième ville d'importance, Kobdo, est chinoise. Les Chinois ont fait de cette cité le centre de leur administration ; elle se dresse au cœur d'une terre habitée par des tribus nomades pour lesquelles Pékin et Ourga n'ont de puissances tutélaires que le nom. A Ouliassoutaï et à Oulankhom, outre les commissaires chinois et leurs détachements irréguliers, résident également des *saïts*, gouverneurs mongols nommés par décret du Bouddha vivant.

A notre arrivée à Ouliassoutaï, nous nous trouvâmes aussitôt plongés dans l'effervescence des passions politiques. Les Mongols se rebellaient et protestaient contre la politique chinoise appliquée à leur pays ; les Chinois, pleins de rage, exigeaient des Mongols le paiement d'un tribut dont ils faisaient remonter le dû au jour où l'autonomie de la Mongolie avait été arrachée de force à Pékin ; les colons russes qui des années auparavant s'étaient établis près de la ville et dans le voisinage des grands monastères étaient eux-mêmes divisés en factions rivales. D'Ourga était parvenue la nouvelle de l'insurrection menée par le baron Ungern von Sternberg, pour le maintien de l'indépendance de la Mongolie extérieure ; officiers et réfugiés russes avaient constitué des détachements, condamnés par les autorités chinoises mais favorablement accueillis par les Mongols ; de leur côté, les bolcheviks, inquiets de voir se former une armée blanche en Mongolie, massaient leurs troupes sur les frontières d'Irkoutsk ; de Tchita à Ouliassoutaï et à Ourga, leurs messagers portaient aux commissaires chinois des propositions de toutes sortes. Secrètement, les autorités chinoises de Mongolie avaient pris langue avec les bolcheviks : à Kiakhta et à Oulankhom, elles leur livraient les réfugiés russes, en parfaite violation du droit des peuples ; à Ourga, les bolcheviks installaient une municipalité russe communiste, ne se heurtant de la part des consuls russes qu'à la plus absolue passivité ; dans la région du Kossogol et la vallée de la Selenga, des affrontements meurtriers mettaient aux prises rouges et blancs ; les autorités chinoises enfin installaient leurs garnisons dans les villes mongoles et, pour couronner cette confusion, leurs troupes perquisitionnaient à qui mieux mieux toutes les habitations, se livrant au vol et au pillage.

Tel était le guêpier dans lequel nous étions tombés, après notre pénible et périlleux voyage le long de l'Ienisseï, à travers la région des Urianhays, la Mongolie, le pays des Torgouts, le Kansou et la région du Koukou-Nor !

– Savez-vous, me confiait mon vieil ami, que je préfère étrangler des partisans et combattre les hounghoutzes, plutôt que de devoir ainsi apprendre sans cesse des nouvelles toujours plus inquiétantes.

Et il avait raison. Le plus affreux, c'est que dans cette effervescence anarchique où l'on parvenait à peine à distinguer les événements réels des rumeurs qui se propageaient sous le moindre prétexte, les rouges pouvaient à la faveur des troubles s'approcher d'Ouliassoutaï et s'emparer de tout le monde sans coup férir. Nous aurions volontiers abandonné cette ville si peu sûre, mais nous ne savions où aller. Au nord se trouvaient les partisans rouges ; au sud nous avions perdu nos compagnons et versé notre propre sang ; à l'ouest régnaient les administrateurs et les détachements du Turkestan chinois ; à l'est enfin, la guerre avait éclaté [1] et les nouvelles qui nous en parvenaient malgré la censure des autorités chinoises témoignaient de l'extrême gravité de la situation. En conséquence, nous n'avions pas le choix : il nous fallait demeurer à Ouliassoutaï. Plusieurs soldats polonais ainsi que les membres de deux établissements commerciaux américains se trouvaient dans la même situation que nous. Nous décidâmes de nous regrouper et organisâmes notre propre service de renseignements, suivant avec attention la marche des événements. Nous parvînmes à nous mettre en bons termes avec le commissaire chinois comme avec le saït mongol, ce qui allait nous être d'un grand secours à l'heure des ultimes décisions.

Que masquaient au juste ces événements en Mongolie ? Le très avisé saït mongol d'Ouliassoutaï m'en donna l'explication suivante :

– Aux termes des accords conclus entre la Mongolie, la Chine et la Russie le 21 octobre 1912, le 23 octobre 1913 et le 7 juin 1915, la Mongolie extérieure a obtenu son indépendance. Le souverain pontife de notre religion jaune, Sa Sainteté le Bouddha vivant, est devenu le suzerain des Khalkhas, de tout le peuple mongol de la Mongolie extérieure, avec le titre de Bogdo Djebtsung Damba Houtouktou Khan. Tant que la puissance russe s'étendait sur l'Asie et garantissait le respect de ces décisions politiques, le gouvernement de Pékin a observé le traité ; mais quand, au début de la guerre avec l'Allemagne, la Russie a dû retirer ses troupes de Sibérie, Pékin a voulu revendiquer ses anciens droits sur la Mongolie. C'est pour cela que les deux premiers traités de 1912 et 1913 ont été complétés par la convention de 1915. A partir de 1916 cependant, lorsque toutes les forces de la Russie se sont trouvées concentrées dans une guerre malheureuse, puis quand quelques mois plus tard a éclaté la première Révolution russe de février 1917,

1. En 1921, Sun Yat-sen, qui avait proclamé la République et réussi à établir son pouvoir en Chine du Sud, est chassé pour la deuxième fois, et le pays se trouve mieux que jamais livré à la guerre civile. *(NdE)*

renversant la dynastie des Romanoff, le gouvernement chinois a réoccupé la Mongolie sans autre forme de procès. Les ministres et les saïts mongols ont été révoqués et remplacés par des personnalités acquises à la Chine; de nombreux Mongols partisans de l'autonomie ont été arrêtés et emprisonnés à Pékin; les Chinois ont établi leur propre administration à Ourga et dans d'autres villes mongoles, retirant à Sa Sainteté le Bogdo Khan la gestion des affaires administratives et le réduisant à n'être plus qu'une machine à signer leurs propres décrets; l'arrivée des troupes sur le territoire a couronné l'entreprise. Elle a amené dans son sillage un flot de marchands et de coolies chinois qui ont déferlé sur le pays. Les Chinois ont exigé le paiement des impôts, des taxes et des arriérés depuis 1912. La population mongole a été promptement dépouillée de ses biens : aujourd'hui, aux abords des villes et des monastères, ce sont des colonies entières de Mongols, ruinés, qui vivent dans des abris souterrains. Tous nos arsenaux, tous nos trésors ont été réquisitionnés; tous les monastères soumis à l'impôt. Les Mongols œuvrant pour la liberté de leur pays ont été persécutés; en les achetant avec de l'argent, des décorations et des titres, les Chinois ont fait de certains princes sans fortune des partisans de leur cause.

» On devine aisément que la classe dirigeante de notre pays, Sa Sainteté, les Khans, les princes et les hauts lamas, mais aussi le petit peuple ruiné et opprimé, tous habités par le souvenir de l'ancienne domination des souverains mongols sur Pékin et la Chine dont ils avaient fait le fleuron de leur empire, n'ont pu supporter les agissements des nouveaux administrateurs. L'insurrection pourtant n'était guère possible. Nous n'avions pas d'armes. Tous nos chefs étaient surveillés, et le premier mouvement de résistance armée qu'ils auraient tenté les auraient conduits dans les prisons de Pékin où quatre-vingts représentants de notre noblesse, princes et lamas, ont déjà péri par la faim et sous les tortures pour avoir voulu défendre la liberté de la Mongolie.

» Seul un événement extraordinaire pouvait soulever le peuple. Ce sont les administrateurs chinois, le général Chang Yi et le général Chou Chi-hsiang, qui allaient mettre le feu aux poudres en annonçant la mise aux arrêts, dans son propre palais, de Sa Sainteté le Bogdo Khan et en exhumant à son attention l'ancien décret du gouvernement de Pékin – considéré par les Mongols comme non fondé et illégal – d'après lequel Sa Sainteté était le dernier Bouddha vivant. C'en était trop. Immédiatement des relations secrètes se sont établies entre le peuple et son dieu vivant : des plans ont été élaborés pour la délivrance de Sa Sainteté et pour la lutte qui rendrait la liberté et l'indépendance à notre peuple. Le grand prince des Bouriates, Djam Bolon, nous a prêté assistance en entamant des négociations avec le baron Ungern von Sternberg qui combattait alors les bolcheviks en Transbaïkalie. Sur l'invitation de Djam Bolon, le général a rejoint la Mongolie pour nous aider dans la guerre contre les Chinois. C'est alors qu'a commencé notre lutte pour la liberté.

C'est ainsi que le saït d'Ouliassoutaï m'expliqua la situation. J'appris ensuite que le baron Ungern, qui avait accepté de combattre pour la liberté de la Mongolie, avait demandé que les ordres de mobilisation des Mongols du district nord fussent lancés immédiatement, et qu'il avait promis d'entrer en Mongolie avec son propre détachement qui avançait le long de la Kerulen. Ayant rejoint un peu plus tard le second détachement russe mené par le colonel Kazagrandi, il s'était porté, avec l'aide des cavaliers mongols mobilisés, contre Ourga. Battu par deux fois, il réussissait le 23 février 1921, à s'emparer de la ville et replaçait le Bouddha vivant sur le trône des Khans.

Fin mars à Ouliassoutaï, nous ignorions encore tout de ces événements tout récents. Nous ne savions ni la chute d'Ourga, ni la déroute qu'avaient subie les quinze mille hommes de l'armée chinoise sur la rive de la Tola et le long de l'axe Ourga-Oude. Les Chinois cachaient soigneusement la vérité, interdisant à quiconque de passer à l'ouest d'Ourga. Ils ne purent pourtant empêcher certains bruits de courir et de provoquer un début d'agitation.

La situation s'aggravait ; les relations entre les Chinois d'un côté, les Mongols et les Russes de l'autre, devenaient de plus en plus tendues. A cette époque, le commissaire chinois à Ouliassoutaï était Wang Tsao-tsoung ; il était secondé par un conseiller, Fou Hsiang. Tous deux étaient très jeunes et inexpérimentés. Les autorités chinoises avaient révoqué le saït d'Ouliassoutaï, notre ami le très patriote prince Choultoun Beyli, et avaient nommé à sa place un prince lama acquis à la Chine, ancien vice-ministre de la Guerre à Ourga. Ce dernier avait renforcé l'oppression des populations mongoles et russes : perquisitions chez les officiers et les colons, soutien ouvert aux bolcheviks, arrestations, bastonnades étaient monnaie courante. Un détachement de soixante officiers russes se constitua alors pour résister, mais rapidement des dissensions se firent jour entre le lieutenant-colonel Michaïloff et quelques-uns de ses officiers, ce qui laissait prévoir sans aucun doute possible qu'au moment crucial, la guerre intestine l'emporterait sur la lutte contre l'ennemi.

Nous autres étrangers, nous avions décidé d'organiser notre propre mission de reconnaissance afin d'évaluer la menace d'une arrivée des troupes rouges. Mon compagnon et moi étions d'accord pour l'entreprendre nous-mêmes. Le prince Choultoun Beyli nous donna un très bon guide, un vieux Mongol nommé Tzeren qui lisait et écrivait le russe à la perfection. C'était un personnage fascinant, qui remplissait les fonctions d'interprète auprès des autorités mongoles et quelquefois auprès du commissaire chinois. Peu de temps auparavant il avait été envoyé à Pékin, en mission spéciale, chargé de dépêches de la plus haute importance; si incroyable que cela puisse paraître, cet incomparable cavalier avait fait le trajet d'Ouliassoutaï à Pékin, c'est-à-dire deux mille six cents verstes, en neuf jours ! Pour ce voyage, il s'était serré l'abdomen, la poitrine, les jambes, les bras et le cou à l'aide de forts bandages de coton, de façon à mieux résister aux efforts musculaires exigés par une si longue station en selle. A sa toque, il portait trois plumes d'aigle pour marquer qu'il avait reçu l'ordre de voler aussi vite qu'un oiseau. Il était armé d'un document spécial, un *tzara*, qui lui donnait le droit, à chaque *ourton* (relais de poste), aux deux meilleurs chevaux – l'un qu'il montait, l'autre qu'il menait tout sellé à la bride comme cheval de rechange; il bénéficiait également de l'assistance de deux *oulatchens* [1], chargés de ramener les chevaux de l'ourton suivant. Ainsi paré, il franchissait au grand galop les vingt-cinq à quarante verstes de chaque étape, ne s'arrêtant que le temps de changer de monture et d'escorte avant de repartir; en avant de

1. Cavaliers guides accompagnant les chevaux de poste. *(NdA)*

lui galopait un oulatchen chargé d'annoncer à l'ourton suivant son arrivée et de préparer les nouvelles montures. Chaque oulatchen possédait trois chevaux; quand l'un d'entre eux était épuisé, il le laissait au pâturage et changeait de monture; à son retour, il récupérait la bête et la ramenait avec lui. Quant à notre messager, il se voyait offrir tous les trois relais, sans quitter sa selle, une tasse de thé vert chaud et salé. Après dix-sept ou dix-huit heures d'une chevauchée endiablée, il s'arrêtait dans un ourton pour y passer la nuit – déjà bien entamée –, dévorait un gigot de mouton bouilli – son seul repas de la journée en dehors des cinq thés qu'il avalait – et se couchait. Voilà comment il ne mit que neuf jours pour couvrir son trajet!

C'est avec cet homme que nous nous mîmes en route, par un froid matin d'hiver, en direction de Kobdo, à près de cinq cents verstes. C'est de là que nous étaient parvenus d'inquiétants bruits annonçant que les troupes rouges étaient entrées dans Oulankhom, et que les autorités chinoises leur avaient livré tous les Européens de la ville. Nous traversâmes le Dzaphin sur la glace. C'est une rivière terrible. Son lit est plein de sables mouvants où s'enlisent, l'été, chameaux, chevaux et hommes. Nous suivîmes ensuite une longue vallée sinueuse bordée par des montagnes recouvertes d'une neige épaisse, sur laquelle se détachaient quelques rares bouquets de noirs mélèzes. A mi-chemin de Kobdo, sur le bord du petit lac de Baga-Nor, nous aperçûmes une yourta de berger; la tombée du soir et la tempête qui s'était levée nous décidèrent à nous arrêter. A l'entrée se tenait un magnifique cheval bai dont la selle était richement ornée d'argent et de corail. Comme nous quittions la route pour nous approcher, deux Mongols quittèrent la yourta en toute hâte. L'un d'eux sauta en selle et disparut rapidement dans la plaine, derrière les collines enneigées; sous son grand manteau, nous pouvions distinguer les plis moirés de sa robe jaune et une gaine de cuir vert qui protégeait un grand couteau à la poignée de corne et d'ivoire. Le second individu était l'habitant de la yourta, un berger du seigneur de l'endroit, le prince Novontziran. Il manifesta un grand plaisir à notre arrivée et nous accueillit dans sa yourta.

– Qui donc était le cavalier au cheval bai? lui demandai-je aussitôt.

Il baissa les yeux et garda le silence.

– Dites-le-nous, insistai-je. Si vous ne voulez pas dire son nom, c'est que vous entretenez des rapports avec un homme dangereux.

– Non ! non ! protesta-t-il les mains levées. C'est un grand homme, un excellent homme ; mais la loi ne me permet pas de prononcer son nom.

Nous comprîmes que cet homme devait être soit le maître du berger, soit quelque haut lama. Sans insister davantage, nous procédâmes à nos préparatifs pour la nuit. Notre hôte mit pour nous trois gigots de mouton à bouillir, après les avoir désossés habilement avec son grand couteau. Nous apprîmes au fil de la conversation que personne n'avait vu de troupes rouges dans la région, mais qu'à Oulankhom et à Kobdo, les soldats chinois opprimaient la population et tuaient à coups de bambous les Mongols qui défendaient leurs femmes contre les agressions honteuses de la soldatesque chinoise. Quelques Mongols avaient préféré se retirer dans les montagnes où ils avaient rejoint les détachements commandés par Kalgorodoff, officier tartare de l'Altaï qui leur fournissait des armes.

XVIII

LE LAMA VENGEUR

Ce fut pour nous un repos bien mérité, après les deux cent cinquante verstes que nous venions de parcourir en deux jours, dans la neige et par un froid glacial. Nous étions en train de causer librement et de façon détendue, savourant la chair excellente du mouton, quand se fit entendre une voix sourde et rauque :

– *Sayn*! (Bonsoir !)

A l'entrée de la tente se tenait un Mongol de taille moyenne, trapu, vêtu d'un manteau à capuchon en peau de daim. A sa ceinture pendait un grand couteau gainé de cuir vert, identique à celui que portait le cavalier qui était parti tout à l'heure si précipitamment.

– *Amoursayn*, répondîmes-nous.

Il détacha prestement son ceinturon et se débarrassa de son manteau. Il se tenait debout devant nous, vêtu d'une somptueuse robe de soie jaune comme l'or, que ceignait une ceinture d'un bleu étincelant. Son visage rasé, ses cheveux courts, son rosaire de corail rouge et sa robe, tout indiquait que devant nous se tenait quelque grand prêtre lama ; sous sa ceinture, on devinait un gros revolver de type colt.

Je me tournai vers notre hôte et vers Tzeren ; sur leur visage se lisaient la crainte et la vénération. L'étranger s'assit près du feu.

– Parlons russe, dit-il, en se servant de viande.

La conversation commença. Le nouveau venu se mit bientôt à critiquer le gouvernement du Bouddha vivant d'Ourga :

– Là-bas ils délivrent la Mongolie, reprennent Ourga, mettent en fuite l'armée chinoise, mais ici, dans l'ouest, on ne nous avertit même pas. Personne ne bouge tandis que les Chinois pillent et massacrent nos compatriotes. Le Bogdo Khan pourrait, j'en suis sûr, nous envoyer des émissaires. Comment se fait-il que les Chinois puissent envoyer les leurs d'Ourga et de Kiakhta à Kobdo pour demander de l'aide, et que le gouvernement mongol soit incapable d'en faire autant ? Pourquoi ?

– Les Chinois vont-ils envoyer des renforts à Ourga ? demandai-je.

Notre visiteur partit d'un rire bruyant :

– J'ai attrapé tous les émissaires, j'ai pris leurs lettres, et je les ai renvoyés sous terre !

De nouveau il se mit à rire, balayant la pièce de son regard brillant. Alors seulement je remarquai que ses pommettes et ses yeux avaient une forme différente de ceux de ces régions. Il ressemblait plutôt à un Tartare ou à un Kirghiz. Nous nous étions tus et fumions nos pipes en silence. Puis l'homme reprit la parole :

– Dans combien de temps le détachement de Tchahars va-t-il quitter Ouliassoutaï ?

Je répondis que nous n'en avions pas entendu parler. Il nous expliqua que les autorités chinoises de Mongolie intérieure avaient envoyé un fort détachement mobilisé parmi les tribus guerrières des Tchahars qui errent dans la région au nord de la grande muraille. A sa tête, le gouvernement chinois avait installé, avec le grade de capitaine, un chef de hounghoutzes passablement connu, en échange de la promesse faite par ce dernier de soumettre aux autorités chinoises toutes les tribus des districts de Kobdo et du pays des Urianhays. Lorsque nous eûmes appris à notre visiteur où nous comptions aller et pour quelles raisons, il nous affirma qu'il pouvait nous fournir des renseignements extrêmement précis qui nous dissuaderaient sans doute de pousser plus loin.

– C'est très dangereux, ajouta-t-il, car Kobdo va être incendié ; des massacres s'y préparent. Je le sais.

Mis au courant de notre malheureuse tentative pour traverser le Thibet, il nous témoigna une attention sympathique et nous dit avec un sincère sentiment de regret :

– J'étais le seul à pouvoir vous aider dans cette entreprise. Le houtouktou de Narabanchi ne pouvait rien. Avec mon laissez-passer, vous auriez pu aller n'importe où au Thibet. Je suis Touchegoun Lama.

Touchegoun Lama ! Que d'histoires extraordinaires j'avais entendues à son sujet ! C'était un Kalmouk russe qui, pour avoir mené force campagnes de propagande en faveur de l'indépendance du peuple Kalmouk, avait connu de nombreuses prisons russes sous la domination du tsar d'abord, puis plus tard sous le gouvernement des soviets. S'étant échappé et réfugié en Mongolie, il avait acquis une grande influence parmi les Mongols. En effet, c'était un disciple et un ami intime du Dalaï-Lama de Lhassa ; sa renommée de docteur et de thaumaturge n'était plus à faire. Il jouissait d'une extraordinaire indépendance dans ses relations avec le Bouddha vivant et avait obtenu le commandement de toutes les tribus nomades de la Mongolie occidentale et de la Dzoungarie, allant jusqu'à étendre sa domination politique sur les tribus mongoles du Turkestan. Son influence était irrésistible, car elle était fondée sur la connaissance de ce qu'il appelait « la science mystérieuse ». On me dit aussi qu'elle reposait en grande partie sur la terreur qu'il inspirait aux Mongols. Quiconque désobéissait à ses ordres périssait ; nul ne savait le jour ni l'heure où, que ce soit dans une humble yourta ou surgissant sur son cheval galopant au beau milieu de la plaine, l'ami puissant et étrange du Dalaï-Lama risquait d'apparaître soudain. Un coup de couteau, une balle de pistolet, des doigts vigoureux serrant le cou comme un étau, telles étaient alors les formes de justice qui accompagnaient les plans de ce faiseur de miracles.

A l'extérieur de la yourta, le vent sifflait et mugissait, fouettant la neige contre le feutre tendu. A travers le grondement du vent nous parvenait un brouhaha de voix où se mêlaient des cris, des gémissements et des rires. Je me disais que dans pareille contrée, il ne devait guère être difficile de frapper de stupeur les tribus nomades avec des miracles, tant la nature elle-même semblait propice à ce genre de manifestations surnaturelles. J'en étais là de mes pensées quand le Touchegoun Lama leva la tête et me dit en plongeant ses yeux dans les miens :

– Il y a beaucoup d'inconnu dans la nature. C'est l'art de se servir de cet inconnu qui produit le miracle ; mais ce pouvoir n'est donné qu'à un petit nombre. Je veux vous le prouver. Vous pourrez me dire ensuite si vous avez déjà vu quelque chose d'analogue.

Il se leva, retroussa les manches de sa robe jaune, saisit son couteau et marcha vers le berger.

– Michik ! Debout !

Quand le berger fut debout, le lama déboutonna sa blouse et dégagea sa poitrine. Je ne pouvais saisir quelle était son intention, mais brusquement le Touchegoun enfonça de toute sa force son couteau dans la poitrine du berger. Le Mongol tomba, couvert de sang; la robe jaune du lama était éclaboussée de rouge.

– Qu'avez-vous fait ? m'écriai-je.

– Chut ! Taisez-vous, murmura-t-il, tournant vers moi son visage devenu blême.

Avec la lame de son couteau, il ouvrait à présent la poitrine du Mongol. Je vis les poumons de cet homme palpiter doucement; je distinguais les battements du cœur. Le lama posa ses doigts sur les organes; le sang ne coulait plus, le visage du berger était tout à fait calme. Couché, les yeux fermés, il semblait dormir du plus profond sommeil. Comme le lama commençait à lui ouvrir le ventre, je ne pus me retenir de fermer les yeux, envahi de terreur. Quand je les rouvris peu de temps après, je demeurai interdit à la vue du berger : sa blouse était toujours ouverte, mais sa poitrine avait retrouvé son aspect normal; il dormait tranquillement, couché sur le côté. Touchegoun Lama, assis paisiblement près du feu, fumait sa pipe et regardait la flamme, plongé dans ses réflexions.

– C'est incroyable ! lui avouai-je. Non, je n'ai jamais rien vu de pareil.

– De quoi parlez-vous ?

– De votre démonstration, de votre « miracle », comme vous dites...

– Je n'ai jamais rien dit de semblable, répliqua le Kalmouk d'une voix froide.

– Avez-vous vu ça ? demandai-je à mon compagnon.

– Quoi ? me fit celui-ci d'une voix endormie.

Je compris que je venais d'être victime du pouvoir magnétique de Touchegoun Lama. C'était bien préférable au spectacle de la mort d'un innocent Mongol, car il me semblait impossible à présent qu'après avoir éventré ses victimes, Touchegoun Lama ait eu si facilement le pouvoir de les recoudre.

Le lendemain, nous prîmes congé de nos hôtes. Nous avions décidé de rentrer, notre mission étant accomplie. Touchegoun Lama nous expliqua qu'il « allait parcourir l'espace ». Il voyageait par toute la Mongolie, logeant aussi bien dans la simple yourta du berger et du chasseur que sous la tente splendide des princes et des chefs de tribus, craint et vénéré par tous, attirant à lui et s'attachant riches et pauvres grâce à ses miracles et à ses prophéties. En nous disant adieu, le sorcier kalmouk sourit malicieusement.

– Ne parlez pas de moi aux autorités chinoises.

Puis il ajouta :

– Ce que vous avez vu hier soir n'était qu'une pauvre démonstration. Vous autres, Européens, vous ne voulez pas admettre que nous, nomades incultes, nous possédions le pouvoir de la science mystérieuse. Puissiez-vous seulement voir s'accomplir les miracles et le pouvoir du très saint Tashi Lama, qui fait s'allumer les lampes et les cierges devant la statue de Bouddha, et qui fait parler et prophétiser les icônes des dieux ! Mais il existe un homme encore plus puissant et plus saint.

– Est-ce le Roi du Monde, celui qui siège à Agharti ? interrompis-je.

Il me regarda fixement, stupéfait.

– Vous avez entendu parler de lui ?

Il avait froncé les sourcils. Quelques secondes après, il leva ses yeux étroits, et me dit :

– Un seul homme connaît son saint nom ; un seul homme est allé à Agharti. C'est moi. C'est la raison pour laquelle le très saint Dalaï-Lama m'a honoré, et c'est pour cela que le Bouddha vivant d'Ourga me redoute. Mais c'est en vain, car jamais je ne m'assiérai sur le saint trône du pontife de Lhassa, jamais je n'aurai accès à la parole transmise depuis Gengis Khan au chef actuel de notre Église jaune. Je ne suis pas moine. Je suis un guerrier et un vengeur.

Sur quoi il sauta vivement en selle, fouetta son cheval et partit en trombe, nous lançant en partant la phrase d'adieu des Mongols : « *Sayn ! Saynbayna !* »

Sur le chemin du retour, Tzeren nous conta les mille et une

légendes qui entourent le personnage de Touchegoun Lama. Une anecdote, en particulier, m'est restée en mémoire. C'était en 1911 ou 1912, à l'époque où les Mongols tentaient de se libérer par les armes de la domination chinoise. Le quartier général chinois était situé à Kobdo, en Mongolie occidentale ; il y avait là environ dix mille hommes, commandés par les meilleurs officiers. L'ordre de s'emparer de Kobdo fut envoyé à Hun Boldon, un simple berger qui s'était distingué pendant la guerre contre les Chinois, et qui avait reçu du Bouddha vivant le titre de prince (*Hun*). Féroce, sans peur, doué d'une force herculéenne, Boldon avait plusieurs fois mené à l'attaque ses Mongols, pauvrement armés ; chaque fois, il avait dû battre en retraite après avoir perdu beaucoup de ses hommes sous le feu des mitrailleuses. Sur ces entrefaites survint Touchegoun Lama. Il rassembla tous les soldats et leur dit :

– Vous ne devez pas craindre la mort. Vous ne devez pas battre en retraite. Vous luttez pour votre patrie, la Mongolie, et vous mourrez pour elle, car les dieux lui ont réservé un destin grandiose. Regardez quelle sera sa destinée !

D'un grand geste de la main, il embrassa l'horizon : les soldats virent alors la contrée alentour se couvrir de riches yourtas, de pâturages où se trouvaient de grands troupeaux de chevaux et de bestiaux. Sur la plaine apparurent de nombreux cavaliers dont les montures étaient richement sellées. Les femmes étaient vêtues de robes de fine soie ; elles avaient aux oreilles des anneaux d'argent massif ; leurs chevelures coiffées avec art étaient garnies d'ornements précieux. Des marchands chinois conduisaient une interminable caravane, offrant leurs marchandises à des saïts mongols d'allure distinguée qui négociaient fièrement avec eux, au milieu de *tziriks* [1] en brillants uniformes.

Bientôt la vision disparut et Touchegoun parla :

– Ne craignez pas la mort ! C'est la délivrance de notre pénible tâche sur terre, la voie qui mène à la béatitude éternelle. Tournez-vous vers l'Orient ! Voyez-vous vos frères et vos amis qui sont tombés dans la bataille ?

– Oui, nous les voyons ! s'écrièrent les Mongols stupéfaits.

1. Soldats mongols mobilisés. *(NdA)*

Ils contemplaient un groupe de demeures, peut-être des yourtas, peut-être les arches d'un temple, baignées par une lumière chaude et douce. De larges bandes rouge et jaune d'une soie éclatante recouvraient les parois et le sol; les piliers et les murs étincelaient de lumière; sur un grand autel rouge brûlaient dans des candélabres d'or les cierges du sacrifice, tandis que des vases d'argent massif étaient remplis de lait et de noix; sur de moelleux coussins, épars sur le sol, étaient assis les Mongols tombés dans la dernière attaque contre Kobdo. Devant eux étaient dressées des tables basses, laquées, recouvertes de mets fumants : moutons et chevreaux à la chair succulente, hautes aiguières pleines de vin et de thé, assiettes de *borsuks* [1], de *zatouran* aromatique couvert de graisse de mouton, de fromage sec, de dattes, de raisins secs et de noix. Tous ces soldats tombés dans l'attaque fumaient des pipes d'or et conversaient joyeusement.

Cette vision disparut à son tour. Seul, face aux Mongols perdus dans cette contemplation, ne restait plus que le mystérieux Kalmouk, la main levée.

– Au combat ! Et ne revenez pas sans la victoire ! Je suis avec vous !

L'attaque commença. Les Mongols combattirent furieusement, périrent par centaines, mais leur élan les porta au cœur même de Kobdo. Alors on vit revivre la scène, depuis longtemps oubliée, des hordes barbares détruisant les cités européennes. Hun Boldon fit porter devant lui un triangle de lances ornées d'oriflammes rouges; c'était le signe par lequel il livrait la ville aux soldats pendant trois jours. Le meurtre et le pillage commencèrent. Tous les Chinois trouvèrent la mort. La ville fut brûlée, les murs de la forteresse détruits. Puis Hun Boldon vint à Ouliassoutaï et y détruisit aussi la forteresse chinoise. On peut encore en voir lès ruines, avec leurs merlons abattus et leurs tours démantelées, leurs portes désormais inutiles, et ce qui reste des bâtiments officiels ou des casernes détruits par l'incendie.

1. Gâteaux sucrés au goût raffiné. *(NdA)*

XIX

LES TCHAHARS

De retour à Ouliassoutaï, nous apprîmes que des nouvelles inquiétantes étaient parvenues au saït mongol ; elles annonçaient que les troupes rouges harcelaient le colonel Kazagrandi dans la région du lac Kossogol. Voilà qui faisait craindre au saït une avancée des bolcheviks vers le sud, jusqu'à Ouliassoutaï peut-être. Les deux maisons américaines liquidèrent leurs affaires et nos amis se tinrent prêts pour le départ, tout en hésitant à quitter la ville, par peur de rencontrer le détachement de Tchahars envoyé de l'est. Mon ami et moi décidâmes quant à nous d'attendre l'arrivée de ce détachement, arrivée qui risquait de modifier le cours des événements. Quelques jours après ils étaient là : deux cents brigands, animés d'une ardeur belliqueuse, sous le commandement d'un ancien hounghoutze chinois. C'était un homme grand et maigre, avec de longs bras qui lui descendaient presque jusqu'aux genoux, un visage tanné par le soleil et le vent. Il avait le front et la joue tailladés par deux grandes balafres dont l'une lui fermait entièrement l'œil ; celui qui restait en vie était perçant comme un œil de faucon. Il était coiffé d'une toque en poil de raton. Tel était le chef du détachement de Tchahars, personnage sinistre et cruel qu'on n'aurait pas aimé rencontrer la nuit dans une ruelle écartée.

Le détachement installa son campement à l'intérieur des ruines de la forteresse, près du seul bâtiment chinois qui n'avait pas été rasé et qui servait à présent de quartier général au commissaire chinois. Le jour même de leur arrivée, les Tchahars pillèrent le dougoun chinois, qui se trouvait à moins de huit cents mètres de la forteresse.

Ils insultèrent la femme du commissaire qu'ils traitèrent de « traîtresse ». C'était au moins un point sur lequel ils étaient d'accord avec les Mongols, et à juste titre, car, obéissant en cela à la coutume chinoise, le commissaire Wang Tsao-tsoung avait, à son arrivée à Ouliassoutaï, demandé en mariage une Mongole. Le nouveau saït, dans son servile désir de plaire, avait alors ordonné qu'on lui trouvât une jolie fille susceptible de lui convenir. On en découvrit une qu'on amena dans son *yamen* [1] avec son grand diable de frère, lequel était offert comme garde du corps au commissaire ; en réalité, le malheureux allait servir de nourrice sèche au petit chien pékinois blanc que le haut fonctionnaire offrit à sa nouvelle épouse.

Cambriolages, rixes et orgies ne tardèrent pas à se multiplier. Aussi Wang Tsao-tsoung usa-t-il de toute son influence pour faire partir au plus vite le détachement de Tchahars vers une garnison plus à l'ouest, du côté de Kobdo, d'où il pourrait rejoindre le territoire des Urianhays.

Ils partirent donc. Les habitants d'Ouliassoutaï, en se levant par un froid matin, purent assister à une scène de violence dont la brutalité n'eut pas l'air de les étonner. Le détachement défilait dans la grand'rue de la ville. Les hommes étaient montés sur de petits chevaux à poils longs, marchant par trois de front ; ils portaient des uniformes bleus, des manteaux de peau de mouton et des toques d'ordonnance en poil de raton. Armés de pied en cap, ils avançaient en poussant des cris sauvages ou des acclamations désordonnées, lorgnant avec férocité sur les boutiques chinoises et les maisons des colons russes. A leur tête marchait le hounghoutze borgne, suivi de trois cavaliers en manteaux blancs qui brandissaient des bannières flottantes et soufflaient dans de grandes conques, produisant des sons qui voulaient sans doute passer pour de la musique. Un des Tchahars ne put résister à la tentation : il sauta de selle et se dirigea vers l'un des magasins chinois qui bordaient la rue. Aussitôt les cris apeurés des marchands s'élevèrent de la boutique. Le hounghoutze fit demi-tour. Ayant aperçu le cheval du Tchahar devant le magasin, il comprit ce qui était en train de se passer. Immédiatement sur les lieux, il hurla d'une voix rauque pour ordonner au soldat de sortir.

1. Résidence officielle des fonctionnaires chinois. *(NdE)*

Quand celui-ci fut dehors, il le frappa en pleine figure de toute la force de sa cravache. Le sang gicla de la joue entaillée; après quoi, sans un mot, le Tchahar puni remonta en selle sans demander son reste et piqua des deux pour reprendre sa place dans les rangs. Tout au long de cette scène, les gens n'avaient pas bougé, cloîtrés dans leur maisons, observant anxieux le défilé des Tchahars à travers les fentes de leurs volets. Ceux-ci se tinrent tranquilles. Ce n'est qu'à une dizaine de verstes de la ville, quand ils rencontrèrent une caravane transportant du vin de Chine, que leurs pulsions naturelles reprirent le dessus et qu'ils se livrèrent sans retenue à un nouveau pillage, vidant plusieurs tonneaux d'affilée. Dans les environs de Hargana, ils tombèrent dans une embuscade : Touchegoun Lama leur fit une telle fête que plus jamais les plaines de Tchahar ne salueraient le retour de leurs fils guerriers partis à la conquête des Soyotes sur les rives de l'antique Touba.

Le jour où la colonne avait quitté Ouliassoutaï, la neige était tombée si drue que la route devint bientôt impraticable. Les chevaux s'y enfonçaient jusqu'aux genoux et refusaient d'avancer. Quelques cavaliers mongols parvinrent cependant à atteindre Ouliassoutaï le lendemain, au prix d'intenses et harassants efforts, après n'avoir parcouru que quarante verstes en deux jours. Des caravanes furent obligées de s'arrêter le long des routes. Les Mongols ne voulaient même plus se hasarder à partir avec leurs bœufs et leurs yacks, bêtes qui en temps ordinaire ne couvrent que quinze ou vingt verstes par jour. On aurait pu employer les chameaux, mais ceux-ci faisaient cruellement défaut et leurs conducteurs ne croyaient pas pouvoir atteindre la première station de chemin de fer de Koukou-Hoto, distante de plus de deux mille verstes.

Une fois de plus, mon ami et moi étions donc obligés d'attendre. Mais quoi? la mort? le salut ? Seules notre énergie et notre résistance pouvaient nous sauver. C'est ainsi que nous prîmes la décision de partir, munis d'une tente, d'un poêle et de quelques provisions, pour tenter une nouvelle reconnaissance le long des rives du lac Kossogol et vérifier les craintes qu'avait le saït mongol d'une invasion des troupes rouges.

XX

LE DÉMON DU JAGISSTAI

Notre petit groupe comptait quatre hommes montés et un chameau porteur de bagages. Nous partîmes vers le nord en suivant la vallée de la Boyagol, en direction des monts Tarbagataï. La route était rocailleuse et couverte d'une épaisse couche de neige. Nos chameaux avançaient avec précaution, flairant la piste ; notre guide les stimulait à grand renfort de « Ok ! Ok ! », exclamation traditionnelle par laquelle les chameliers s'adressent à leurs bêtes. Nous laissâmes derrière nous la forteresse et le dougoun chinois, contournâmes un éperon rocheux et, après avoir passé à gué un cours d'eau, nous prîmes le chemin des montagnes. L'ascension fut difficile et dangereuse. Nos montures choisissaient attentivement la meilleure piste ; elles remuaient sans cesse les oreilles, comme elles ont l'habitude de le faire en cas de danger. Ravins, crêtes, vallées de moins en moins profondes se succédaient, tandis que nous prenions de l'altitude. A un endroit, nous aperçûmes, sous les nuages gris qui surmontaient les crêtes, des taches noires qui se détachaient sur la vaste étendue de neige.

– Ce sont des obos, élevés aux mauvais démons qui gardent l'endroit, expliqua le guide. Ce passage s'appelle Jagisstaï. On raconte à son sujet maintes histoires, aussi vieilles que les montagnes elles-mêmes.

Nous le priâmes d'en dire plus.

Dodelinant sur son chameau, le Mongol regarda attentivement autour de lui et commença :

– C'était il y a longtemps, très longtemps. Le petit-fils du grand

Gengis Khan était sur le trône de Chine; il régnait sur l'Asie entière. Mais les Chinois tuèrent leur khan; ils s'apprêtaient à exterminer toute sa famille, mais un vieux et saint lama l'emmena par delà la Grande Muraille, jusqu'aux plaines de notre pays. Les Chinois cherchèrent longtemps la trace des fugitifs et finirent par découvrir où ils se cachaient. Ils envoyèrent à leurs trousses un détachement de cavaliers montés sur des chevaux rapides, pour s'emparer d'eux. Alors que les poursuivants étaient sur le point de rejoindre l'héritier en fuite, le lama implora le ciel et une neige épaisse se mit à tomber : les chevaux se trouvèrent arrêtés; seuls les chameaux pouvaient avancer. Ce lama appartenait à un monastère retiré, Jahantsi Koure, près duquel nous allons passer. Pour y arriver, il faut passer le col de Jagisstaï. C'est non loin d'ici que le vieux lama fut brutalement touché par le mal : il chancela sur sa selle et tomba mort. Ta Sin Lo, la veuve du grand khan, éclata en sanglots; mais apercevant dans le lointain les cavaliers chinois qui traversaient la vallée au galop, elle se hâta d'arriver au col. Les chameaux, fatigués, s'arrêtaient à chaque instant; la veuve ne savait comment les faire avancer. Les cavaliers se rapprochaient de plus en plus. Déjà ils poussaient des cris de joie, assurés qu'ils étaient de tenir entre leurs mains la récompense promise par les mandarins pour le meurtre de l'héritier du grand khan; la tête de la mère et celle de l'enfant seraient ramenées à Pékin et exposées sur le Ch'ien Mên aux moqueries et aux insultes de la populace. La mère, effrayée, éleva alors son enfant vers le ciel et s'écria :

» – Terre et dieux de Mongolie, voyez le fils de celui qui a rendu glorieux le nom mongol d'un bout à l'autre du monde ! Ne permettez pas que périsse la propre chair de Gengis Khan !

» C'est alors qu'elle remarqua une souris blanche, sur un rocher tout près de là. Le petit animal s'approcha, sauta sur ses genoux et lui dit :

» – Je suis envoyée pour vous aider. Continuez tranquillement votre route et n'ayez aucune crainte. Ceux qui vous poursuivent sont arrivés au terme de leurs vies et votre fils est destiné à une existence glorieuse.

» Ta Sin Lo ne voyait pas comment une petite souris pourrait tenir en échec trois cents hommes, mais la souris sauta à terre et parla de nouveau :

» – Je suis le démon de Tarbagataï, je suis Jagisstaï. Je suis puissant et aimé des dieux, mais comme vous avez mis en doute le pouvoir de la souris miraculeuse, dès ce jour, le Jagisstaï sera dangereux pour les bons comme pour les méchants !

» La veuve et le fils du khan furent sauvés, mais le Jagisstaï est toujours resté impitoyable. Celui qui se risque à le franchir doit continuellement être sur ses gardes. Le démon de la montagne est toujours prêt à mener le voyageur à sa perte.

Toutes les crêtes du Tarbagataï sont parsemées d'obos en pierres et en branchages. A un endroit, on a même érigé en guise d'autel une tour censée apaiser les dieux courroucés par les doutes de Ta Sin Lo. Évidemment le démon nous attendait. Quand nous commençâmes l'ascension de la crête principale, il se mit à nous souffler dans la figure ; un vent glacial et coupant lançait sur nous, avec force grondements sourds, de gros blocs de neige qu'il arrachait aux amas formés sur les hauteurs. Nous ne pouvions plus rien distinguer autour de nous ; à peine parvenions-nous à voir le chameau qui nous précédait. Soudain je sentis un choc. Je regardai autour de moi mais ne vis rien d'extraordinaire. Simplement, j'étais confortablement assis entre deux sacoches remplies de pain et de viande, mais mon chameau avait disparu ! Il avait glissé au fond d'un ravin peu profond, tandis que les sacs, posés sur son dos sans courroies, s'étaient accrochés à un rocher en pleine neige avec moi dessus ! Pour cette fois, le démon s'était contenté de me jouer un mauvais tour ; mais cela ne devait pas le satisfaire longtemps. Il commença à se montrer de plus en plus irrité. Ses furieuses rafales nous arrachaient presque à nos selles, manquaient de renverser nos chameaux, nous aveuglaient en nous cinglant le visage de neige durcie, nous empêchaient de respirer. De longues heures durant, nous progressâmes péniblement dans la neige épaisse, trébuchant souvent sur les rochers. Enfin nous atteignîmes une petite vallée emplie par l'écho hurlant des mille voix du vent. La nuit était venue. Le Mongol parti à la recherche de la piste finit par revenir en faisant de grands gestes :

– Nous avons perdu la route. Il faut que nous passions la nuit ici.

Pas de chance, car nous n'avons pas de bois pour notre poêle et le froid n'a pas dit son dernier mot.

A grand'peine, de nos mains engourdies, nous réussîmes à monter notre tente malgré le vent, plaçant à l'intérieur le poêle devenu inutile. Nous recouvrîmes la tente de neige et creusâmes tout autour de longs et profonds fossés pour y faire dormir les chameaux. En leur criant « Dzouk ! Dzouk ! », nous les fîmes mettre à genoux et rentrâmes les bagages sous la tente.

Mon compagnon protestait à l'idée de passer une nuit glaciale sans allumer notre poêle.

– Je vais chercher du bois, dit-il d'un air décidé.

Il prit la hache et partit. Une heure plus tard, il était de retour avec un gros morceau de poteau télégraphique.

– Vous, Gengis Khan, dit-il en frottant ses mains gelées, prenez votre hache et allez là-bas, à gauche, sur la montagne ; vous trouverez d'autres poteaux abattus. J'ai fait connaissance avec le vieux Jagisstaï et il m'a servi de guide.

A quelque distance de l'endroit où nous nous trouvions passait la ligne du télégraphe russe qui reliait Irkoutsk à Ouliassoutaï avant la Révolution. Les Chinois avaient ordonné aux Mongols d'en abattre les poteaux pour décrocher les fils. Ces poteaux étaient désormais le salut des voyageurs qui franchissaient le passage. C'est ainsi qu'au cœur même des domaines du Jagisstaï courroucé nous passâmes la nuit sous une tente bien chauffée, rassasiés par une bonne soupe chaude au vermicelle et à la viande.

De bonne heure le lendemain matin, nous trouvâmes la route à moins de deux cents pas de notre tente, et nous poursuivîmes notre voyage. A la source de l'Adaïr nous remarquâmes une nuée de corbeaux mongols à becs rouges qui volaient en cercle parmi les rochers. Nous nous approchâmes et découvrîmes les corps d'un cavalier et de son cheval vraisemblablement tombés depuis peu. Il était difficile de deviner ce qui leur était arrivé. Ils étaient couchés l'un près de l'autre, le cavalier portant la bride à son poignet droit. Aucune trace de coup de couteau ou de balle n'était visible. Il était impossible de distinguer les traits de l'homme ; il portait un manteau mongol, mais son pantalon et sa veste n'étaient pas du pays.

Nous nous demandâmes comment ils avaient trouvé la mort.

Notre Mongol baissa la tête avec inquiétude et déclara de l'air de quelqu'un qui sait :

– C'est la vengeance du Jagisstaï. Le cavalier n'a pas accompli le sacrifice à l'obo du sud; le démon les a étranglés, lui et son cheval.

Enfin les monts Tarbagataï furent derrière nous. Nous avions atteint la vallée de l'Adaïr qui serpente entre deux hautes chaînes de montagnes, dans une plaine étroite et sinueuse, couverte de riches pâturages. Tout le long de la route gisaient, abattus au milieu d'un enchevêtrement de fils, les poteaux télégraphiques dont les tronçons avaient été sectionnés à des hauteurs différentes; la destruction du télégraphe entre Irkoutsk et Ouliassoutaï était l'une des phases nécessaires de la politique chinoise d'agression en Mongolie.

Nous croisâmes bientôt de grands troupeaux de moutons qui cherchaient sous la neige l'herbe sèche dont ils se nourrissaient. Plus haut à flanc de montagne paissaient des yacks et des bœufs. Nous n'aperçûmes pourtant qu'un seul berger; tous les autres, nous apercevant, s'étaient réfugiés dans la montagne ou cachés dans les ravins. Aucune yourta en vue : les Mongols avaient dissimulé toutes leurs demeures mobiles dans les replis rocheux, à l'abri des regards et des vents. Les nomades savent admirablement choisir leurs quartiers d'hiver. J'avais souvent visité en hiver les yourtas mongoles; elles étaient situées dans des endroits si bien abrités que, arrivant des plaines balayées par les vents, il me semblait entrer à chaque fois dans une serre chaude. Nous voulûmes un jour observer de plus près les moutons mais, comme nous nous approchions, une grosse partie du troupeau commença à s'éloigner en traversant la plaine. Bientôt, une trentaine ou une quarantaine de bêtes se détachèrent du gros de la troupe pour escalader la montagne. A l'aide de mes jumelles, je me mis à examiner tous ces animaux. Ceux qui n'avaient pas bougé à notre approche étaient de simples moutons; ceux qui s'étaient éloignés dans la plaine, des antilopes mongoles (*gazella gutturosa*); ceux enfin qui avaient gravi la montagne, des mouflons à grandes cornes (*ovis argali*). Les uns et les autres se mêlaient aux moutons domestiques au milieu de ces plaines de l'Adaïr, où ils étaient attirés par la bonne herbe et l'eau claire : en maints endroits, en effet, la rivière n'était pas gelée et de grands nuages de vapeur se dégageaient de la surface. Tandis que je poursuivais mes observations, un petit groupe d'antilopes et de mouflons s'étaient mis à nous regarder.

– Voilà qu'à présent, ils vont traverser notre piste, dit le Mongol en riant. Ce sont vraiment de drôles de bêtes. Les antilopes courent parfois pendant des heures pour nous dépasser et venir traverser la route juste devant nous ; puis, quand elles ont réussi, elles s'en vont tout tranquillement.

Je connaissais cette stratégie des antilopes, et décidai d'en tirer parti pour la chasse. Voici ce qui fut décidé : l'un des Mongols se remit en route avec le chameau qui portait les bagages. Le guide, mon ami et moi-même, nous nous dispersâmes en éventail vers le troupeau, à droite de notre direction initiale. Les bêtes s'arrêtèrent, nous regardant indécises, car elles auraient voulu passer devant les quatre cavaliers à la fois. La confusion commença. Il y avait à peu près trois mille têtes qui se mirent à courir dans tous les sens, dans l'anarchie la plus totale. Des escadrons entiers passèrent devant nous, puis, remarquant un autre cavalier, firent demi-tour et recommencèrent la même manœuvre. Cinquante autres bêtes, alignées sur deux rangs, se précipitèrent à leur tour dans ma direction. Quand elles ne furent plus qu'à une centaine de mètres, je poussai un grand cri et fis feu. Le troupeau s'arrêta brusquement, désorganisé par la panique, ce qui lui coûta cher car, dans la confusion des demi-tours, des sauts, des culbutes et des collisions, j'eus le temps de tirer quatre fois et d'abattre deux bêtes splendides. Mon ami fut encore plus heureux que moi : une seule balle lui suffit pour abattre d'un coup deux animaux, au milieu d'un troupeau qui passait en trombe à côté de lui.

Les mouflons quant à eux avaient escaladé le flanc de la montagne et pris position, rangés comme des soldats, se retournant pour nous regarder. Même à cette distance je pouvais distinguer clairement leurs corps musclés, leurs têtes majestueuses, leurs cornes puissantes.

Nous ramassâmes notre gibier, rejoignîmes le Mongol et reprîmes notre route. Parfois nous tombions, le long de celle-ci, sur des carcasses de moutons, le cou déchiqueté, les flancs béants.

– C'est l'œuvre des loups, expliqua le Mongol. Il y en a beaucoup dans la région.

Nous devions rencontrer encore plusieurs troupes d'antilopes; celles-ci se mettaient toujours à courir sans trop de hâte jusqu'à nous devancer sensiblement : alors, avec des sauts et des bonds prodigieux, elles traversaient la route devant notre petite caravane, à la manière des poules dans les campagnes; puis, après avoir couru environ deux cents pas à ce train, elles s'arrêtaient et recommençaient à brouter paisiblement. Une fois, j'eus l'idée de faire faire demi-tour à mon chameau : les antilopes, se prenant aussitôt au jeu, se mirent à courir dans ma direction, me dépassèrent et, une fois de plus, bondirent par-dessus la route sous mon nez, comme si elles traversaient une allée pavée de pierres chauffées au rouge; après quoi elles se remirent à paître avec le plus grand calme de l'autre côté. Trois fois je m'amusai de la sorte avec le même troupeau, riant à chaque reprise de les voir se livrer à leurs curieuses gambades.

Nous passâmes dans cette vallée une fort mauvaise nuit. Nous nous étions arrêtés sur le bord d'un cours d'eau gelé; la haute berge nous protégeait du vent. Nous avions allumé le poêle pour faire bouillir de l'eau. Notre tente était chaude et confortable et nous nous délassions tranquillement en pensant à l'agréable souper qui se préparait, quand un hurlement et un éclat de rire diabolique se firent entendre non loin; aussitôt une série de hurlements lugubres et interminables résonna en écho de l'autre côté de la vallée.

– Des loups, déclara le Mongol avec calme.

Muni du revolver, il sortit de la tente. Au bout d'un long moment, nous entendîmes un coup de feu. Peu après il était de retour.

– Je leur ai fait peur, dit-il simplement. Ils s'étaient réunis sur la rive, autour du cadavre d'un chameau.

– Et les nôtres ? Ils n'y ont pas touché au moins ? demandai-je.

– Nous allons faire un feu derrière notre tente; ils ne nous ennuieront plus.

Après le dîner, nous nous couchâmes, mais je restai éveillé un long moment, écoutant le pétillement du feu, la respiration profonde des chameaux et les hurlements lointains des loups, avant de pouvoir trouver le sommeil. Je ne sais depuis combien de temps je m'étais endormi quand un violent coup au côté me réveilla brutalement. J'étais couché au bord de la tente; le coup venait de quelqu'un qui, à l'extérieur, m'avait poussé sans cérémonie ni ménagement. Je crus d'abord à l'un des chameaux en train de mordiller le feutre de la tente. Je voulus frapper l'animal avec la crosse de mon mauser : mon geste provoqua un hurlement aigu, suivi d'un bruit de fuite parmi les cailloux. Au matin, je découvris les empreintes de plusieurs loups qui s'étaient approchés de notre tente, du côté opposé au feu. Ils avaient commencé à creuser le sol, et l'un des voleurs, assommé par mon coup de crosse, avait été obligé de battre en retraite.

Les loups, comme les aigles, sont les serviteurs de Jagisstaï, comme nous l'enseigna notre guide avec beaucoup de solennité. Cela n'empêche pas cependant les Mongols de leur faire la chasse. J'ai assisté une fois, dans le camp du prince Baysei, à une chasse au loup : les cavaliers, montés sur leurs meilleurs chevaux, coursaient les bêtes dans la plaine et les tuaient à coups de lourds bâtons de bambou appelés *tachour.* Les Mongols avaient appris d'un vétérinaire russe comment empoisonner les loups avec de la strychnine, mais ils ont préféré abandonner cette méthode également dangereuse pour les chiens, fidèles amis et alliés des nomades. En revanche, les chasseurs ne touchent ni aux aigles ni aux faucons : ils vont jusqu'à les nourrir en leur lançant au vol – comme nous jetterions des morceaux de sucre à un chien – les morceaux de chair des bêtes qu'ils viennent de tuer et sont en train de dépecer. C'est que les aigles comme les faucons chassent les pies et les corbeaux, particulièrement dangereux pour les bestiaux et les chevaux blessés sur lesquels ils s'acharnent avec férocité, attaquant la plaie de leur bec, jusqu'à les réduire à merci.

XXI

L'ANTRE DE LA MORT

Nos chevaux progressaient lentement, mais d'un pas régulier, vers le nord. Nous parcourions entre quarante et cinquante verstes par jour. Bientôt nous parvînmes à proximité d'un petit monastère, situé sur la gauche de la piste. C'était un grand bâtiment carré entouré d'une haute et épaisse palissade. Sur chacun des côtés, une ouverture centrale conduisait aux quatre entrées du temple. Au milieu de la cour intérieure se trouvait le sanctuaire, avec ses colonnes laquées rouges et ses toits chinois qui dominaient les maisons basses des lamas. En face du monastère, de l'autre côté de la piste, se dressait ce qui semblait être une forteresse chinoise. C'était en réalité un dougoun ; les Chinois bâtissent toujours ces bâtiments comme des enceintes fortifiées : une double rangée de murailles à quelques mètres de distance l'une de l'autre, à l'intérieur desquelles ils installent leurs maisons et leurs boutiques. Une garnison de vingt à trente hommes armés y vit en permanence, prête à toute éventualité. Si cela est nécessaire, ces dougouns peuvent faire office de fortins et résister à de longs sièges.

En bordure de route, entre le dougoun et le monastère, je distinguai un camp de nomades. Leurs chevaux et leurs bestiaux n'étaient pas avec eux. Ces gens, installés ici depuis quelque temps, avaient laissé leurs animaux dans la montagne. Sur plusieurs yourtas flottaient des oriflammes multicolores, signes que la maladie avait frappé ; à côté de quelques-unes, de hauts piquets plantés dans le sol et surmontés d'une toque mongole indiquaient que le maître du lieu était mort. Nous avions rencontré dans la plaine des meutes de chiens errants attirés par la présence de cadavres dans les environs : dans le fond des ravins, sur le bord de la rivière. En approchant, nous avions entendu de sourds battements de tambours qui ponctuaient un air mélancolique joué par une flûte ; des plaintes aiguës s'élevaient également du camp. Notre Mongol parti en éclaireur revint nous dire que plusieurs familles nomades avaient frappé au monastère pour demander assistance au Jahantsi Houtouktou, renommé pour ses miracles. Ces gens, touchés par la peste et la variole noire, étaient venus de loin et n'avaient pas trouvé le Houtouktou, parti en visite chez le Bouddha vivant d'Ourga. Ils s'en étaient donc remis aux sorciers. Mais les malades mouraient les uns après les autres ; la veille, on avait abandonné dans la plaine le vingt-septième cadavre.

Tandis que le Mongol nous racontait cela, l'un des sorciers sortit d'une des yourtas. C'était un vieillard atteint de cataracte ; son visage était profondément marqué par la petite vérole. Il était vêtu de haillons, et des bouts d'étoffe de différentes couleurs étaient suspendus à sa ceinture. Il tenait un tambour et une flûte. L'écume aux lèvres, des lueurs hagardes dans le regard, il se mit brusquement à tourner, à danser, avec force transes désordonnées, ondulant frénétiquement des bras et des épaules, battant du tambour, jouant de la flûte et poussant de grands cris, tout ceci à un rythme de plus en plus endiablé, si bien qu'en fin de compte il s'écroula dans la neige où il continua à se tordre de tous ses membres et à proférer des hurlements incohérents. C'est ainsi que le sorcier traitait ses malades, épouvantant de sa folie furieuse les mauvais démons porteurs de maladies. Un autre de ces enchanteurs donnait à ses patients de l'eau sale et boueuse : l'eau – je l'appris plus tard – du bain du Bouddha vivant, qui y avait lavé son corps divin né de la fleur sacrée du lotus.

– Om ! Om ! ne cessaient de répéter les deux sorciers.

Tandis que ces doctes magiciens combattaient les démons, les malades étaient abandonnés à eux-mêmes. Ils gisaient, en proie à une fièvre terrible, sous des monceaux de peaux de biques et de manteaux, atteints de délire et secoués de spasmes. Auprès des feux, accroupis, les adultes et les enfants encore en bonne santé bavardaient avec indifférence, buvant du thé et fumant. Dans toutes les yourtas je vis des malades et des morts, des misères et des horreurs impossibles à décrire.

Ô grand Gengis Khan ! Vous qui avez si bien su mettre en balance les forces de l'Asie et de l'Europe, qui avez consacré toute votre vie à glorifier le nom des Mongols, pourquoi n'avez-vous pas donné à votre peuple la lumière qui l'aurait préservé d'une pareille mort ? Il a gardé son antique moralité, son honnêteté séculaire, ses mœurs pacifiques, mais vos ossements que les siècles finissent par détruire, dans votre mausolée de Karakoroum, ne l'ont pas protégé : votre peuple est en train de disparaître, lui que sa grandeur faisait autrefois redouter de la moitié du monde civilisé !

Autour de moi je voyais ce camp de mourants, j'entendais les lamentations, les cris délirants des hommes, des femmes, des enfants. Au loin les chiens lançaient leurs hurlements sinistres, tandis que continuait, lancinant, le roulement de tambour du sorcier au bord de l'épuisement.

En avant ! Je ne pouvais plus supporter ces horreurs, et je n'avais ni les moyens ni la force de combattre. Nous quittâmes sans tarder cet endroit maudit, poursuivis par l'obsession de quelque démon invisible attaché à nos pas depuis que nous avions été témoins de ces scènes d'épouvante. Démons de la maladie ! Tableaux d'horreurs et de misères ! Ames errantes de malheureux, sacrifiés chaque jour sur l'autel des ténèbres ! Une terreur inexplicable nous avait saisis, dont nous ne pouvions desserrer le joug. C'est seulement quand nous eûmes quitté la route, franchi une crête boisée et atteint un amphithéâtre de montagnes qui nous masquaient Jahantsi Koure, le dougoun, la fosse grouillante de moribonds, que nous respirâmes enfin librement.

Bientôt nous découvrîmes l'étendue d'un grand lac. C'était le Tisingol. Sur la rive se trouvait une grande maison russe : la station du télégraphe qui reliait le Kossogol à Ouliassoutaï.

XXII

PARMI LES ASSASSINS

Aux abords de la station nous tombâmes sur un jeune homme blond, qui nous dit s'appeler Kanine. Il était en charge du poste. Un peu confus, il nous offrit l'hospitalité pour la nuit. A l'intérieur du poste, un homme grand et maigre se leva de table à notre arrivée et fit quelques pas indécis vers nous, en nous examinant avec attention.

– Des hôtes… expliqua Kanine. Ils vont à Khatyl. Des étrangers…

– Ah ! répondit l'autre avec calme.

Tandis que nous enlevions nos ceintures et nous débarrassions, non sans peine, de nos lourds manteaux mongols, l'homme avait pris notre hôte à part et lui parlait avec animation. Au moment où je m'approchai de la table pour m'asseoir, je l'entendis dire : « Nous sommes obligés de retarder. » Kanine se contenta d'approuver de la tête.

Il y avait là plusieurs autres personnes, assises autour de la table : d'abord le grand homme blond et blafard qui s'était levé à notre arrivée ; il parlait avec volubilité, tenant des propos décousus. Il se comportait bizarrement, atteint par une sorte de folie, semble-t-il, qui le poussait, chaque fois que le bruit de la conversation, un cri ou une détonation venait l'interrompre, à répéter les paroles de son interlocuteur ou à raconter d'une voix machinale et précipitée ce qui se passait autour de lui à l'instant même. La femme de Kanine, jeune, pâle, fatiguée, les yeux hagards et le visage crispé par une expression de terreur, se trouvait là aussi ; près d'elle, une jeune fille d'une quinzaine d'années, habillée en homme et les cheveux coupés ras, ainsi que les deux jeunes fils de Kanine. Nous fîmes leur connaissance à tous. L'étranger de haute taille s'appelait Gorokoff. C'était un colon russe de Samgaltaï; il nous présenta la jeune fille aux cheveux courts comme sa sœur. La femme de Kanine nous regardait avec une panique à peine dissimulée ; elle restait silencieuse, visiblement fort contrariée par notre présence. Mais c'était ainsi, et nous commençâmes à prendre le thé, à manger notre pain et notre viande froide.

Kanine nous raconta que depuis la destruction de la ligne du télégraphe sa famille souffrait terriblement de la pauvreté. Les bolcheviks ne lui envoyaient aucun salaire d'Irkoutsk et il avait été contraint d'user d'expédients : il vendait du foin aux colons russes, transmettait des messages privés, transportait des marchandises de Khatyl à Ouliassoutaï et à Samgaltaï, faisait commerce de bestiaux, chassait ; c'est grâce à cela qu'ils parvenaient à survivre. Gorokoff nous expliqua quant à lui que ses affaires le forçaient à se rendre à Khatyl et que sa sœur et lui seraient heureux de se joindre à notre caravane. Son air violent inspirait l'antipathie ; ses yeux délavés évitaient toujours ceux de la personne à qui il parlait. Dans le courant de la conversation, nous demandâmes à Kanine s'il y avait des colons russes dans les environs ; le sourcil froncé et l'air dégoûté, il répondit :

– Il y a un vieux richard, Bobroff, qui habite à une verste de notre poste ; mais je ne vous conseille pas de lui rendre visite : c'est un vieil avare fort peu hospitalier.

Tandis que son mari parlait, la femme de Kanine avait baissé les yeux, les épaules contractées par un léger frisson ; Gorokoff et sa sœur, eux, continuaient de fumer d'un air impassible. Rien de cela ne m'échappa : ni l'hostilité dans la voix de Kanine, ni le trouble de sa femme, ni l'indifférence affectée de Gorokoff. C'est ce qui me poussa à aller voir ce vieux colon dont Kanine parlait avec si peu de bienveillance. A Ouliassoutaï j'avais rencontré deux hommes nommés Bobroff, et je dis à Kanine qu'on m'avait demandé de remettre en mains propres une lettre au colon. Après avoir bu mon thé, je mis donc mon manteau et pris congé.

La maison de Bobroff s'élevait dans une dépression de la

montagne. Elle était entourée d'une haute palissade qui laissait dépasser les toits, peu élevés. De la lumière brillait à l'une des fenêtres. Je frappai. Des aboiements furieux me répondirent ; à travers les fentes de la palissade, je distinguai quatre énormes chiens mongols, tout noirs, qui se précipitaient vers le portail en montrant les dents et en grondant. Dans la cour, une porte s'ouvrit et quelqu'un demanda :

– Qui est là ?

Je répondis que j'étais un voyageur qui arrivait d'Ouliassoutaï. Les chiens furent mis à la chaîne et je fus reçu par un homme qui me considéra d'abord avec méfiance et suspicion de la tête aux pieds ; d'une de ses poches sortait une poignée de revolver. Convaincu par son inspection et ayant appris que je connaissais ses parents, il me fit entrer très aimablement et me présenta à sa femme, une vieille dame pleine de dignité, et à sa fille adoptive, une délicieuse enfant de cinq ans ; il l'avait trouvée dans la plaine à côté du cadavre de sa mère, tombée d'épuisement après avoir fui la Sibérie pour échapper aux bolcheviks.

Bobroff m'apprit que le détachement russe de Kazagrandi avait réussi à chasser les troupes rouges du Kossogol et que nous pourrions par conséquent continuer notre voyage jusqu'à Khatyl sans danger.

– Pourquoi n'êtes-vous pas descendu chez moi au lieu d'aller chez ces brigands ? me demanda-t-il.

Je l'interrogeai à mon tour, et il me donna de précieux renseignements. J'appris que Kanine était en fait un agent bolchevik du soviet d'Irkoutsk, qu'il s'était installé là pour espionner le pays. La fermeture de la route d'Irkoutsk le rendait pour l'heure inoffensif, mais un commissaire très influent venait d'arriver de Biisk, dans la région de l'Altaï.

– Gorokoff ? demandai-je.

– C'est ainsi qu'il se fait appeler, répondit le vieillard, mais je suis de Biisk, moi aussi, et j'y connais tout le monde. Son véritable nom est Pouzikoff ; la fille aux cheveux courts qui est avec lui est sa maîtresse. Il est commissaire de la Tchéka et elle est un de ses agents. Au mois d'août dernier ces deux bandits ont tué à coups de revolver soixante-dix officiers de l'armée Koltchak qui étaient leurs prisonniers, pieds et poings liés. Ce sont de lâches assassins. Ils sont ici en reconnaissance. Ils voulaient loger chez moi, mais je les connais trop et leur ai refusé l'hospitalité.

– Et vous n'avez pas peur de lui ? demandai-je, me rappelant les paroles et les regards échangés par ces hommes quand ils étaient assis à table.

– Non ! répondit le vieillard. Je sais me défendre et défendre ma famille. Et puis, nous avons un protecteur : mon fils, le meilleur fusil, le meilleur cavalier, le meilleur combattant de toute la Mongolie. Je regrette beaucoup que vous ne puissiez pas faire sa connaissance, mais il est allé voir les troupeaux et ne reviendra pas avant demain soir.

Sur ces mots, nous nous quittâmes très cordialement, et je lui promis de descendre chez lui à mon retour.

– Eh bien, quelles histoires Bobroff vous a-t-il racontées sur notre compte ? me demandèrent Kanine et Gorokoff à mon retour à la station.

– Rien à votre sujet, répondis-je, car il n'a même pas voulu me parler quand il a appris que je logeais chez vous. Qu'est-ce qu'il y a donc eu entre vous ? demandai-je en feignant l'étonnement et l'ignorance.

– C'est une vieille affaire, dit Gorokoff d'un air bourru.

– Un vieux coquin, renchérit Kanine, tandis que les yeux terrifiés et douloureux de sa femme se voilaient d'une affreuse épouvante comme si à tout moment elle s'attendait à recevoir un coup mortel.

Gorokoff fit ses préparatifs pour partir avec nous le lendemain matin, puis nous dressâmes nos lits de camp dans la pièce voisine. Avant de nous endormir, je glissai à l'oreille de mon ami qu'il gardât son arme à portée de main et qu'il se tînt prêt à tout ; il se contenta de sourire en tirant un revolver et une hache de son manteau pour les mettre sous son oreiller.

– Ces hommes-là m'ont paru suspects dès le début, murmura-t-il. Ils préparent quelque chose de louche. Demain, je me mettrai derrière ce Gorokoff ; je lui réserve s'il le faut une de mes fidèles balles dum-dum.

Nos Mongols passèrent la nuit sous la tente, dans la cour, à côté de leurs chameaux, désirant rester près d'eux pour leur donner à manger. Vers sept heures du matin nous nous mîmes en route. Mon ami se plaça en arrière-garde, derrière Gorokoff et sa sœur, tous les deux armés de la tête aux pieds, qui montaient de magnifiques chevaux.

– Comment se fait-il que vos chevaux soient en si bon état après avoir parcouru le si long trajet qui sépare Samgaltaï du Tisingol ? demandai-je en admirant leurs montures.

Gorokoff me répondit que les chevaux appartenaient à Kanine. Je compris alors que ce dernier n'était pas aussi pauvre qu'il voulait le faire croire ; n'importe quel riche Mongol lui aurait en effet donné, en échange d'une de ces bêtes magnifiques, assez de moutons pour fournir des gigots et des côtelettes à toute sa famille pendant une année entière.

Nous atteignîmes bientôt un vaste marais bordé d'épais taillis. Je fus tout étonné d'y trouver des centaines de *kouropatkas*, ou perdrix blanches, et de voir s'envoler à notre approche une troupe de canards affolés. Des canards sauvages en hiver, par ce vent froid et cette neige ! Le Mongol me fournit l'explication suivante :

– Ce marais reste toujours à une température assez élevée, il ne gèle jamais. Les canards sauvages et les kouropatkas vivent ici toute l'année, car ils trouvent à manger dans la terre molle et tiède.

Tandis que je discutais avec le Mongol, je remarquai, au-dessus du marais, une langue de feu d'un jaune rougeâtre. Elle s'allumait pour s'éteindre aussitôt ; plus loin, deux autres flammes identiques s'élevèrent de la même façon à plusieurs reprises : c'était là le véritable feu follet, entouré de tant de légendes, mais dont la chimie aujourd'hui a percé le mystère, en l'expliquant par la combustion spontanée de méthane, ou gaz des marais, que provoque la putréfaction de matières végétales dans la terre humide et chaude.

– C'est ici qu'habitent les démons de l'Adaïr, en guerre continuelle avec ceux de la Mouren, m'expliqua le Mongol.

En vérité, me disais-je, si dans notre Europe matérialiste et rationnelle, les habitants de nos villages croient encore que ces flammes sont quelque étrange sorcellerie, rien d'étonnant alors à ce qu'au pays du mystère, elles soient considérées comme le signe des guerres que se livrent les démons de deux rivières voisines !

Après avoir franchi le marécage, nous aperçûmes devant nous, dans le lointain, un grand monastère. Bien qu'il fût à une verste à l'écart de notre route, les Gorokoff nous dirent qu'ils voulaient s'y rendre pour y faire quelques achats dans les boutiques chinoises. Ils s'éloignèrent rapidement, promettant de nous rejoindre bientôt. Nous ne devions cependant plus les voir de quelque temps ; ils disparurent sans laisser de traces. C'est dans des circonstances tout à fait inattendues – qui devaient leur être fatales – que nous croiserions de nouveau leur route. Pour l'heure, nous étions ravis d'en être si vite débarrassés et, après leur départ, je pus transmettre à mon camarade les renseignements que j'avais obtenus de Bobroff la veille.

XXIII

SUR UN VOLCAN

Le lendemain soir nous arrivions à Khatyl, petite colonie russe d'une dizaine de maisons dispersées dans la vallée de l'Egiyn Gol, également appelé Yaga, dans lequel se déversent les eaux du Kossogol, à une verste en amont du hameau. Le Kossogol est un vaste lac, froid et profond, de cent vingt-cinq verstes de long sur quarante verstes de large. Les Soyotes des Darkhat-Ola qui vivent sur sa rive occidentale l'appellent le Houbsougoul ; les Mongols, eux, l'ont baptisé Kossogol. Mais les uns et les autres le considèrent comme un lac sacré et terrible. Cette croyance partagée n'a rien d'extraordinaire : le lac, en effet, se trouve dans une région de forte activité volcanique. En été, par des journées ensoleillées et tranquilles, il arrive que les eaux soient brutalement soulevées en vagues si formidables qu'elles sont dangereuses non seulement pour les barques des pêcheurs du pays, mais aussi pour les grands vapeurs russes qui assurent le transport des voyageurs d'une rive à l'autre. En hiver, la couche de glace se fend quelquefois sur toute la longueur du lac pour laisser s'échapper vers le ciel de gros nuages de vapeur. Il est évident que le fond du lac est le siège d'une importante activité naturelle : des sources d'eau chaude sporadiques, voire des écoulements de lave. L'existence de ces convulsions souterraines est d'ailleurs confirmée par la masse de poissons morts qui vient parfois bloquer, aux endroits les moins profonds, le courant dans lequel se déversent les eaux du lac. Le Kossogol est extrêmement riche en poissons et réputé pour ses variétés de truites et de saumons, en particulier pour son fameux et savoureux poisson blanc qu'on expédiait autrefois dans toute la Sibérie et jusqu'en Mandchourie, à Moukden. La chair en est grasse et remarquablement tendre ; il produit aussi un excellent caviar. Une autre variété que l'on trouve dans le lac est le *khayrous* blanc, espèce de truite qui, à l'époque de la migration, contrairement aux coutumes de la plupart des poissons, quitte le lac pour redescendre le courant. Les khayrous se déplacent en nombre si impressionnant que toute la surface du fleuve se trouve parfois recouverte d'une rive à l'autre, par des milliers d'animaux dont on voit grouiller les dos écaillés. Mais c'est un poisson qui ne se pêche pas, car il est infesté de vers et ne peut servir de nourriture. Les chats et les chiens eux-mêmes refusent d'y toucher. L'on doit au professeur Dorogostaïsky, de l'université d'Irkoutsk, une étude passionnante sur cette faune, mais l'arrivée intempestive des bolcheviks a bien sûr interrompu ses travaux.

Sur Khatyl soufflait un vent de panique. Le détachement russe du colonel Kazagrandi, après avoir mis en déroute les bolcheviks et entrepris avec succès sa marche contre Irkoutsk, avait été brutalement réduit à l'impuissance par les discordes intestines entre ses officiers. Les bolcheviks avaient profité de la situation ; ayant renforcé leurs troupes, ils avaient mobilisé un millier d'hommes pour aller de l'avant et regagner le terrain qu'ils avaient perdu. Pendant ce temps, les débris du détachement Kazagrandi s'étaient retranchés à Khatyl ; le colonel était fermement décidé à en faire le siège de sa résistance, fût-elle désespérée. Les habitants chargeaient leur mobilier et leur famille sur des charrettes et fuyaient, laissant leurs animaux à qui viendrait les prendre. Une partie d'entre eux avait l'intention de se cacher non loin de là, dans le taillis de la forêt de mélèzes et les profondeurs des ravins ; les autres se dirigeaient vers Mouren Koure et Ouliassoutaï.

Le lendemain de notre arrivée, le gouverneur mongol fut informé que les rouges étaient parvenus à contourner le flanc de la colonne Kazagrandi et qu'ils approchaient de Khatyl. Il chargea tous ses documents et ses domestiques sur onze chameaux pour quitter l'endroit. Nos guides mongols profitèrent de l'occasion et, se gardant bien de nous avertir, s'enfuirent avec lui sans nous laisser un seul chameau. Notre situation semblait désespérée. Nous nous hâtâmes d'aller trouver les colons qui n'étaient pas encore partis, afin de leur acheter des chameaux. Mais, prévoyant les troubles à venir, ils les avaient déjà expédiés chez des Mongols, très loin de là, et ne pouvaient donc nous en fournir. Nous nous adressâmes alors au docteur V.-G. Gay, vétérinaire réputé dans toute la Mongolie pour sa lutte contre les maladies du bétail. Il habitait là avec sa famille ; obligé d'abandonner ses fonctions officielles, il était devenu éleveur. Homme d'une grande intelligence et possédant de l'énergie à revendre, il avait été désigné, sous le régime tsariste, pour acheter les provisions de viande nécessaires à l'armée russe qui combattait sur le front allemand. Il monta une filière en Mongolie et, quand les bolcheviks s'emparèrent du pouvoir en 1917, continua d'assurer l'approvisionnement. En mai 1918, lorsque l'armée Koltchak chassa les bolcheviks de Sibérie, il fut arrêté et emprisonné. Relâché rapidement car on le considérait comme le seul homme capable d'organiser le service de ravitaillement, il livra à l'amiral Koltchak la totalité de la viande et tout l'argent que lui avaient donné en échange les commissaires soviétiques. Au moment où nous fîmes sa connaissance, Gay s'occupait du ravitaillement de Kazagrandi.

Lors de notre entrevue, il nous conseilla de faire avec les moyens du bord, en l'occurrence quelques misérables chevaux épuisés qui n'avaient pas été réquisitionnés et avec lesquels nous pourrions tenter d'atteindre Mouren Koure, à quatre-vingt-cinq verstes de là ; nous y trouverions des chameaux pour poursuivre notre route. Ces malheureuses bêtes cependant étaient parquées à quelque distance de la colonie, ce qui nous obligeait à passer la nuit sur place, alors que précisément on attendait l'arrivée imminente des rouges. Quant à Gay, il semblait décidé malgré ces inquiétantes nouvelles à demeurer à Khatyl avec sa famille – ce qui ne laissait pas de nous étonner. Les seules rares personnes à n'être pas parties étaient quelques cosaques à qui on avait donné ordre de rester en arrière pour surveiller les mouvements de l'ennemi.

La nuit vint. Mon compagnon et moi étions prêts à nous battre ou, s'il le fallait, à nous donner la mort, plutôt que de tomber aux mains des bolcheviks. Nous avions trouvé refuge dans une petite maison près du Yaga où logeaient quelques ouvriers qui ne pouvaient pas s'enfuir ou ne le jugeaient pas nécessaire. Plusieurs d'entre eux s'étaient postés sur une colline d'où ils pouvaient observer les flancs de la montagne et la crête par laquelle les rouges devaient arriver. Bientôt, l'un d'entre eux accourut de la forêt en criant :

– Malheur, malheur à nous ! Les rouges sont là. Un cavalier est passé au grand galop par la route de la forêt. Je l'ai appelé, mais il ne m'a pas répondu. Il faisait nuit, mais j'ai vu que le cheval n'était pas d'ici.

– Ne bavarde pas à tort et à travers, lui dit un de ses camarades ; c'était un Mongol que tu auras pris pour un rouge.

– Non, ce n'était pas un Mongol. Son cheval était ferré. J'ai entendu le claquement des fers sur la route. Malheur à nous !

– Cette fois, dit mon compagnon, je crois que c'est la fin. Dieu qu'il est stupide de finir ainsi !

Je ne pouvais que l'approuver. Mais au même moment, on frappa à la porte : un Mongol nous amenait trois chevaux pour que nous nous échappions. Nous en sellâmes deux à la hâte et chargeâmes notre tente et nos provisions sur le troisième ; ceci fait, nous prîmes la direction de l'endroit où logeait Gay pour prendre congé de lui avant de nous enfuir.

Chez lui, nous trouvâmes le conseil de guerre réuni au grand complet. Deux ou trois colons et plusieurs cosaques étaient descendus au grand galop de la montagne pour annoncer que le détachement rouge approchait de Khatyl mais passerait la nuit dans la forêt, où les hommes préparaient des feux de camp ; leurs lueurs, en effet, étaient visibles par la fenêtre. Il semblait étrange cependant que l'ennemi se contentât d'attendre jusqu'au matin dans la forêt, alors qu'il était si près du but. C'est alors qu'un cosaque armé fit son entrée et nous annonça que deux hommes en armes, appartenant au détachement, approchaient. Tous, dans la salle, nous dressâmes l'oreille. Dehors, on entendit d'abord des sabots de chevaux, puis des voix d'hommes ; un coup enfin fut frappé à la porte.

– Entrez, dit Gay.

Nous vîmes apparaître deux hommes. Le froid avait blanchi leurs barbes et leurs moustaches, avivé le rouge de leurs joues. Ils étaient vêtus de manteaux sibériens et de toques d'astrakan, mais n'avaient pas d'armes. On les interrogea. Nous apprîmes qu'ils appartenaient à un détachement de paysans blancs des districts d'Irkoutsk. En guerre contre les bolcheviks, ils avaient été battus quelque part aux environs d'Irkoutsk et tentaient maintenant de rejoindre Kazagrandi. Leur chef était un socialiste, le capitaine Vassilieff, persécuté pour ses opinions sous le régime tsariste.

Soulagés de nos inquiétudes, nous résolûmes cependant de partir immédiatement pour Mouren Koure, comme cela été convenu; nous possédions désormais tous les renseignements qu'on nous avait demandés et avions hâte de faire notre rapport. Peu après notre départ, nous rejoignîmes sur la route trois cosaques qui partaient vers le sud battre le rappel des colons en fuite. Nous voyageâmes de compagnie. Il fallut de nouveau traverser la rivière. Ayant mis pied à terre, nous menions nos chevaux par la bride sur la glace. Le Yaga était furieux. Des forces souterraines agitaient le courant, produisant d'énormes vagues qui venaient soulever en surface l'épaisse couche de glace dans un terrible grondement, et projetaient en l'air de gros blocs gelés, lesquels se brisaient en retombant avant d'être engloutis par le remous et de disparaître sous la nappe gelée, encore intacte en aval. Un des cosaques ne put éviter l'une de ces traîtresses fissures qui s'ouvrit sous ses pas, et c'est tout juste si nous eûmes le temps de nous précipiter pour le sauver; mais trempé, glacé, il dut faire demi-tour et retourner à Khatyl. Les bêtes, quant à elles, ne cessaient de déraper et de chuter. Comme nous, elles sentaient planer sur elles le spectre de la mort.

C'est avec un immense soulagement que nous atteignîmes enfin l'autre rive. Suivant la vallée toujours vers le sud, nous nous réjouissions de laisser derrière nous une région volcanique au sens propre comme au figuré : aussi bien géologiquement que politiquement. Au bout d'une quinzaine de verstes, nous rencontrâmes un premier groupe de réfugiés. Ils avaient dressé une grande tente où ils avaient fait du feu. Ils s'étaient installés à proximité d'un grand bazar chinois, mais les marchands n'avaient pas voulu les laisser s'abriter dans leurs vastes bâtiments, malgré la présence, parmi les colons, de femmes, d'enfants et de malades. Nous ne nous attardâmes pas plus d'une demi-heure avant de reprendre notre route – relativement facile désormais, à l'exception de quelques passages enneigés.

Il nous fallait pour atteindre Mouren Koure quitter la vallée de l'Egiyn Gol et franchir une haute crête. Près du sommet, nous devions être les acteurs involontaires d'une aventure bien singulière : comme nous débouchions dans un vallon bordé par une épaisse forêt, nous remarquâmes en lisière des bois deux cavaliers qui manifestement nous observaient. Leur façon de se tenir en selle et l'allure de leurs chevaux nous persuadèrent qu'ils n'étaient pas Mongols. Aux appels que nous leur adressâmes et aux signes de la main que nous leur fîmes, ils ne répondirent pas. C'est alors que surgit de la forêt un troisième cavalier qui s'arrêta lui aussi pour nous regarder. De notre côté, nous nous mîmes à galoper vers eux. Nous devions être à une petite verste de distance quand, subitement, ils mirent pied à terre et ouvrirent le feu sur nous. Dieu merci, nous chevauchions à quelque distance l'un de l'autre, ce qui ne leur facilitait pas la tâche pour viser; mais nous nous empressâmes de descendre de nos montures et de nous aplatir au sol, prêts au combat. Nous avions malgré tout quelques réticences à faire feu, nous disant qu'il s'agissait peut-être d'une erreur de leur part, qu'ils nous avaient pris pour des rouges. D'ailleurs, les trois individus ne tardèrent pas à s'éloigner. Ils avaient tiré avec des fusils européens, ce n'étaient donc pas des gens du pays. Nous attendîmes qu'ils eussent disparu dans les bois avant d'aller examiner leurs traces : leurs chevaux étaient ferrés, preuve supplémentaire que ces hommes n'étaient pas des Mongols. Qui pouvaient-ils bien être? Nous ne le sûmes jamais. Et pourtant, il aurait suffi qu'une de leurs balles frappât juste pour qu'ils prissent dans notre destinée une importance considérable.

Une fois franchie la ligne de partage des eaux, nous rencontrâmes D. A. Teternikoff, un colon russe de Mouren Koure, qui nous invita à faire halte chez lui et promit de nous procurer des chameaux qu'il demanderait aux lamas. Il nous restait deux jours de marche avant la ville, par un froid extrême, rendu plus mordant encore par le vent glacial; dans la journée, nous étions gelés jusqu'aux os, mais le soir nous nous réchauffions avec volupté auprès du poêle de notre tente. Enfin nous fûmes en vue de Mouren Koure. Nous aperçûmes d'abord l'enceinte carrée avec ses toits chinois et ses grands temples rouges; tout à côté se dressait un second bâtiment, la colonie russo-chinoise. En deux heures, nous parvenions au logis de notre hôte de rencontre ; lui et son aimable jeune épouse nous offrirent un merveilleux dîner composé des plats les plus savoureux.

Nous passâmes cinq jours à Mouren Koure, attendant d'obtenir des chameaux. De nombreux réfugiés affluaient de Khatyl, contraints au repli par la retraite progressive du colonel Kazagrandi ; parmi eux se trouvaient entre autres deux colonels, Plavako et Maklakoff, principaux responsables des dissensions qui avaient miné de l'intérieur les forces de Kazagrandi. A peine arrivés à Mouren Koure, tous les réfugiés furent pour leur infortune avisés par les fonctionnaires mongols que, sur ordre des autorités chinoises, les colons russes étaient passibles d'expulsion. Ceux-ci voulurent plaider leur cause avec désespoir :

– Où pouvons-nous aller maintenant, en plein hiver, avec nos femmes et nos enfants, puisqu'on nous a arrachés à nos foyers ?

– Ça ne nous regarde pas, répondirent les fonctionnaires mongols. Les autorités chinoises sont furieuses et nous ont ordonné de vous chasser. Nous ne pouvons rien faire pour vous.

Ainsi, les malheureux durent quitter Mouren Koure. Ils dressèrent leurs tentes non loin de l'enceinte, sur la plaine battue par les vents. Plavako et Maklakoff, quant à eux, achetèrent des chevaux et partirent pour Van Koure. Longtemps après, je devais apprendre qu'au cours de leur voyage ils avaient été assassinés par les Chinois.

Pour ce qui nous concerne, ayant enfin réussi à nous procurer trois chameaux, nous nous joignîmes à une caravane de marchands chinois et à un groupe de Russes qui partaient pour Ouliassoutaï. Nous emportions avec nous le souvenir reconnaissant de nos aimables hôtes, les Teternikoff. Nos chameaux nous avaient coûté bon prix ; nous les avions payés avec la monnaie d'argent qui nous avait été fournie par l'un des établissements américains d'Ouliassoutaï : trente-trois *lans*, soit en poids l'équivalent de deux livres et demie d'argent.

XXIV

CHATIMENT SANGLANT

Nous retrouvâmes bientôt la route que nous avions suivie lors de notre retraite vers le nord, et revîmes les rangées familières de poteaux télégraphiques abattus qui alors nous avaient sauvés du froid. Nous parvînmes sur les collines boisées qui bordent la vallée du Tisingol sur son versant septentrional, au moment où la nuit tombait. Tandis que mon camarade et moi décidions de demander l'hospitalité à Bobroff, nos compagnons de route choisirent de faire halte chez Kanine. Devant la station du télégraphe, nous trouvâmes en faction un soldat armé. Il nous interrogea, nous demanda qui nous étions, d'où nous venions, et, sans doute satisfait par nos explications, avertit d'un coup de sifflet un jeune officier qui sortit de la maison.

– Lieutenant Ivanoff, dit-il en se présentant. Je suis ici avec mon détachement de partisans blancs.

Il était arrivé des environs d'Irkoutsk avec dix hommes et s'était mis en liaison avec le lieutenant-colonel Michaïloff, d'Ouliassoutaï, qui lui avait donné l'ordre de prendre possession du poste.

– Veuillez entrer, je vous prie, dit-il aimablement.

Je lui expliquai alors que je voulais descendre chez Bobroff, sur quoi il fit de la main un geste désespéré :

– Pas la peine. Les Bobroff ont été assassinés, leur maison a été incendiée.

Je ne pus retenir un cri d'horreur, tandis que le lieutenant continuait :

– Kanine et les Pouzikoff les ont tués, ont pillé leur demeure, puis ils ont mis le feu à la maison et aux cadavres. Vous voulez voir ?

Avec mon camarade, j'accompagnai le lieutenant jusqu'au lieu du carnage : au milieu d'un amas de poutres et de planches calcinées se dressait ce qui restait des montants de la bâtisse, dans un désordre de vaisselle et de casseroles. Un peu à l'écart, enveloppés dans un drap, reposaient les dépouilles des quatre infortunés. Le lieutenant se chargea de me donner quelques explications :

– J'ai signalé le cas à Ouliassoutaï; j'ai reçu avis que des parents allaient venir avec deux officiers pour mener une enquête. C'est pour cela que je ne peux enterrer les corps.

– Comment est-ce arrivé ? demandai-je, la gorge nouée par l'horreur du spectacle.

– Voici, commença-t-il. Il faisait nuit. Je me dirigeais avec mes dix soldats vers le Tisingol. Craignant la présence de rouges, nous nous approchâmes avec précaution de la station et jetâmes un coup d'œil par une fente de la palissade. A l'intérieur, Pouzikoff, Kanine et la fille aux cheveux courts étaient en train de se partager vêtements et objets divers, et de peser des lingots d'argent. Sans véritablement comprendre toute la portée de la scène à laquelle j'assistais mais conscient qu'il fallait agir avec prudence, j'ordonnai à l'un de mes soldats de franchir la palissade et d'ouvrir la porte. Nous nous précipitâmes à sa suite dans la cour. La première à sortir en courant de la maison fut la femme de Kanine. Les mains en l'air, elle s'écria, terrifiée : « Je savais bien qu'il nous arriverait malheur après cela ! », puis elle perdit connaissance. Un des hommes, qui s'était échappé par une porte latérale jusqu'au hangar de la cour, voulut escalader la palissade ; je ne l'avais pas remarqué, mais un de mes soldats réussit à s'emparer de lui. Kanine nous reçut à la porte : il était blême et tremblant. Je devinai qu'il s'était passé quelque chose et je l'arrêtai immédiatement. Je fis ligoter les hommes et les mis sous bonne garde. A mes questions, tous n'opposaient que le silence ; seule Mme Kanine était tombée à genoux et suppliait : « Pitié, pitié pour les enfants ! Ils sont innocents ! »

» La fille aux cheveux courts nous toisait d'un air effronté et moqueur, me soufflant au visage la fumée de sa cigarette. Je fus obligé de les menacer :

» – Je sais que vous avez commis un crime, leur dis-je, mais vous ne voulez pas avouer. Si vous refusez de parler, je fais fusiller les hommes et j'emmène les femmes à Ouliassoutaï pour qu'elles y soient jugées.

» La colère me donnait un ton dur et inflexible. A ma grande surprise, ce fut la fille aux cheveux courts qui céda la première :

» – Je vais tout vous raconter.

» J'ordonnai qu'on m'apportât du papier, de l'encre et une plume ; mes soldats serviraient de témoins. C'est ainsi que je dressai le procès-verbal des aveux de la maîtresse de Pouzikoff. Voici ce qu'elle me confessa :

» – Mon mari et moi, nous sommes commissaires bolcheviks. Nous avons été envoyés ici pour découvrir le nombre d'officiers blancs qui se cachent en Mongolie. Mais Bobroff nous a reconnus. C'est Kanine qui nous a empêchés de fuir comme nous en avions l'intention, en nous disant que le vieux était riche et que cela faisait longtemps qu'il voulait le tuer pour s'emparer de ses biens. Nous avons accepté son plan : pour attirer le jeune Bobroff chez nous, nous l'avons invité à jouer aux cartes. Quand il est reparti chez lui, mon mari qui le suivait l'a assassiné. A notre tour nous nous sommes rendus chez Bobroff, je suis passée par-dessus la palissade et j'ai jeté aux chiens de la viande empoisonnée ; en quelques minutes à peine ils étaient morts et la voie était libre. Ce fut la femme de Bobroff qui sortit la première. Pouzikoff, caché derrière la porte, la tua à coups de hache. Le vieux, lui, dormait, mais il subit le même sort. La petite enfin, qui avait entendu du bruit, accourut dans la chambre et Kanine la tua d'une balle en plein front. C'est après que nous avons pillé la maison et que nous y avons mis le feu, n'épargnant ni les chevaux ni le bétail. Tout aurait dû entièrement brûler, sans laisser de traces ; mais vous êtes arrivés et ces imbéciles nous ont trahis.

Nous avions repris le chemin de la station. Le lieutenant continua son récit :

– C'était abominable. A entendre cette jeune femme me raconter ses crimes avec tant de sang-froid, je dois avouer que j'avais les cheveux qui se dressaient sur la tête. C'est presque une enfant… Je crois que j'ai compris alors ce que le bolchevisme portait en lui de dépravation, comment il étouffait dans l'âme la foi, la crainte de Dieu et la conscience. Dans toute sa force m'est apparue la nécessité, que tous les gens honnêtes doivent ressentir, de lutter impitoyablement contre ce dangereux ennemi de l'humanité. Il nous faut combattre jusqu'à notre dernier souffle de vie !

Au moment où il achevait, je remarquai sur le bord de la route une masse noire qui retint mon attention.

– Qu'est-ce ?

– C'est Pouzikoff, l'assassin. Je l'ai tué d'un coup de revolver, me répondit le lieutenant. J'aurais bien tué aussi Kanine, mais j'ai eu pitié de sa femme et des enfants. Quant à la maîtresse de Pouzikoff, ma foi, je n'ai pas encore appris à tuer les femmes. Nous allons les envoyer en même temps que vous à Ouliassoutaï, sous la surveillance de mes soldats. De toute façon, ce n'est pour eux qu'un sursis, car les Mongols qui vont les juger les condamneront sûrement à mort.

Voici donc les événements qui s'étaient produits sur les bords du Tisingol, là où les vols de feux follets planent au-dessus des étangs marécageux, en bordure de cette faille de près de trois cents verstes de long que le dernier tremblement de terre a ouverte dans le sol. Est-ce de ce gouffre que sont sortis Pouzikoff, Kanine et les autres esprits infernaux qui sont venus souiller le monde de leurs crimes et de leurs horreurs ? Un des soldats du lieutenant Ivanoff, un jeune homme pâle qui passait son temps en prières, les avait surnommés les suppôts de Satan.

Notre retour à Ouliassoutaï en compagnie des criminels fut on ne peut plus désagréable. Mon camarade et moi avions perdu notre coutumière force d'âme ; Kanine était plongé dans ses pensées, tandis que la jeune femme aux cheveux courts conservait toute son effronterie, fumant et plaisantant avec les soldats ou quelques-uns de nos compagnons. Nous dûmes franchir de nouveau le Jagisstaï, après quoi nous aperçûmes enfin la forteresse, puis les maisons basses en terre séchée, groupées sur la plaine : c'était Ouliassoutaï.

XXV

JOURS D'ÉPREUVES

Une nouvelle fois nous allions nous trouver plongés dans la tourmente des événements. Pendant les quinze jours qu'avait duré notre absence, il s'était passé beaucoup de choses. Le commissaire chinois Wang Tsao-tsoung avait successivement envoyé onze messagers à Ourga, mais aucun d'eux n'était revenu. La situation en Mongolie était loin d'être claire. De nouveaux colons étaient venus grossir les rangs du détachement de Russes blancs qui continuaient dans la clandestinité leurs activités illégales, desquelles rien n'échappait cependant aux services d'espionnage chinois, omniprésents et omniscients. Dans la ville, aucun des citoyens russes ni étrangers ne quittait sa maison ; tous restaient armés, en permanence sur le qui-vive. La nuit, des sentinelles montaient la garde dans les cours. Toutes ces précautions étaient rendues indispensables par l'attitude des Chinois : en effet, par ordre de leur commissaire, tous les marchands avaient distribué des fusils à leur personnel et livré leur surplus d'armes aux fonctionnaires, qui en armèrent une troupe de deux cents coolies. La prise de l'arsenal mongol leur fournit encore de nouveaux fusils qui furent distribués parmi les maraîchers du *nagan houchoun* [1]. Il y avait là toute une population mobile de journaliers chinois, populace facile à enflammer et à qui la possession des armes donnait un sentiment de force. Des réunions nocturnes servaient à fomenter des projets d'agression. La racaille ne reculait devant aucune audace ; avec l'aide des

1. Enclos chinois réservé à la culture maraîchère. *(NdA)*

coolies qui à la nuit tombée transportaient au nagan houchoun les caisses de cartouches collectées dans les magasins, tout ce bas peuple arrêtait et fouillait les passants, toujours prompt à provoquer des rixes au cours desquelles les victimes se trouvaient dévalisées.

Nous avions appris confidentiellement par un de nos informateurs chinois qu'un pogrom se préparait contre les Russes et les Mongols d'Ouliassoutaï. Nous savions bien qu'il suffisait de mettre le feu à une seule maison, située en un point stratégique, pour que les constructions alentour, toutes en bois, s'enflammassent aussitôt. La population fut avertie et se prépara à se défendre ; on augmenta le nombre des sentinelles dans les enclos, on désigna des chefs pour les différents quartiers de la ville, on organisa un corps de sapeurs-pompiers, on tint prêts des chevaux, des charrettes et des provisions en vue d'une fuite précipitée. La tension devint extrême quand, de Kobdo, parvint la nouvelle que les Chinois s'étaient livrés à un gigantesque pogrom, tuant plusieurs des habitants et incendiant la ville après une orgie pendant laquelle tout fut pillé et dévasté. Ceux des habitants qui avaient réussi à fuir s'étaient réfugiés pendant la nuit dans les forêts des montagnes environnantes, mais ils n'avaient ni vêtements chauds, ni nourriture ; dans les jours qui suivirent, les bois résonnèrent effroyablement de cris de détresse et de mort : le rigoureux hiver de Mongolie n'épargna ni les femmes ni les enfants qui tombèrent en masse, victimes du froid glacial et de la famine. Quand la nouvelle parvint aux oreilles de la racaille du nagan houchoun, les rires sarcastiques fusèrent. On tint même un conseil de guerre pour savoir si, à Ouliassoutaï aussi, on ne pourrait pas s'emparer de la ville et de ses habitants.

C'est un jeune Chinois, fils d'un cuisinier employé chez l'un des colons, qui nous révéla le complot. Nous décidâmes sur-le-champ de mener une enquête. En compagnie d'un officier russe, mon camarade et moi partîmes en reconnaissance, guidés par notre jeune Chinois. Feignant de nous promener, nous fûmes arrêtés par la sentinelle chinoise qui gardait la sortie de la ville, sur la route menant au nagan houchoun. Elle nous avertit, d'un ton hostile, que personne n'avait le droit de sortir de l'enceinte. Tandis que nous parlementions, je remarquai des sentinelles chinoises postées en grand nombre le long de la route ; il y avait également grande affluence d'individus, qui se dirigeaient tous vers le nagan houchoun. Pour ce qui nous concerne, la voie était fermée ; nous décidâmes donc d'emprunter un autre passage. Nous parvînmes à sortir par l'est, en longeant le camp où s'étaient réfugiés les Mongols réduits à la mendicité par l'impôt de l'occupant. Eux aussi, à n'en pas douter, attendaient avec anxiété de savoir comment les choses allaient tourner, et malgré l'heure tardive, personne ne dormait. Glissant subrepticement sur la glace, nous longeâmes la rivière en direction du nagan houchoun. Nous avancions avec précaution, nous dissimulant derrière tous les accidents de terrain. Nous étions armés de revolvers et de grenades ; en cas de besoin, un petit détachement se tenait prêt à l'intérieur de l'enceinte pour accourir à notre secours. Le jeune Chinois marchait en tête, suivi comme son ombre par mon camarade, qui n'avait de cesse de lui rappeler qu'au moindre mouvement de trahison il l'étranglerait comme un poulet. Je crois bien que notre jeune guide qui sentait dans son cou l'haleine de mon colosse d'ami fut loin de considérer notre expédition comme une partie de plaisir ! Enfin les palissades du *nagan houchoun* furent en vue ; entre elles et nous s'étalait la plaine dans toute sa nudité, sur laquelle le moindre de nos mouvements risquait d'être remarqué. Nous décidâmes de franchir ce terrain exposé en rampant, chacun à son tour, mon camarade cependant ne se séparant pas du Chinois. Par chance, des tas d'engrais gelés nous permirent de nous cacher le mieux possible. Dans l'obscurité, les voix de la foule excitée étaient notre seul point de repère.

C'est alors que je remarquai que nous n'étions pas seuls. Un autre spectateur invisible assistait, en même temps que nous, à la réunion des Chinois. Couché sur le sol, il avait passé la tête dans un trou ménagé à la base de la palissade qui ceignait le nagan houchoun. Il était absolument immobile et ne nous avait évidemment pas entendus. Tout près de lui, dans un fossé, était couché un cheval blanc, les naseaux enveloppés ; un peu plus loin se trouvait un autre cheval sellé, attaché à un poteau.

Dans la cour régnait un vacarme infernal. Deux mille hommes hurlaient, discutaient, brandissaient leurs armes avec des gestes frénétiques. Presque tous étaient armés de fusils, de revolvers, de sabres et de haches. Parmi la foule circulaient les journaliers, apostrophant la populace et distribuant des imprimés. Enfin, un grand Chinois, aux larges épaules, se hissa sur la margelle d'un puits, brandit son fusil au-dessus de sa tête et d'une voix forte entama sa harangue.

– Il veut convaincre la foule, nous traduisit notre interprète, qu'elle doit agir comme à Kobdo, qu'elle doit obtenir du commissaire l'assurance qu'il ne donnera pas ordre à sa garde d'empêcher l'expédition punitive. Il dit aussi que le commissaire doit se faire livrer toutes les armes que possèdent les Russes. « Nous allons nous venger des Russes, du crime qu'ils ont commis à Blagoveschensk en 1900, quand ils ont noyé trois mille Chinois. Ne bougez pas d'ici ; je vais voir le commissaire pour lui parler. »

Nous vîmes alors l'homme sauter de la margelle et se diriger rapidement vers la porte qui menait en direction de la ville. Aussitôt je vis l'inconnu couché dans la neige se redresser, prendre son cheval blanc dans le fossé et se précipiter vers l'autre cheval qu'il détacha ; puis, se dirigeant de notre côté, il abandonna bien en évidence la bête sellée, se tapit dans un coin et attendit. L'orateur sortit du nagan houchoun, le fusil en bandoulière ; ayant aperçu le cheval, il se dirigeait vers lui quand, en un éclair, l'étranger embusqué près de la palissade fondit sur lui au grand galop, le saisit par le col, l'arracha au sol et le jeta en travers du pommeau de sa selle. En un instant, il avait bâillonné sa victime et s'enfuyait à brides abattues vers l'ouest de la ville.

– Qui pensez-vous que ce soit ? demandai-je à mon ami.

Celui-ci me répondit sans hésiter :

– Ce doit être Touchegoun Lama.

Tout en effet dans le comportement de ce mystérieux personnage me rappelait le Lama vengeur, et sa façon de s'adresser à un ennemi ressemblait à s'y méprendre à celle de Touchegoun. Plus tard dans la nuit, nous apprenions que peu de temps après le départ de l'orateur, sa tête coupée avait été jetée par-dessus la palissade, atterrissant au milieu de la foule qui l'attendait ; huit journaliers avaient par ailleurs disparu entre le houchoun et la ville sans laisser de traces. L'événement terrorisa la populace chinoise et calma les esprits échauffés.

Le lendemain nous reçûmes en guise de renfort des nouvelles inespérées. C'était un jeune Mongol qui arrivait d'Ourga après une course folle, le manteau déchiré, les cheveux défaits tombant sur ses épaules, un revolver à la ceinture. S'étant précipité vers le marché où se réunissaient d'ordinaire les Mongols, il leur cria, sans même prendre la peine de descendre de cheval :

– Ourga a été pris par nos soldats mongols et le *chiang chun* (général) Ungern von Sternberg ! Bogdo Houtouktou est notre khan ! Mongols, tuez les Chinois et pillez leurs boutiques ! Notre patience est à bout !

Une immense rumeur s'éleva. Le cavalier fut bientôt entouré par la foule qui le pressait de questions. Choultoun Beyli, le vieux saït mongol qui avait été révoqué par les Chinois, fut aussitôt informé de la nouvelle et demanda qu'on lui amenât le messager. Après l'avoir interrogé, il le fit arrêter pour incitation à l'émeute, mais refusa de le livrer aux autorités chinoises. J'assistai à l'épisode et à l'entretien que le saït eut immédiatement après avec le commissaire Wang Tsao-tsoung : celui-ci proféra des menaces en accusant Choultoun Beyli de lui désobéir, mais le vieillard se contenta d'égrener son rosaire en déclarant :

– Je crois que ce Mongol a dit vrai et que bientôt les rôles vont être inversés.

Je devinai que Wang Tsao-tsoung croyait lui aussi à l'exactitude de la nouvelle, car il n'insista pas. De ce moment, les Chinois disparurent des rues d'Ouliassoutaï comme s'ils n'avaient jamais existé ; ils furent immédiatement remplacés par des patrouilles d'officiers russes et de colons étrangers. Une lettre qu'ils venaient de recevoir accrut encore la panique des Chinois : elle annonçait que les Mongols et les Tartares de l'Altaï s'étaient lancés, sous la conduite de l'officier Kalgorodoff, à la poursuite des pillards chinois qui avaient fui Kobdo après le sac avec leur butin, qu'ils les avaient rattrapés aux abords de Sinkiang et qu'ils les avaient massacrés. La lettre disait encore que le général Bakich et les six mille hommes internés avec lui par les autorités chinoises sur les bords de l'Amyl avaient reçu des armes et étaient partis rejoindre l'attaman Annenkoff, interné à Kouldja, avec l'intention de se mettre en liaison avec le baron Ungern von Sternberg. Bien que cette rumeur fût tout à fait fantaisiste – rien en effet ne permettait de croire que Bakich ni Annenkoff, lequel avait été déporté par les Chinois au plus profond du Turkestan, pussent ourdir pareil projet –, elle produisit grand émoi parmi les Chinois.

C'est sur ces entrefaites qu'arrivèrent chez le colon bolchevik Bourdoukoff trois agents du soviet d'Irkoutsk : Saltikoff, Freimann et Novak. Leur mission consistait entre autres à convaincre les autorités chinoises de désarmer les officiers russes et de les livrer aux rouges. Ils persuadèrent également la chambre de commerce chinoise de demander au soviet d'Irkoutsk l'envoi d'une escouade de protection pour garantir les Chinois des agissements des blancs. Freimann était porteur par ailleurs d'imprimés de propagande communiste rédigés en langue mongole, d'instructions concernant la reconstruction de la ligne du télégraphe d'Irkoutsk, et d'une série de directives que les bolcheviks adressaient à Bourdoukoff. Le quatuor déploya une intense activité, et Wang Tsao-tsoung ne tarda pas à se rallier à leurs vues. De nouveau la menace d'un pogrom pesa sur Ouliassoutaï; à tout moment les officiers russes craignaient une arrestation.

Le représentant d'un des établissements américains m'accompagna chez le commissaire pour tenter de parlementer. Nous insistâmes sur le caractère illégal de ses actes : rien ne l'autorisait en effet à traiter avec les bolcheviks, tant que le gouvernement des soviets ne serait pas reconnu par celui de Pékin. Wang Tsao-tsoung et son conseiller Fu Hsiang furent visiblement ennuyés de découvrir que nous n'ignorions rien de leurs connivences avec les agents bolcheviks. Le commissaire nous donna l'assurance que sa garde veillerait à empêcher tout pogrom. Certes, sa police était excellente, composée de soldats aguerris et menés de main de maître par un officier sérieux et compétent, mais que pouvaient quatre-vingts soldats contre une populace de trois mille coolies et d'un millier de marchands armés, auxquels venaient s'ajouter deux cents journaliers ? Nous parvînmes à le persuader du bien-fondé de nos appréhensions, et insistâmes pour qu'il empêchât toute effusion de sang, l'avertissant que la population étrangère était résolue à se défendre jusqu'au bout. Wang ordonna aussitôt qu'on établît des gardes de police dans les rues, ce qui donna lieu à un spectacle étrange : une multitude de patrouilles sillonnaient désormais la villes, les unes étrangères, les autres rouges, les dernières, enfin, chinoises. Ce que nous ne savions pas, c'est que dans l'ombre trois cents soldats supplémentaires veillaient : les hommes de Touchegoun Lama, cachés non loin de là, dans la montagne.

Mais une nouvelle fois la situation connut un revirement soudain. Le saït mongol fut avisé par les lamas du monastère voisin que le colonel Kazagrandi, après avoir battu les irréguliers chinois, s'était emparé de Van Koure et avait formé des brigades de cavalerie russo-mongoles ; les Mongols étaient mobilisés sous les ordres du Bouddha vivant, les Russes sous ceux du baron Ungern. On apprit dans la foulée que, à la suite de l'assassinat du capitaine russe Barsky par les soldats chinois, au grand monastère de Zain, les troupes de Kazagrandi avaient attaqué l'endroit et chassé les Chinois. Enfin, la nouvelle parvint que, lors de la prise de Van Koure, les Russes avaient arrêté un communiste coréen, qui arrivait de Moscou avec de l'or et des brochures de propagande pour se rendre en Corée puis en Amérique. Le colonel Kazagrandi avait aussitôt livré le Coréen et son or au baron Ungern. A Ouliassoutaï, le chef du détachement russe fit arrêter les agents bolcheviks, et les fit passer en jugement, en même temps que les meurtriers des Bobroff. Saltikoff et Novak échappèrent à la mort au bénéfice du doute ; Saltikoff parvint de plus à s'échapper, tandis que Novak, sur le conseil du lieutenant-colonel Michaïloff, partait pour l'ouest. Ordre fut donné à tous les colons russes de se mobiliser et d'assurer ouvertement la défense d'Ouliassoutaï, avec l'agrément tacite des autorités mongoles. Le saït mongol Choultoun Beyli réunit un conseil des princes de la région, à la tête duquel il nomma le fameux patriote Hun Jap Lama. Le conseil exigea aussitôt des Chinois qu'ils évacuassent tout le territoire autrefois soumis à la juridiction du saït Choultoun Beyli. Il y eut des négociations, des menaces, des querelles. Enfin, Wang Tsao-tsoung proposa un projet d'accord qui fut accepté par plusieurs princes mongols ; mais Jap Lama, au moment décisif, jeta à terre le document chinois, dégaina son poignard et jura qu'il se donnerait plutôt la mort que de signer cet accord de trahison. En conséquence, les propositions chinoises furent rejetées ; les parties en présence battirent le rappel de leurs troupes et se tinrent prêtes pour les hostilités. On mobilisa tous les Mongols de Jassaktou Khan, de Sain Noion Khan, et des domaines de Jahantsi Lama. Les autorités chinoises mirent en position leurs quatre mitrailleuses et se préparèrent à défendre la forteresse.

Les négociations continuaient cependant entre Chinois et Mongols. Notre vieille connaissance Tzeren vint me trouver : en ma qualité d'étranger impartial, j'étais conjointement prié par Wang Tsao-tsoung et Choultoun Beyli de calmer les esprits et de préparer un accord qui fût équitable pour les deux camps ennemis. Semblables requêtes avaient été soumises au représentant de l'un des établissements américains, et le lendemain soir, nous tenions notre première réunion arbitrale en présence des délégués chinois et mongols. Elle fut orageuse et passionnée, ce qui ne présageait rien de bon pour le succès de notre mission. Pourtant, la fatigue aidant, les ultimes résistances à l'adversaire tombèrent, et à minuit nous parvenions à établir un accord sur deux points : les Mongols renonçaient à la guerre et affirmaient leur volonté de conserver l'amitié du grand peuple chinois ; de son côté, le commissaire chinois reconnaissait que la Chine avait violé les traités accordant légalement à la Mongolie l'indépendance pleine et entière.

Ces deux points allaient constituer la base de nouvelles discussions et servir de socle à la réconciliation. Les négociations continuèrent pendant trois jours. Elles aboutirent à un protocole d'accord dont les articles principaux établissaient que les autorités chinoises devraient rendre aux Mongols les pouvoirs administratifs et les armes, désarmer les troupes mercenaires et quitter le pays ; les Mongols, quant à eux, devraient laisser sortir de leur pays, avec armes et bagages, le commissaire chinois et sa garde de quatre-vingts soldats. Les signataires de ce traité sino-mongol d'Ouliassoutaï étaient d'une part les deux commissaires chinois Wang Tsao-tsoung et Fu Hsiang, d'autre part les deux saïts mongols, Hun Jap Lama et les princes membres du conseil ; enfin les présidents des chambres de commerce russe et chinoise, le représentant américain et moi-même avions paraphé le document en qualité de médiateurs.

Les fonctionnaires chinois et leur escorte se préparèrent aussitôt à quitter la ville. Les marchands, eux, restaient à Ouliassoutaï; le saït Choultoun Beyli, qui avait repris ses fonctions et son autorité, garantissait leur sécurité. Le jour du départ arriva. Les chameaux chargés remplissaient déjà la cour du yamen et les hommes n'attendaient plus que leurs chevaux, qu'on devait leur envoyer de la plaine. Soudain le bruit se répandit que les chevaux avaient été volés pendant la nuit et emmenés vers le sud. Des deux soldats envoyés sur leurs traces, un seul revint, rapportant la nouvelle que l'autre avait été tué. La stupeur provoquée par l'événement dans toute la ville causa grande alarme parmi les Chinois. L'alarme se mua en panique quand des Mongols, arrivant d'un poste de relais à l'est, apportèrent la nouvelle qu'en différents endroits, sur la route menant à Ourga, ils avaient découvert les cadavres de seize des émissaires envoyés par Wang Tsao-tsoung. Nous comprîmes bientôt ce qui avait motivé de telles exactions. Peu de temps après en effet, le chef du détachement russe reçut une lettre d'un colonel cosaque, V.-N. Domojiroff, lui donnant l'ordre de désarmer immédiatement la garnison chinoise, d'arrêter tous les fonctionnaires et de les faire transporter sous escorte à Ourga pour les livrer au baron Ungern von Sternberg, de s'emparer d'Ouliassoutaï, et de rejoindre son détachement. Dans le même temps, un messager du houtouktou de Narabanchi arrivait au galop, porteur d'une lettre annonçant qu'un détachement russe, sous le commandement de Hun Boldon et du colonel Domojiroff, avait pillé les magasins chinois, tué les marchands et s'était présenté au monastère pour réclamer vivres et chevaux. Le houtouktou demandait assistance, car Hun Boldon, le féroce conquérant de Kobdo, pouvait facilement mettre au pillage le monastère isolé et sans protection. Nous recommandâmes avec insistance au lieutenant-colonel Michaïloff de ne pas violer le traité qui venait d'être signé et de ne pas décourager les étrangers et les Russes qui avaient pris part à son élaboration; nous lui déclarâmes que s'il n'écoutait pas nos mises en garde il agirait à la manière des bolcheviks : en usant de la traîtrise comme de l'arme maîtresse de son pouvoir. L'argument toucha Michaïloff. Il répondit à Domojiroff qu'Ouliassoutaï était déjà en son pouvoir, qu'il avait évité les effusions de sang, que sur l'hôtel de l'ancien consulat flottait le drapeau tricolore de Russie, que les mercenaires avaient été désarmés, mais qu'il était impossible d'exécuter les autres ordres sans violer le traité sino-mongol qui venait d'être signé.

Chaque jour des messagers envoyés par le houtouktou de Narabanchi se présentaient aux portes de la cité. Les nouvelles devenaient de plus en plus inquiétantes. Le houtouktou signalait que Hun Boldon était en train de mobiliser les mendiants et les voleurs de chevaux, qu'il les armait et prenait en charge leur instruction militaire, que les soldats s'appropriaient les moutons du monastère, que le « noyon » Domojiroff était constamment en état d'ivresse, et que les protestations que lui-même pouvait émettre n'étaient accueillies que par des sarcasmes et des injures. Les envoyés restaient vagues sur la force du détachement; quelques-uns parlaient de trente hommes, d'autres de huit cents. Nous ne savions que penser, d'autant que bientôt la ronde des messagers cessa. Les lettres du saït restaient sans réponse et ses envoyés ne revenaient pas. Il n'y avait plus de doute : ils avaient été tués ou faits prisonniers.

Le prince Choultoun Beyli décida alors de se déplacer personnellement. Il emmena avec lui les présidents des chambres de commerce russe et chinoise ainsi que deux officiers mongols. Trois jours passèrent sans nouvelles. Devant l'inquiétude grandissante des Mongols, le commissaire chinois et Hun Jap Lama adressèrent alors une requête au groupe des étrangers, les priant d'envoyer à leur tour quelqu'un à Narabanchi afin de régler l'affaire, de persuader Domojiroff de reconnaître l'existence du traité et d'empêcher que soit outrageusement violé l'accord signé entre les deux grands peuples. Notre petit groupe me demanda une fois de plus d'accomplir cette mission pour le bien public. Je pris avec moi comme interprète un jeune colon russe, le neveu de Bobroff, merveilleux cavalier, courageux et plein de sang-froid. Le lieutenant-colonel Michaïloff me donna un de ses officiers pour m'accompagner. Munis d'un tzara qui nous assurait les chevaux de poste les plus rapides et les meilleurs guides, nous nous dépêchâmes, sur cette route qui m'était désormais familière, vers le monastère de mon vieil ami Jelyb Djamsrap, houtouktou de Narabanchi.

XXVI

HOUNGHOUTZES BLANCS

Nous arrivâmes à Narabanchi tard dans la nuit, après trois jours de voyage. Comme nous approchions, nous remarquâmes plusieurs cavaliers qui, dès qu'ils nous aperçurent, se dirigèrent au galop vers le monastère. Nous cherchâmes le camp russe sans le trouver, puis les Mongols nous conduisirent au monastère. Le houtouktou me reçut immédiatement dans sa yourta où je retrouvai Choultoun Beyli. Il me présenta des hatyks et me dit :

– C'est le Dieu lui-même qui vous a envoyé à nous en ces temps difficiles.

Il nous appris que Domojiroff avait arrêté les deux présidents de la chambre de commerce, et qu'il avait menacé de faire fusiller le prince Choultoun, sans qu'aucun document officiel ne puisse légitimer ses actes, pas plus que ceux de Hun Boldon. Choultoun Beyli se préparait pour la lutte.

Je demandai à être conduit auprès de Domojiroff. Dans l'obscurité, je fus guidé vers quatre grandes yourtas que gardaient deux sentinelles mongoles armées de fusils russes. Nous entrâmes sous la tente du « noyon » russe. La scène qui se déroulait à l'intérieur me parut on ne peut plus étrange. Au milieu de la yourta brûlait le brasier ; à l'endroit où d'habitude se dresse l'autel, se trouvait un trône sur lequel était assis le colonel Domojiroff, grand, maigre, grisonnant. Il ne portait que ses sous-vêtements et ses chaussettes ; il était ivre et racontait des histoires. Autour du feu étaient étendus douze jeunes hommes, dans des poses variées et pittoresques. L'officier qui m'accompagnait prit la parole pour rendre compte à

Domojiroff des événements qui s'étaient produits à Ouliassoutaï. Je demandai ensuite au colonel où campait son détachement. Il se mit à rire.

– Le voilà mon détachement ! fit-il avec un geste de la main vers les jeunes gens qui l'entouraient.

Je lui expliquai que la nature de ses ordres nous avait fait croire qu'il devait avoir des forces importantes, puis je lui annonçai que le lieutenant-colonel Michaïloff se préparait à combattre les bolcheviks approchant d'Ouliassoutaï.

– Comment ? s'écria-t-il, avec soudain une expression de peur et de confusion sur le visage, les rouges ?

Il avait été décidé que nous passerions la nuit dans la yourta. Au moment où j'allais me coucher, mon compagnon officier me murmura :

– Ayez soin de garder votre revolver à portée de main.

Sur quoi je me mis à rire en lui disant :

– Mais nous sommes au milieu d'un détachement blanc ; on ne peut pas être plus en sécurité !

– Hum ! se borna-t-il à répondre avec un clin d'œil.

Le lendemain, j'invitai Domojiroff à m'accompagner en promenade sur la plaine. Je lui parlai avec beaucoup de franchise de la situation. Lui et Hun Boldon avaient simplement reçu du baron Ungern von Sternberg l'ordre de se mettre à la disposition du général Bakich ; au lieu de cela, ils avaient commencé à piller les magasins chinois le long de la route, et lui, Domojiroff, s'était mis en tête de devenir un grand conquérant. Il avait croisé sur son chemin quelques-uns des officiers déserteurs du colonel Kazagrandi qui formaient sa bande actuelle. Je réussis à le persuader de faire la paix avec Choultoun Beyli et de ne pas violer le traité. Nous nous séparâmes et il se rendit directement au monastère. De mon côté, je regagnai la yourta. En arrivant à proximité, je croisai un Mongol de haute taille au visage féroce, entièrement vêtu de soie bleue. Il se présenta à moi en russe : c'était Hun Boldon. Quelques instants plus tard, à peine avais-je eu le temps d'ôter mon manteau sous la tente de Domojiroff, un Mongol fit irruption, m'invitant à me rendre chez Hun Boldon. Le prince habitait juste à côté, dans une magnifique yourta bleue. Respectueux des coutumes mongoles, je sautai cependant en selle et fis à cheval les dix pas qui me séparaient de sa porte. Hun Boldon me reçut avec une froideur hautaine.

– Qui est-ce ? demanda-t-il à l'interprète, en me désignant du doigt.

Je compris son intention de me blesser et répondis de la même manière : le montrant du doigt et me tournant vers l'interprète, je posai la même question sur un ton que je voulus plus désagréable encore.

– Qui est-ce ? un grand prince guerrier ou un pâtre, une vulgaire brute ?

Il n'en fallut pas plus pour que Boldon perdît contenance. D'une voix tremblante et avec des gestes trahissant sa nervosité, il me jeta à la face qu'il ne me permettrait pas de me mêler de ses affaires et qu'il abattrait quiconque oserait contrecarrer ses ordres. Il frappa du poing sur la table, puis se leva et tira son revolver. Mais j'avais beaucoup voyagé parmi les nomades et les avais étudiés attentivement, qu'ils fussent princes, lamas, bergers ou brigands. Je saisis ma cravache et, frappant la table de toutes mes forces, je me tournai vers l'interprète :

– Dites-lui qu'il a l'honneur de parler à un étranger qui n'est ni mongol, ni russe, mais citoyen d'un grand État libre. Dites-lui qu'il apprenne d'abord à être un homme, et qu'alors seulement il pourra me rendre visite ; nous pourrons causer.

Je tournai les talons et sortis. Dix minutes plus tard, Hun Boldon entrait dans ma yourta et me présentait ses excuses. Je le persuadai de parlementer avec Choultoun Beyli et de ne plus offenser son peuple par ses exploits. Le soir même, tout était arrangé : Hun Boldon renvoyait ses soldats et se retirait à Kobdo, tandis que Domojiroff et sa bande partaient pour la principauté de Jassaktou Khan afin d'y organiser la mobilisation des Mongols. Avec l'agrément de Choultoun Beyli, il écrivit à Wang Tsao-tsoung pour lui demander de désarmer sa garde, car toutes les troupes chinoises d'Ourga avaient reçu cet ordre ; mais quand la lettre arriva à Ouliassoutaï, le commissaire qui avait fini par acheter des chameaux pour remplacer les chevaux volés était déjà parti, en route vers la frontière. Quelques jours plus tard, le lieutenant-colonel

Michaïloff allait envoyer un détachement de cinquante hommes, sous le commandement du lieutenant Strigine, pour rattraper les soldats de Wang et recevoir leurs armes.

XXVII

LE MYSTÈRE DU PETIT TEMPLE

Le prince Choultoun Beyli et moi pouvions désormais quitter Narabanchi Koure. Tandis que le houtouktou officiait en l'honneur du saït au temple des Bénédictions, je déambulai dans les allées étroites que bordaient les maisons des lamas des différents grades, gelongs, *getuls*, *chaidje* et *rabdjambe;* je vis les écoles où enseignaient les *marambas* [1] et les Ta lamas, les demeures des *bandis* [2], les magasins, les archives et les bibliothèques. Quand je revins à la yourta du houtouktou, celui-ci était rentré. Il m'offrit un grand hatyk et me proposa de l'accompagner faire un tour. A son air grave, je compris qu'il voulait m'entretenir de quelque chose. Comme nous sortions de la yourta, le président de la chambre de commerce russe, qui venait d'être délivré, et un officier russe se joignirent à nous. Le houtouktou nous conduisit à un petit bâtiment, abrité derrière un mur d'un jaune éclatant.

– C'est dans ce bâtiment que sont descendus un jour le Dalaï-Lama et le Bogdo Khan; nous avons coutume de peindre en jaune les demeures où ces saints personnages ont habité. Entrez !

L'intérieur était splendidement orné. Au rez-de-chaussée se trouvait la salle à manger, garnie de tables en bois massif richement sculpté et d'étagères sur lesquelles reposaient des porcelaines et des bronzes. Deux pièces composaient l'étage supérieur : l'une d'elles était une chambre à coucher tendue de lourdes tentures de soie

1. Docteurs en théologie. *(NdA)*
2. Étudiants en théologie bouddhiste. *(NdA)*

jaune ; une grande lanterne chinoise, richement sertie de pierres multicolores, était suspendue par une mince chaîne de bronze à la poutre sculptée du plafond. Il y avait là un grand lit carré, recouvert d'oreillers de soie, de matelas et de couvertures. Le bois de lit était en ébène de Chine ; les colonnes qui soutenaient le ciel de lit étaient décorées de motifs finement sculptés, représentant notamment le dragon conventionnel dévorant le soleil. A côté du lit se trouvait une commode recouverte elle aussi de sculptures représentant des scènes religieuses. Quatre fauteuils confortables complétaient le mobilier, avec le trône oriental, une sorte de siège bas posé sur une estrade au fond de la pièce.

– Voyez-vous ce trône ? me dit le houtouktou. Par une nuit d'hiver, plusieurs cavaliers arrivèrent au monastère et convoquèrent dans cette pièce les gelongs, les getuls, le houtouktou et le kampo. Alors, l'un des étrangers monta sur le trône et enleva son *bachlyk*, c'est-à-dire sa coiffe. Tous les lamas tombèrent à genoux : ils venaient de reconnaître l'homme auquel se réfèrent de toute éternité les bulles sacrées du Dalaï-Lama, du Tashi Lama et du Bogdo Khan. C'était l'homme à qui appartient le monde entier, qui a pénétré tous les mystères de la nature. Il prononça une courte prière en thibétain, bénit tous les auditeurs, puis fit des prédictions pour le demi-siècle à venir. C'était il y a trente ans et, dans l'intervalle, toutes les prophéties se sont réalisées. Pendant ses prières, devant le petit autel de la pièce voisine, la porte que vous voyez s'ouvrit toute seule, les cierges et les flambeaux devant l'autel s'allumèrent spontanément, les encensoirs sacrés, éteints, se mirent à dégager des flots d'encens qui emplirent la pièce. Puis, sans avertissement, le Roi du Monde et ses compagnons disparurent. Derrière lui ne restait aucune trace ; les plis de la draperie de soie recouvrant le trône s'effacèrent, comme si personne ne s'y était assis.

Le houtouktou entra dans le sanctuaire, s'agenouilla, se couvrit les yeux de ses mains, et commença à prier. Je considérai le visage calme et indifférent du Bouddha doré, sur lequel les lampes vacillantes jetaient des ombres changeantes, puis je dirigeai mes yeux du côté du trône. Chose merveilleuse et difficile à croire, je vis réellement devant moi un homme fort, musclé, le visage bronzé, une expression sévère marquée à la bouche et aux mâchoires ; toute sa physionomie était rehaussée par l'éclat vif de son regard. A travers son corps transparent, drapé d'un manteau blanc, je distinguai les inscriptions en thibétain sur le dossier du trône. Je fermai les yeux puis les rouvris : il n'y avait plus personne mais le coussin de soie du trône semblait bouger.

– C'est de la nervosité, me dis-je ; une trop grande impressionnabilité liée à la tension inhabituelle de mon esprit.

Le houtouktou se tourna vers moi :

– Donnez-moi votre hatyk. Je sens que vous êtes inquiet sur le sort des vôtres et je veux prier pour eux. Il faut prier, vous aussi, implorer Dieu et diriger les regards de votre âme vers le Roi du Monde qui a passé ici et sanctifié ce lieu.

Le houtouktou plaça le hatyk sur l'épaule du Bouddha, et se prosternant sur le tapis devant l'autel, murmura une prière. Puis il releva la tête et me fit un signe de la main.

– Regardez l'espace derrière la statue du Bouddha, il vous montrera ceux que vous aimez.

Obéissant à cet ordre formulé d'une voix profonde, je fixai les yeux sur la niche obscure. Bientôt, dans les ténèbres, commencèrent à apparaître des nuages de fumée et des filaments translucides. Ces derniers flottaient en l'air, de plus en plus denses, de plus en plus nombreux, jusqu'au moment où progressivement ils formèrent des corps humains et des contours d'objets. Je vis une pièce qui m'était inconnue mais dans laquelle se tenait ma famille, entourée d'amis et d'autres personnes. Je reconnus nettement la robe que portait ma femme ; tous les traits de son cher visage étaient très distinctement visibles. Puis la vision s'obscurcit, se dissipa dans des flots de fumée, et finalement disparut. Derrière le Bouddha doré ne restaient plus que les ténèbres. Le houtouktou se leva, enleva mon hatyk de l'épaule de Bouddha et me le tendit en disant ces mots :

– La fortune est toujours avec vous et votre famille. La bonté de Dieu ne vous abandonnera pas.

Nous quittâmes la demeure du Roi du Monde, la demeure où celui qui restait inconnu avait prié pour l'humanité tout entière et prédit la destinée des peuples et des États. Grande fut ma surprise quand je sus que mes compagnons, eux aussi, avaient été témoins de ma vision ; ils me décrivirent, avec une incroyable minutie de détails, l'aspect et les vêtements des personnes que j'avais vues dans la niche obscure, derrière la tête de Bouddha[1].

L'officier mongol me dit aussi que Choultoun Beyli avait demandé, la veille, au houtouktou de lui révéler son destin, dans cette période cruciale de sa vie et au moment où son pays traversait une grave crise ; mais le houtouktou s'était contenté de faire un signe de la main et, sans dissimuler une certaine inquiétude, avait refusé. Quand je demandai au houtouktou la raison de son refus, arguant qu'il aurait pu apaiser les craintes de Choultoun Beyli et lui apporter le réconfort comme il l'avait fait pour moi-même en faisant apparaître ma famille, le houtouktou fronça les sourcils et me répondit :

– Non ! La vision ne ferait pas plaisir au prince. Son destin est noir. Hier, par trois fois, j'ai cherché sa fortune sur des omoplates brûlées et dans des entrailles de moutons ; chaque fois est revenu le même sinistre résultat, le même sinistre résultat !

Il n'en dit pas plus et cacha son visage épouvanté dans ses mains. Il était évident que la destinée de Choultoun Beyli était plus noire que la nuit.

Une heure après cet épisode, nous étions déjà loin, de l'autre côté des collines derrière lesquelles avait disparu Narabanchi Koure.

1. Afin de conserver le témoignage des autres personnes qui virent comme moi cette apparition extrêmement impressionnante, je les ai priées de rédiger des comptes rendus de ce qu'elles ont vu. J'ai maintenant ces pièces en ma possession. *(NdA)*

XXVIII

LE SOUFFLE DE LA MORT

Nous arrivâmes à Ouliassoutaï le même jour que le détachement qui était parti désarmer l'escorte de Wang Tsao-tsoung. Les soldats avaient rencontré le colonel Domojiroff qui avait ordonné non seulement de désarmer les Chinois, mais aussi de piller leur caravane. Et malheureusement, le lieutenant Strigine avait cru bon d'obéir à ces ordres parfaitement illégaux. C'était une honte et un scandale de voir se pavaner officiers et soldats russes portant manteaux, bottes et montres-bracelets volés aux fonctionnaires chinois et à leur escorte. Chacun avait eu sa part du butin en or et en argent chinois. La femme mongole de Wang Tsao-tsoung et son frère, qui étaient revenus avec le détachement, se plaignirent d'avoir été volés par les Russes ; le reste de la caravane, sans provisions, n'atteignit la frontière chinoise qu'après avoir souffert terriblement de la faim et du froid. Notre colonie étrangère fut choquée de voir que le lieutenant-colonel Michaïloff avait reçu Strigine avec les honneurs militaires. Nous comprîmes pourquoi plus tard, quand nous apprîmes que Michaïloff avait lui aussi reçu sa part de l'argent chinois et que sa femme s'était approprié la magnifique selle de Fu Hsiang. Choultoun Beyli demanda que les armes et le butin lui fussent remis, afin qu'il les restitue aux autorités chinoises. Michaïloff refusa. A partir de ce moment, la colonie étrangère cessa toutes relations avec le détachement russe. Les rapports entre Russes et Mongols devinrent tendus. Plusieurs des officiers russes protestèrent contre l'attitude et la conduite de Michaïloff et de Strigine ; les doléances se firent de plus en plus sérieuses.

C'est sur ces entrefaites que, par un matin d'avril, un groupe de cavaliers armés fit une entrée fracassante à Ouliassoutaï. Ils descendirent chez le bolchevik Bourdoukoff, qui leur donna, à ce qu'on nous assura, une grande quantité d'argent. Ces cavaliers se présentèrent comme d'anciens officiers de la garde impériale, les colonels Poletika et Philipoff, et trois frères de ce dernier. Ils prétendaient être les représentants de l'organisation centrale des blancs de Russie. Ils annoncèrent qu'ils voulaient rassembler tous les officiers et les soldats blancs se trouvant en Mongolie et en Chine pour les conduire dans le territoire des Urianhays afin d'y combattre les bolcheviks ; mais avant toute chose, ajoutèrent-ils, ils voulaient anéantir le baron Ungern von Sternberg et rendre la Mongolie à la Chine.

La société des officiers russes d'Ouliassoutaï les convia à une réunion, examina leurs papiers et les interrogea. L'enquête prouva que toutes les allégations de ces officiers concernant leurs anciennes fonctions étaient absolument fausses, que Poletika occupait un poste important au commissariat soviétique à la guerre, qu'un des frères Philipoff avait été l'adjoint de Kamenev au moment où celui-ci avait tenté de se rendre en Angleterre, que l'organisation centrale blanche en Russie n'existait pas, que la lutte projetée chez les Urianhays n'était qu'un piège où faire tomber les officiers blancs, que le groupe enfin était en rapport étroit avec le bolchevik Bourdoukoff.

Une discussion s'éleva bientôt parmi les officiers sur ce qu'il convenait de faire de ce groupe. Le lieutenant-colonel Michaïloff suivi de plusieurs officiers se rallia au groupe Poletika. On en était là quand le colonel Domojiroff arriva avec son détachement. Domojiroff se mit aussitôt en relations avec les deux factions et, après avoir étudié la situation, nomma Poletika commandant d'armes à Ouliassoutaï. Ceci étant fait, il envoya au baron Ungern un rapport complet sur les événements. Dans ce document, il me consacrait une large place, m'accusant notamment de vouloir entraver ses ordres. J'étais en permanence surveillé par ses officiers et plusieurs personnes me conseillèrent de rester sur mes gardes car Domojiroff ne pouvait admettre qu'un étranger osât se mêler des affaires de Mongolie. L'un de ses officiers me provoqua directement au cours d'une réunion, cherchant manifestement à provoquer une querelle. Je me bornai à répliquer avec le plus grand calme :

– Et de quel droit les réfugiés russes interviennent-ils, eux qui n'ont plus de droits ni chez eux ni à l'étranger ?

L'officier ne dit rien, mais dans ses yeux flamboya une réponse facile à comprendre. Mon camarade, assis à côté de moi, se dirigea vers lui et, le dominant de sa haute taille, étira ses bras comme s'il venait de se réveiller :

– Je boxerais bien un peu.

Je dois dire ici qu'il y eut un épisode où les hommes de Domojiroff auraient réussi à s'emparer de moi si je n'avais été sauvé par la vigilance de notre colonie étrangère. Je m'étais rendu à la forteresse pour négocier avec le saït mongol le départ des étrangers d'Ouliassoutaï. Choultoun Beyli me garda longtemps, si bien qu'il était déjà neuf heures du soir quand je pris le chemin du retour. Mon cheval allait au pas. A près d'une verste de la ville, trois hommes surgirent brusquement du fossé et se précipitèrent sur moi. Je donnai un coup de cravache à mon cheval, mais je remarquai de nouvelles silhouettes qui bondissaient devant moi, comme pour me couper la route. A ma grande stupeur cependant, c'est vers le premier groupe qu'ils se dirigèrent pour le neutraliser. Une voix m'appela bientôt. Je reconnus trois des officiers de Domojiroff, entourés de soldats polonais et d'autres étrangers. Avec eux se trouvait mon vieil ami l'agronome ; il était en train de lier les poignets des officiers derrière leur dos, si étroitement que leurs os en craquaient. Avec son éternelle pipe au bout des lèvres, il me dit le plus sérieusement du monde après avoir terminé sa besogne :

– Je crois qu'il vaudrait mieux les jeter à l'eau.

Riant de son air grave et de la peur des officiers de Domojiroff, je leur demandai pourquoi ils avaient voulu m'attaquer. Ils baissèrent les yeux, gardant le silence. Mais leur silence était si éloquent que nous comprîmes parfaitement quelles étaient leurs intentions ; en outre, ils avaient des revolvers cachés dans leurs poches.

– Bien ! leur dis-je. Tout est clair. Je vais vous rendre votre liberté, mais vous ne manquerez pas de rapporter à celui qui vous a envoyés que la prochaine fois il ne vous reverra pas. Quant à vos armes, je les remettrai au commandant.

Mon ami mit le même soin effrayant à défaire les liens qu'il avait mis à les faire, ne cessant de répéter : « Et je vous aurais donné à manger aux poissons... » Puis, les laissant partir de leur côté, nous regagnâmes la ville.

Domojiroff continua à envoyer des messagers au baron Ungern à Ourga, réclamant les pleins pouvoirs et de l'argent, faisant parvenir des rapports sur Michaïloff, Choultoun Beyli, Poletika, Philipoff et moi-même. Plein d'une ruse tout asiatique, il conservait de bonnes relations avec ceux dont il complotait la mort en les accusant auprès de ce sévère guerrier qu'était Ungern von Sternberg. Il était le seul informateur de ce dernier sur ce qui se passait à Ouliassoutaï. Notre colonie était très inquiète. Les officiers se divisaient en factions rivales ; les soldats se réunissaient par petits groupes pour discuter les événements du jour, critiquer leurs chefs, et sous l'influence de quelques-uns des hommes de Domojiroff, ils commencèrent à faire des remarques qui n'auguraient rien de bon :

– Nous avons maintenant sept colonels, qui tous veulent commander et se disputent entre eux. On devrait les attacher tous les sept à des piquets et leur donner une bonne raclée. Celui qui résisterait le plus longtemps serait notre chef.

Lugubre plaisanterie qui en disait long sur la démoralisation du détachement russe.

– Il paraît, disait souvent mon camarade, que nous aurons bientôt le plaisir de voir un conseil de soldats à Ouliassoutaï. Par Dieu et le diable ! Il y a quelque chose qui est vraiment malheureux ici : c'est qu'il n'y ait pas d'épaisses forêts où les bons chrétiens puissent disparaître, loin de ces maudits soviets. Cette misérable Mongolie est effroyablement dénudée et ne nous offre aucun endroit pour nous cacher.

Rien n'empêchait de croire en effet à la constitution prochaine d'un soviet dans la ville. Un jour, les soldats allèrent jusqu'à s'emparer de l'arsenal contenant les armes des Chinois et les emportèrent dans leur caserne. L'ivrognerie, le jeu et les rixes redoublèrent de violence. Les étrangers, surveillant les événements et craignant de plus en plus une catastrophe, décidèrent finalement de quitter Ouliassoutaï, qui était devenu un foyer de passions politiques, de querelles et de règlements de comptes. Nous apprîmes que la faction Poletika se préparait elle aussi à partir quelques jours plus tard. Nous nous séparâmes en deux groupes, l'un suivant la vieille route des caravanes à travers le Gobi, très au sud d'Ourga, vers Koukou-Hoto – que les Chinois appellent Kweihuacheng – et Kalgan ; l'autre, composé de deux soldats polonais, de mon ami et de moi-même, qui devait se diriger vers Ourga en passant par Zain Chabi, où le colonel Kazagrandi m'avait demandé, dans une de ses lettres récentes, de venir le voir. C'est ainsi que nous quittâmes la ville d'Ouliassoutaï, où nous avions été les spectateurs d'événements si impressionnants.

Six jours après notre départ arriva dans la ville le détachement mongo-bouriate ; à sa tête se trouvaient le bouriate Vandaloff et un capitaine russe, Bezrodnoff, que je devais rencontrer l'un comme l'autre ultérieurement à Zain Chabi. Ils étaient envoyés d'Ourga par le baron Ungern, pour rétablir l'ordre à Ouliassoutaï et marcher sur Kobdo. En chemin, Bezrodnoff avait rencontré à Zain Chabi le groupe Poletika-Michaïloff, composé de seize personnes ; il s'était livré à une enquête et avait examiné leurs bagages dans lesquels il avait découvert des documents suspects. Dans les affaires de Michaïloff et de sa femme, il avait trouvé l'argent et les objets volés aux Chinois. Il avait alors pris la décision d'envoyer le colonel Philipoff, sous bonne escorte, au baron Ungern ; trois autres membres de la troupe étaient remis en liberté, tandis que les seize derniers étaient fusillés. Ainsi s'achevaient la vie d'un petit groupe de réfugiés et les agissements de la faction Poletika. A Ouliassoutaï, Bezrodnoff fit fusiller Choultoun Beyli pour avoir violé les clauses du traité sino-mongol, ainsi que quelques bolcheviks ; il fit arrêter Domojiroff et le fit conduire à Ourga. Il avait rétabli l'ordre. Les prédictions concernant Choultoun Beyli se trouvaient réalisées.

Bien que parfaitement averti de ce que contenaient les rapports de Domojiroff à mon sujet, je décidai néanmoins de continuer ma route vers Ourga, sans contourner cette ville comme était en train de le faire Poletika quand il tomba entre les mains de Bezrodnoff. J'étais habitué, désormais, à regarder le danger en face, et je partis à la rencontre du terrible, du « sanguinaire baron ». Nul ne peut décider ce que sera sa destinée ; je ne me jugeais pas coupable et la crainte était un sentiment qui depuis bien longtemps n'avait plus guère de place dans mes pensées. Un cavalier mongol, qui nous rejoignit sur la route, nous apprit la mort de nos connaissances à

Zain Chabi. Il passa la nuit avec moi dans la yourta du poste de relais, et me raconta cette légende de mort :

– C'était aux temps anciens où les Mongols étaient maîtres de la Chine. Le prince d'Ouliassoutaï, Beltis Van, était fou. Il faisait exécuter sans jugement quiconque lui déplaisait, et nul n'osait traverser sa ville. Les autres princes et les riches Mongols entourèrent Ouliassoutaï avec leurs troupes, coupant toute communication avec l'extérieur, ne laissant passer personne, ni pour entrer ni pour sortir de la cité. La famine devint affreuse. Les habitants mangèrent les bœufs, les moutons et les chevaux. Enfin, Beltis Van se résolut à tenter avec ses forces une sortie désespérée vers l'ouest, en direction du territoire occupé par l'une de ses tribus, les Olets. Lui et ses hommes périrent, jusqu'au dernier, dans la bataille. Les princes, suivant le conseil du Buyantu Houtouktou, enterrèrent les morts sur les pentes des montagnes entourant Ouliassoutaï. Ils les ensevelirent avec des incantations et des exorcismes, afin de chasser le spectre de la mort violente et de préserver le pays. Les tombes furent recouvertes de lourdes pierres, et le houtouktou prédit que le mauvais démon ne quitterait cette terre où il était enfermé que le jour où du sang humain serait répandu sur la pierre des tombeaux. Cette légende existe chez nous depuis longtemps. Elle s'est à présent réalisée. Les Russes ont tué à cet endroit trois bolcheviks, et les Chinois deux Mongols. Le mauvais esprit de Beltis Van s'est échappé de sa prison de pierres et il brandit de nouveau sa faux sur notre peuple. Le noble Choultoun Beyli a péri ; le noyon russe Michaïloff est tombé lui aussi ; la mort se répand sur nos plaines infinies. Qui pourra désormais l'arrêter ? Qui enchaînera ses mains féroces ? Une époque de calamités s'est abattue sur les dieux et sur les esprits de bien. Les mauvais démons ont déclaré la guerre aux esprits de bien. Que peut l'homme à présent ? Rien que périr, rien que périr…

TROISIÈME PARTIE

AU CŒUR FIÉVREUX DE L'ASIE

XXIX

LA ROUTE DES CONQUÉRANTS

Le grand conquérant Gengis Khan, fils de la triste et sévère Mongolie, monta, nous dit une vieille légende mongole, jusqu'au sommet du Karasou Togol et promena son regard d'aigle d'est en ouest. A l'ouest, il vit un océan de sang humain au-dessus duquel flottait une brume pourpre qui lui cachait l'horizon ; de ce côté, il ne put découvrir son destin. Mais les dieux lui ordonnèrent de marcher vers l'est, et d'emmener avec lui tous les guerriers des tribus mongoles. A l'est, il vit de riches cités, des temples resplendissants, des foules heureuses, des jardins et des champs fertiles, et tous ces spectacles le remplirent de joie. Il dit à ses fils : « A l'ouest, je serai le fer et le feu, le destructeur, le destin vengeur ; à l'est, je viendrai comme le grand bâtisseur miséricordieux, apportant avec moi le bonheur pour le peuple et pour le pays. »

Telle est la légende. Elle contient beaucoup de vrai. J'ai marché à bien des endroits, dans l'ouest, sur les traces de Gengis Khan : toujours j'ai trouvé sur mon chemin des tombeaux et des ruines qui signalaient le passage de l'impitoyable conquérant. A l'est aussi, j'ai suivi une partie de l'itinéraire qu'emprunta le héros dans sa marche vers la Chine. Nous nous arrêtâmes une nuit à Djirgalantu. Le vieux maître de poste de l'ourton m'ayant reconnu – lors d'un de mes précédents voyages à Narabanchi, j'étais déjà descendu chez lui –, il nous accueillit avec beaucoup de cordialité et nous conta des histoires pendant tout le repas. A un moment, il nous fit sortir de la yourta et, nous montrant un pic montagneux illuminé par la pleine lune, il nous dit l'histoire d'un des fils de Gengis, futur empereur de

Chine, d'Indochine et de Mongolie : attiré par la beauté du paysage et les splendides pâturages de Djirgalantu, il avait fondé ici une ville. Bientôt cependant ses habitants la désertèrent, car le Mongol est nomade et ne peut vivre dans les cités artificielles ; la plaine est sa demeure, et le monde est sa ville. Pendant quelque temps, la ville fut le théâtre de batailles entre les Chinois et les troupes de Gengis Khan, puis on l'oublia. Aujourd'hui, il n'en reste qu'une tour en ruine, du haut de laquelle on faisait jadis rouler d'énormes rocs sur les assaillants, et une porte démantelée à laquelle on a donné le nom de Kublaï, petit-fils de Gengis Khan. Sur le ciel verdâtre, ruisselant de rayons de lune, se découpait la ligne dentelée des montagnes et la silhouette noire de la tour ; entre les meurtrières, de fugitifs nuages filaient comme des ombres dans la clarté lunaire.

Après avoir quitté Ouliassoutaï, nous avions voyagé sans hâte, parcourant entre cinquante et soixante-quinze verstes par jour. A ce train nous parvînmes bientôt à quatre-vingt-dix verstes de Zain Chabi. Là, je pris congé des autres et me rendis vers le sud, au rendez-vous fixé par le colonel Kazagrandi. Le soleil venait de se lever quand mon guide mongol et moi-même, sans animaux de bât, commençâmes l'ascension des crêtes basses et boisées, du sommet desquelles je vis bientôt disparaître mes compagnons dans le fond de la vallée. Je ne me faisais alors aucune idée des périls nombreux qui m'attendaient et qui faillirent plusieurs fois me coûter la vie au cours de cette expédition solitaire. Elle devait durer beaucoup plus longtemps que je ne l'imaginais.

En traversant une petite rivière aux rives sablonneuses, mon guide mongol me raconta que ses compatriotes y venaient l'été chercher de l'or, bien que cela soit défendu par les lamas. Ces chercheurs d'or procèdent de façon très primitive, mais les résultats qu'ils obtiennent prouvent clairement la richesse du sable. Il leur suffit de se coucher à plat ventre sur le sol, d'écarter le sable avec une plume et de souffler dans la petite excavation ainsi formée. De temps en temps, de leur doigt mouillé, ils ramassent un grain d'or ou quelque pépite minuscule, qu'ils déposent dans un petit sac suspendu à leur cou. Ce procédé sommaire leur permet d'obtenir environ sept grammes de métal par jour.

J'avais décidé de faire le voyage en une journée. A chacun des relais, je pressai les hommes pour qu'ils me sellassent de nouveaux chevaux aussi rapidement que possible. A l'un des postes, à environ quarante verstes du monastère, l'on me donna un cheval sauvage, un grand étalon blanc. J'avais déjà mis le pied à l'étrier mais, au moment où j'allais l'enfourcher, il se cabra et rua, portant son sabot juste à l'endroit où ma jambe avait été blessée. La jambe se mit bientôt à enfler et à m'élancer terriblement. Au coucher du soleil, j'aperçus les premiers bâtiments russes et chinois de Zain. Nous avions atteint une petite rivière qui coule à flanc de montagne. Au sommet de celle-ci avaient été disposées de larges pierres blanches qui formaient les lettres d'une prière thibétaine. Ces lettres surplombaient un cimetière de lamas, qui se réduisait à vrai dire à un tas d'ossements dans lesquels furetait une meute de chiens. Enfin le monastère apparut, juste en dessous de nous, formant un large carré entouré de palissades. Au centre s'élevait un grand temple, tout à fait différent de ceux que j'avais vus dans l'ouest de la Mongolie ; son architecture pour autant n'était ni chinoise ni thibétaine : c'était un bâtiment blanc, aux murs perpendiculaires, troués par des rangées régulières de fenêtres à montants noirs. Le toit était de tuiles noires. Entre sa base et le sommet du mur était placée une garniture assez rare, faite de faisceaux de branchages provenant d'un arbre thibétain dont le bois ne pourrit jamais. A l'est du monastère, un autre bâtiment carré, plus petit celui-ci, comportait plusieurs maisons russes, reliées au monastère par le téléphone.

– C'est la maison du dieu vivant de Zain, m'expliqua le Mongol, en désignant le petit bâtiment. Il aime les coutumes russes.

Au nord, sur une colline de forme conique, s'élevait une tour évoquant la Zikkurat de Babylone. C'était le temple où l'on gardait les livres et manuscrits anciens, les ornements et objets brisés employés autrefois dans les cérémonies religieuses, ainsi que les robes des houtouktous défunts. Derrière ce musée on apercevait une falaise abrupte, impossible à gravir. Sur le flanc de cette falaise, des images de dieux lamaïstes avaient été sculptées dans la pierre. Elles avaient un mètre à deux mètres et demi de haut. Le soir, les moines allumaient des lampes en face de ces hauts-reliefs, afin qu'on pût voir de loin ces représentations de leurs dieux et de leurs déesses.

Nous entrâmes dans le quartier des affaires. Les rues étaient désertes ; seules quelques femmes avec leurs enfants se tenaient aux fenêtres. Je m'arrêtai dans une boutique russe dont j'avais vu d'autres succursales, ailleurs dans le pays. A mon grand étonnement, je fus accueilli comme un ami. J'appris alors que le houtouktou de Narabanchi avait délivré à tous les monastères un message enjoignant que l'on me prêtât secours et assistance partout où j'irais, car j'avais sauvé le monastère de Narabanchi, et étais d'après les présages des divinations un Bouddha incarné, chéri des dieux. Cette lettre de l'aimable houtouktou me servit grandement. Peut-être même devrais-je dire qu'elle me préserva de la mort. L'hospitalité de mes nouveaux hôtes me fut en effet une aide infiniment précieuse, tant ma jambe blessée avait enflé et me faisait souffrir. Quand j'enlevai mes bottes, mon pied était couvert de sang, mon ancienne blessure s'était rouverte sous le coup de pied du cheval. On fit venir un *felcher* (assistant chirurgien) pour me soigner et me panser, et trois jours après, j'étais de nouveau sur pied.

Malheureusement je ne trouvai pas le colonel Kazagrandi à Zain Chabi. Après avoir anéanti le détachement de mercenaires chinois qui avaient tué le commandant, il était reparti vers Van Koure. Le nouveau commandant me transmit une lettre de lui, dans laquelle il m'invitait cordialement à lui rendre visite après avoir pris quelque repos à Zain. Un document mongol était joint à la lettre ; il me permettait d'utiliser voiture et chevaux, et me donnait droit à user de l'*ourga*, sorte de lasso mongol dont j'aurai l'occasion de reparler plus loin. Ce mode de transport allait m'ouvrir sur les mœurs mongoles et sur le pays lui-même des horizons que je n'aurais jamais entrevus autrement. Le voyage que me proposait Kazagrandi représentait près de trois cents verstes et un surplus de fatigues que j'aurais volontiers évité, mais il était évident que le colonel, que je n'avais pas encore rencontré, avait de sérieuses raisons pour désirer me voir.

A une heure, le lendemain de mon arrivée à Zain Chabi, je reçus la visite du « dieu lui-même » de l'endroit, le Pandita Gheghen Houtouktou. Il m'était impossible d'imaginer plus étrange et plus extraordinaire apparition de dieu. C'était un jeune homme d'une vingtaine d'années, petit et maigre, aux mouvements vifs et nerveux ; sa physionomie expressive était éclairée et dominée, comme le visage de tous les dieux mongols, par de grands yeux où brillait sans arrêt une lueur d'effroi. Il était vêtu d'un uniforme russe en soie bleue, orné d'épaulettes d'or, et portait les attributs réservés au Pandita Houtouktou : un pantalon de soie bleue, de hautes bottes et, sur la tête, une toque blanche en astrakan, surmontée d'une pointe jaune. A son ceinturon étaient suspendus un revolver et une épée. Je ne savais guère que penser de ce dieu déguisé. Il prit une tasse de thé et commença à parler, mêlant le mongol et le russe.

– Non loin de la Koure se trouve l'ancien monastère d'Erdeni Dzou, érigé sur l'emplacement des ruines de Karakoroum, l'ancienne capitale de Gengis Khan ; Kublaï Khan y fit de fréquentes visites : il venait en pèlerinage à ce sanctuaire et s'y reposait de ses fatigues, lui l'empereur de Chine, des Indes, de Perse, d'Afghanistan, de Mongolie, lui dont la domination s'étendait sur la moitié de l'Europe. A l'heure actuelle, il ne reste plus que des ruines et des tombeaux pour marquer la place de cet antique jardin des jours bienheureux. Les pieux moines de Baroun Koure ont trouvé, dans des chambres souterraines, des manuscrits plus anciens encore qu'Erdeni Dzou. C'est là que mon maramba Meetchik Atak a découvert une prédiction selon laquelle le houtouktou de Zain qui porterait le titre de Pandita n'aurait que vingt et un ans, naîtrait au cœur des terres de Gengis Khan, et porterait sur la poitrine le signe naturel du swastika, que ce houtouktou serait honoré par le peuple à une époque de grandes guerres et de grandes calamités, qu'il commencerait la lutte contre les serviteurs du mal rouge, qu'il les vaincrait, ramènerait l'ordre dans le monde, et célébrerait cet heureux jour dans la cité en érigeant des temples blancs et en faisant sonner à toute volée dix mille cloches. Je suis le Pandita Houtouktou ! Les signes et les symboles se sont rencontrés en ma personne. Je détruirai les bolcheviks, les serviteurs du mal rouge, et je me reposerai à Moscou de mon glorieux labeur. Aussi ai-je demandé au colonel Kazagrandi de m'enrôler parmi les troupes du baron Ungern von Sternberg et de me permettre de combattre. Les lamas cherchent à m'empêcher de partir, mais qui donc est dieu ici ?

Il frappa du pied d'un air courroucé tandis que les lamas et la garde qui l'accompagnaient courbaient la tête avec révérence.

En me quittant, il m'offrit un hatyk et, fouillant dans mes sacoches, j'y trouvai le seul article qui put être considéré comme digne d'être offert en présent à un houtouktou, une petite bouteille d'osmiridium, ce rare et naturel associé du platine.

– Voici le plus stable et le plus dur des métaux, lui dis-je. Qu'il soit le symbole de votre gloire et de votre puissance, ô Houtouktou !

Le Pandita me remercia et m'invita à lui rendre visite. Dès que ma blessure me fit moins souffrir, je me rendis donc chez lui. Sa demeure était arrangée à l'européenne : il avait l'électricité et le téléphone. Après m'avoir offert du vin et des confiseries, il me présenta deux personnages fort intéressants. L'un était un vieux chirurgien thibétain, le visage très abîmé par la petite vérole, un gros nez et des yeux qui louchaient. Ce chirurgien curieux était extrêmement célèbre au Thibet. Ses fonctions consistaient à soigner et à guérir les houtouktous quand ils étaient malades, et à les empoisonner quand ils devenaient trop indépendants, trop fantasques, ou quand leur politique ne concordait pas avec les désirs du Conseil des lamas qui assistait le Bouddha vivant et le Dalaï-Lama ! Nul doute qu'à l'heure actuelle, le Pandita Houtouktou repose dans la paix éternelle, sur le haut d'une montagne sacrée où il a été expédié par la sollicitude de son singulier médecin ; l'esprit guerrier du Pandita Houtouktou était en effet très mal vu du Conseil des lamas, que gênait grandement le caractère audacieux de ce dieu vivant.

Le Pandita aimait le vin et les cartes. Un jour qu'il se trouvait en compagnie de Russes, vêtu à l'européenne, quelques lamas arrivèrent en courant pour annoncer que le service divin était commencé et que le dieu vivant devait prendre place devant l'autel pour y recevoir les prières des fidèles. Le Pandita qui disputait une partie de cartes endiablée ne se laissa pas démonter ; il revêtit son manteau rouge de houtouktou par-dessus son veston et son pantalon gris européens et se laissa emporter dans son palanquin par les lamas scandalisés.

En même temps que le chirurgien empoisonneur, je rencontrai chez le houtouktou un jeune homme de treize ans dont la jeunesse, la robe rouge et les cheveux courts me firent d'abord supposer que c'était un *bandi*, servant dans la maison du houtouktou ; je découvris en fait qu'il en était tout autrement. Ce jeune homme était le premier *hubilgan* [1], lui aussi Bouddha incarné, habile diseur de bonne aventure et successeur du Pandita Houtouktou. Il était constamment ivre, grand joueur de cartes, et faisait sans cesse des plaisanteries à mourir de rire, qui offensaient profondément les lamas dans leur dignité.

Ce même soir je fis également la connaissance du second hubilgan qui vint me faire visite ; c'était le véritable administrateur de Zain Chabi, domaine indépendant sous la domination directe du Bouddha vivant. Ce hubilgan était un homme de trente-deux ans, grave, ascétique, d'excellente éducation, et profondément versé dans les sciences mongoles. Il connaissait le russe, lisait beaucoup dans cette langue, s'intéressant surtout à la vie et à l'histoire des autres peuples. Il avait en particulier un immense respect pour le génie créateur du peuple américain et me dit :

– Quand vous irez en Amérique, demandez aux Américains de venir chez nous ; qu'ils nous délivrent des ténèbres qui nous entourent. Les Chinois et les Russes nous conduiront à la ruine. Seuls les Américains peuvent nous sauver.

C'est avec une grande satisfaction que je transmets la requête de ce Mongol influent, et son appel au peuple américain. Ne sauvera-t-on pas cette nation d'honnêtes gens des ténèbres et de l'oppression ? Pourquoi la laisser périr ? L'âme mongole est riche de vertus morales. Faites de ces braves gens un peuple cultivé ; apprenez-leur à utiliser la fertilité de leur sol. Alors l'ancienne nation de Gengis Khan vous gardera toujours une amitié fidèle.

Quand je fus suffisamment rétabli, le houtouktou m'invita à voyager en sa compagnie jusqu'à Erdeni Dzou, ce que j'acceptai volontiers. Le lendemain matin une voiture légère et confortable vint me chercher. Notre voyage dura cinq jours, au cours desquels nous visitâmes Erdeni Dzou, Karakoroum, Hoto-Zaidam et Khara-Bolgasoun. Ce sont les ruines des cités et des monastères bâtis par Gengis Khan et ses successeurs, Ugadaï Khan, et Kublaï, au treizième siècle. Il n'en reste plus que les murailles, les tours et quelques grands tombeaux, qui témoignent avec les livres de légendes et d'histoires.

1. Titre donné aux futurs houtouktous. *(NdE)*

– Regardez ces tombes ! me dit le houtouktou. C'est ici que fut enseveli le fils de Uyuk Khan. Les Chinois lui avaient donné de l'argent pour qu'il tue son père, mais sa sœur empêcha le crime en assassinant elle-même le jeune prince et en sauvant ainsi la vie à son vieux père, l'empereur. Là se trouve la tombe de Tsinilla, la femme bien-aimée de Mangu Khan. Elle quitta la capitale de la Chine pour se rendre à Khara-Bolgasoun, où elle tomba amoureuse du hardi berger Damcharen, celui qui sur son cheval courait plus vite que le vent et attrapait à mains nues les yacks et les chevaux sauvages. Le khan, furieux, fit étrangler l'infidèle, mais la fit ensevelir avec les honneurs impériaux ; souvent par la suite on le vit venir pleurer sur sa tombe le souvenir de son amour perdu.

– Et que devint Damcharen ? demandai-je.

Le houtouktou lui-même l'ignorait ; mais son vieux serviteur, qui connaissait toutes les légendes, répondit :

– Avec l'aide de féroces brigands Tchahars, il combattit les Chinois pendant de longues années. Mais on ne sait comment il est mort.

A certaines époques, les moines viennent prier dans les ruines ; ils y cherchent aussi les livres ou les objets sacrés ensevelis sous les décombres. Dernièrement on a trouvé deux fusils chinois, deux anneaux d'or et de grosses liasses de manuscrits attachés avec des courroies.

« Pourquoi cette région a-t-elle attiré les puissants empereurs et les khans qui régnèrent du Pacifique à l'Adriatique ? » me demandais-je. Et je pensais en moi-même que ce ne pouvaient être ni les montagnes arides, ni les vallées couvertes de mélèzes et de bouleaux, ni les vastes étendues sablonneuses, ni même les lacs retirés et les rochers stériles.

Les grands empereurs, se souvenant de la vision de Gengis Khan, ont cherché ici de nouvelles révélations ; ils ont attendu que se réalisent les prédictions touchant à sa miraculeuse et majestueuse destinée, cette destinée sur laquelle se sont cristallisés les honneurs divins, l'obéissance et la haine. Où pouvaient-ils mieux entrer en relations avec les dieux, les bons et les mauvais esprits qu'ici même où ils demeurent ? La région de Zain, couverte de ces anciennes ruines, était un lieu prédestiné.

– Seuls peuvent faire l'ascension de cette montagne ceux qui sont issus en droite lignée de Gengis Khan, m'expliqua le Pandita. A mi-hauteur l'homme ordinaire suffoque, et s'il veut s'aventurer plus haut, il meurt. Il y a quelque temps, des chasseurs mongols poursuivaient une meute de loups sur la montagne ; quand ils eurent atteint cette région, tous périrent. Sur les flancs gisent des ossements d'aigles, de moutons et de ces antilopes *kabarga*, qui courent légères et rapides comme le vent. C'est là qu'habite le mauvais démon qui possède le livre des destinées humaines.

Je possédais pour ma part une réponse à ce mystère : dans le Caucase occidental, j'avais gravi une montagne, située entre Soukhoum Kalé et Toupsei, sur laquelle venaient mourir les loups, les aigles et les chèvres sauvages. Les hommes y périraient aussi s'ils ne traversaient cette région à cheval. La terre en effet produit de l'acide carbonique dont les émanations détruisent toute vie animale. Le gaz s'attache au sol, formant une couche d'environ cinquante centimètres d'épaisseur. Les cavaliers quand ils passent dominent cette couche ; leurs chevaux redressent la tête, s'ébrouent et hennissent, car ils sentent le danger. Ici, au sommet de cette montagne où le mauvais démon parcourt le livre de la destinée humaine, c'est le même phénomène qui se produit. C'est lui qui explique la peur sacrée des Mongols et l'inexorable attrait qu'il exerce sur les descendants de Gengis Khan, hauts de taille, presque géants. Leurs têtes altières dominent les couches de gaz empoisonné, si bien qu'ils peuvent atteindre sans mal les cimes de cette terrible et mystérieuse montagne. Pour le géologue, il ne s'agit que de la limite méridionale des dépôts houillers qui produisent l'acide carbonique et le gaz des marais.

Non loin des ruines qui couvrent les terres de Hun Dopchin Djamtso se trouve un petit lac. Des flammes rouges s'en échappent parfois, terrifiant les Mongols et leurs troupeaux de chevaux. Naturellement ce lac est riche en légendes. Un météore serait tombé à cet endroit et se serait profondément enfoncé dans le sol, bientôt recouvert par les eaux du lac. Les habitants des régions souterraines, mi-hommes mi-démons, travailleraient à extraire cette pierre céleste de son lit profond ; mais la pierre mettrait le lac en feu dès qu'ils la soulèvent et retomberait sans cesse malgré leurs efforts.

Ce lac, je ne l'ai pas vu moi-même, mais un colon russe m'a expliqué qu'il se trouvait sans doute du pétrole à la surface de l'eau, et que les feux des bergers, voire les rayons ardents du soleil, l'enflammaient par moments.

Quoi qu'il en soit, légendes ou vérités scientifiques éclairent la fascination des potentats mongols pour ce pays. Pour ce qui me concerne, c'est Karakoroum qui m'a fait la plus forte impression. Là vécut le cruel et sage Gengis Khan ; là il conçut ses projets gigantesques : noyer l'ouest dans le sang et répandre sur l'est une gloire telle qu'on n'en avait jamais connue de semblable. Deux villes de Karakoroum furent construites par Gengis Khan : l'une près du Tatsa Gol, sur la route des caravanes, l'autre dans le Pamir, où les guerriers endeuillés ensevelirent leurs grands conquérants dans un mausolée érigé par cinq cents captifs, qui furent sacrifiés à l'esprit du défunt une fois l'œuvre achevée.

Le guerrier Pandita Houtouktou fit une prière sur les ruines où erraient les ombres de ces potentats qui avaient régné sur la moitié du monde ; son âme brûlait du désir d'accomplir les mêmes exploits chimériques et de s'élever jusqu'à la gloire de Gengis Khan et de Tamerlan.

Sur le chemin du retour, nous fûmes invités, à quelque distance de Zain, par un riche Mongol. Il avait déjà préparé à notre intention des yourtas décorées de somptueux tapis et de draperies en soie. Le houtouktou accepta. Nous nous installâmes sur les moelleux coussins, tandis que le Pandita bénissait le Mongol, lui touchant la tête de sa sainte main, en recevant les hatyks. Notre hôte fit apporter un mouton entier, qu'on avait fait bouillir dans une énorme cuve. Le houtouktou découpa un gigot et me l'offrit tandis qu'il gardait l'autre pour lui. Ensuite il présenta un gros morceau de viande au plus jeune des enfants de notre hôte, indiquant ainsi que le festin pouvait commencer. En un clin d'œil le mouton fut entièrement découpé, et les morceaux distribués aux convives. Quand le houtouktou eut jeté près du feu les os blancs, où ne restait plus une parcelle de viande, l'hôte, à genoux, retira du feu un morceau de peau de mouton et l'offrit cérémonieusement au houtouktou. Le Pandita entreprit de gratter la laine et les cendres avec son couteau et, coupant la peau en minces lanières, se mit à manger ce mets savoureux.

C'est la partie qui couvre le sternum et qu'on appelle en mongol *tarach*, c'est-à-dire la flèche. Quand un mouton est dépecé, on découpe ce morceau, on le place sur des charbons ardents et on le fait griller à petit feu. Ainsi préparé, c'est le morceau le plus fin de l'animal, celui qu'on offre par tradition à l'invité de marque. Il est interdit de le partager.

Après le dîner, notre hôte proposa une chasse aux mouflons, car il savait qu'un grand troupeau paissait dans les montagnes alentour. On amena des chevaux richement sellés. Tout le harnachement de la monture du houtouktou était orné de pièces d'étoffes rouges et jaunes, marques de son rang. Une cinquantaine de cavaliers galopaient derrière nous. Nous mîmes bientôt pied à terre, et l'on nous plaça derrière des rochers, à environ trois cents pas l'un de l'autre. Les Mongols commencèrent alors à encercler la montagne. Au bout d'une demi-heure, je perçus un frémissement sur la cime : c'était un splendide mouflon qui bondissait de rocher en rocher avec une agilité prodigieuse. Derrière lui jaillit brusquement, à la vitesse de l'éclair, un troupeau d'une vingtaine de têtes. Je crus un instant que les Mongols avaient manqué leur mouvement et fait fuir le troupeau avant d'avoir achevé l'encerclement. Fort heureusement, je me trompais. Surgissant de derrière un rocher, juste en face de nous, un Mongol se mit à agiter les mains : seul l'animal qui courait en tête continua sa route sans frayeur, frôlant le rabatteur, tandis que le reste du troupeau changeait brusquement de direction et se précipitait vers moi. J'ouvris le feu et deux animaux tombèrent. Le houtouktou en abattit un, ainsi qu'une antilope musquée qui débouchait à l'improviste d'un rocher voisin. La plus belle paire de cornes pesait environ trente livres : elle appartenait à un jeune mouflon.

Le lendemain de notre retour à Zain Chabi, me sentant tout à fait rétabli, je décidai de poursuivre mon voyage jusqu'à Van Koure. Je pris congé du houtouktou qui m'offrit un grand hatyk et me remercia chaleureusement du présent que je lui avais fait le premier jour.

– C'est un remède splendide ! s'écria-t-il. Après notre excursion, je me sentais très fatigué, mais j'ai pris votre médecine et je suis tout à fait remis d'aplomb. Merci, merci mille fois !

Le pauvre garçon avait avalé mon osmiridium. Assurément cela ne pouvait lui faire du mal ; mais que cela lui eût fait du bien, voilà qui était merveilleux ! Peut-être les docteurs occidentaux voudront-ils essayer ce nouveau remède, inoffensif et peu coûteux – il n'y en a que huit livres dans le monde entier ; je demande seulement qu'on m'en laisse l'usufruit pour la Mongolie, Barga, Sinkiang, la région du Koukou-Nor et les autres contrées de l'Asie centrale.

Pour la suite de mon voyage, un vieux colon russe allait me servir de guide. On me procura une grande voiture, légère et confortable, traînée de la plus extraordinaire des manières. Une perche de quatre mètres de long était fixée perpendiculairement à l'avant des brancards. De chaque côté, deux cavaliers prenaient cette perche en travers du pommeau de leur selle et galopaient en me traînant à leur suite. Derrière nous suivaient quatre autres cavaliers, avec des chevaux de rechange.

XXX

ARRÊTÉ !

A une vingtaine de verstes de Zain, du haut d'une crête, nous aperçûmes, serpentant dans la vallée, une file de cavaliers que nous rejoignîmes une demi-heure plus tard sur le bord d'une rivière profonde et marécageuse. Ce groupe était composé de Mongols, de Bouriates et de Thibétains, tous armés de fusils russes. En tête de la colonne chevauchaient deux hommes ; l'un d'eux, coiffé d'une imposante toque noire en astrakan, une cape en feutre noir avec un capuchon rouge du Caucase jetée sur les épaules, me barra la route et, d'une voix brutale et grossière, me demanda :

– Qui êtes-vous ? d'où venez-vous et où allez-vous ?

Je répondis laconiquement. Ils me dirent alors que leur détachement était envoyé par le baron Ungern et qu'il était sous les ordres du capitaine Vandaloff.

– Je suis le capitaine Bezrodnoff, juge militaire.

Soudain il se mit à rire à gorge déployée. Son visage insolent et stupide me déplaisait et, saluant les officiers, j'ordonnai à mes cavaliers de reprendre leur marche.

– Oh non ! s'écria-t-il, en me barrant de nouveau la route. Je ne puis vous autoriser à aller plus loin. Je dois causer avec vous de choses sérieuses, et vous allez revenir avec moi à Zain.

Je protestai et lui montrai la lettre du colonel Kazagrandi, mais il me répondit froidement :

– Cette lettre concerne le colonel Kazagrandi : quant à moi, je vous ordonne de retourner à Zain. Donnez-moi vos armes !

Il m'était en conscience impossible d'obéir à cet ordre, dussé-je être menacé de mort.

– Écoutez, lui dis-je. Parlez-moi franchement. Est-ce que votre détachement combat les bolcheviks ou bien êtes-vous tout simplement de l'armée rouge ?

– Non, je vous le jure, me répondit l'officier bouriate Vandaloff qui s'était approché de moi. Il y a déjà trois ans que nous combattons les bolcheviks.

– Alors il m'est impossible de vous livrer mes armes, répliquai-je avec calme. Je les ai apportées de Sibérie soviétique, elles m'ont maintes fois servi dans les combats que j'ai eu à mener. Et aujourd'hui, des officiers blancs voudraient me les enlever ! C'est un affront que je ne puis tolérer.

A ces mots je jetai mon fusil et mon mauser dans la rivière. Les officiers étaient gênés. Bezrodnoff devint rouge de colère.

– Je vous ai épargné, ainsi qu'à moi, une humiliation, lui dis-je en guise d'explication.

Bezrodnoff tourna son cheval sans rajouter un mot. Le détachement de trois cents hommes passa devant moi : seuls deux cavaliers s'arrêtèrent; ils ordonnèrent à mes Mongols de faire demi-tour avec la voiture, puis prirent position derrière mon petit groupe. Ainsi j'étais arrêté ! Un des cavaliers de notre nouvelle arrière-garde était russe; il me dit que Bezrodnoff portait avec lui de nombreuses condamnations à mort. Assurément la mienne était du nombre.

A quoi bon s'être frayé un chemin parmi les détachements rouges, avoir souffert du froid et de la faim, avoir frôlé la mort au Thibet s'il fallait tomber à présent sous les balles des Mongols de Bezrodnoff ? Ce n'était guère la peine d'avoir voyagé si longtemps, d'être venu de si loin ! N'importe quel poste de Tchéka en Sibérie aurait pu me valoir pareil sort et voir le terme de mes épreuves !

Quand nous arrivâmes à Zain Chabi, on examina mon bagage et Bezrodnoff commença à m'interroger minutieusement sur les événements qui s'étaient produits à Ouliassoutaï. Nous causâmes environ trois heures, pendant lesquelles j'essayai de défendre tous les officiers d'Ouliassoutaï, assurant mon interlocuteur qu'il était impossible de se fier aux seuls rapports de Domojiroff. Quand nous eûmes terminé notre entretien, le capitaine se leva et me présenta ses excuses pour m'avoir retardé dans mon voyage. Ensuite il m'offrit un splendide mauser à poignée d'argent et me dit :

– Votre fierté m'a beaucoup plu. Je vous prie d'accepter cette arme en souvenir de moi.

Le lendemain matin je quittai de nouveau Zain Chabi, ayant dans ma poche un laissez-passer de Bezrodnoff pour franchir ses sentinelles.

XXXI

LE DROIT D' « OURGA »

Une fois encore je parcourus des chemins déjà empruntés, la montagne d'où j'avais aperçu le détachement de Bezrodnoff, le fleuve où j'avais jeté mes armes ; tout cela fut bientôt derrière moi. Au premier relais, nous eûmes la désagréable surprise de ne pas trouver de chevaux. J'allais voir le maître des lieux qui se trouvait dans sa yourta avec ses deux fils ; je lui montrai mon document et il s'écria :

– Le noyon a droit à l'ourga. Nous allons immédiatement lui procurer des chevaux.

Il sauta en selle, prit avec lui deux de mes Mongols et partit au galop, tandis que je suivais avec ma voiture. Les trois hommes s'étaient munis de longues perches, de quatre à cinq mètres de long, terminées par une boucle de corde. Au bout d'un moment, nous quittâmes la route et nous engageâmes sur la plaine jusqu'à ce que nous rencontrâmes un troupeau de chevaux au pâturage. Grâce à sa perche munie d'un nœud coulant – telle était l'« ourga » – le Mongol en attrapa rapidement quelques-uns. Alors, on vit aussitôt accourir des montagnes voisines les propriétaires du troupeau. Quand le vieux Mongol leur eut montré mes papiers, ils s'inclinèrent avec soumission et fournirent quatre de leurs hommes pour remplacer ceux qui m'avaient accompagné. C'est ainsi que voyagent les Mongols : au lieu de passer par le poste de relais, ils vont de troupeau en troupeau, y capturent à l'aide de l'ourga de nouveaux chevaux, dont les propriétaires font en même temps office de guides. Tous les Mongols ainsi réquisitionnés par droit d'ourga n'ont qu'une hâte : s'acquitter au plus vite de leur tâche; aussi galopent-ils à toute vitesse vers le troupeau suivant, afin de se décharger de leur mission sur le voisin. Un voyageur ayant le droit d'ourga peut attraper lui-même les chevaux; s'il ne trouve pas de gardiens, il peut contraindre ceux qui l'accompagnent déjà à continuer, en laissant leurs propres bêtes dans le troupeau où il fait sa nouvelle réquisition. Mais la chose ne se produit que très rarement car, par peur des litiges qui pourraient survenir, les Mongols n'aiment guère abandonner leurs animaux dans un troupeau appartenant à un autre gardien.

C'est à cette coutume, selon ce qui m'a été raconté, que la ville d'Ourga doit son nom étranger. Les Mongols l'appellent toujours Ta Koure, c'est-à-dire le grand monastère. Les Bouriates et les Russes, qui furent les premiers à faire du commerce dans cette région, l'ont baptisée Ourga parce qu'elle constituait le point d'arrivée de toutes les expéditions commerciales qui traversaient la plaine en usant de ce mode de réquisition. Mais l'on m'a également fourni une seconde explication : la ville se trouve dans une boucle naturelle dessinée par les trois chaînes de montagnes qui l'entourent; au pied de l'une d'entre elles, le cours de la Tola dessine la perche sur laquelle se trouve fixée l'ourga.

C'est ainsi que grâce au droit d'ourga, je parcourus près de trois cents verstes à travers des régions de Mongolie, inconnues des voyageurs. J'eus ainsi l'occasion d'observer la faune de cette partie du pays. Je vis d'énormes troupeaux d'antilopes comptant cinq à six mille têtes, des mouflons, des élans, des antilopes musquées. Parfois, fugaces comme l'éclair, de petits troupeaux de chevaux sauvages ou d'onagres venaient trouer l'horizon devant moi.

J'eus également l'occasion d'observer d'importantes colonies de marmottes. Leur territoire s'étendait en général sur plusieurs verstes carrées; au milieu des petits tertres et des trous qui marquaient l'entrée de leurs terriers, on voyait courir les petits animaux au pelage ocre ou brun; certaines marmottes atteignaient presque la moitié de la grosseur d'un chien ordinaire. Elles couraient avec lourdeur et leur peau semblait flotter comme si elle était trop large pour leurs corps fluets. Il est à noter que ces animaux sont de remarquables prospecteurs : en creusant leurs profondes tranchées, ils rejettent les pierres à la surface, et j'ai pu observer sur certains tertres du minerai de cuivre, et même des minéraux contenant du wolfram et du vanadium. A l'entrée de son trou, la marmotte se tient assise, toute droite sur ses pattes de derrière, immobile comme une souche ou une pierre. Dès qu'elle aperçoit un cavalier, elle l'épie avec curiosité et émet un sifflement aigu. Pour tromper la vigilance de l'animal, les chasseurs ont l'habitude de s'approcher de leurs trous en brandissant de longs oriflammes. Toute l'attention de la marmotte se concentre alors sur le drapeau, et ce n'est que lorsque la balle l'atteint brutalement qu'elle comprend peut-être ce que signifiait cet objet inconnu.

Sur les rives de l'Orkhon, j'assistai dans l'une de ces colonies de marmottes à une scène tout à fait captivante. L'endroit était jonché de terriers par milliers et mes Mongols devaient faire preuve de toute leur adresse pour éviter aux chevaux un faux pas qui aurait pu leur casser une jambe. Tandis que nous avancions avec prudence, je remarquai un aigle volant en cercle, très haut au-dessus de nos têtes. Tout d'un coup, il fondit sur un tertre, où il s'immobilisa comme une statue. L'occupante du lieu n'allait pas tarder à sortir, sans doute pour rendre visite à une voisine. Dès qu'elle fut dehors, l'aigle se positionna sur l'ouverture qu'il boucha avec l'une de ses ailes. Choisissant d'affronter l'ennemi, la marmotte se précipita à l'attaque, essayant de pénétrer de force dans son trou, où elle avait laissé ses petits. La lutte commença. Tout en continuant à défendre l'entrée de son aile, l'aigle bataillait de la patte et du bec, s'aidant aussi de sa seconde aile. Avec grand courage, la marmotte s'était précipitée sur l'oiseau de proie : un coup à la tête la fit tomber à terre ; alors seulement l'aigle retira son aile, s'approcha de la marmotte, l'acheva et, non sans difficulté, l'enleva dans ses serres pour s'en repaître dans la montagne.

Dans les endroits plus stériles, où seuls parviennent à pousser quelques maigres brins d'herbe, vit une autre espèce de rongeur, l'*imouran*, à peu près de la taille d'un écureuil. La teinte de son pelage se confond avec la prairie sur laquelle il se déplace comme un serpent, ramassant les graines éparpillées par le vent, et les transportant dans sa minuscule demeure. L'imouran a une amie fidèle, l'alouette jaune, à dos brun et tête brune. Quand l'imouran court la plaine, elle se poste sur son dos, battant des ailes pour maintenir son équilibre, et se fait joyeusement porter au galop par cette curieuse monture à la longue queue en broussaille. L'alouette en profite pour débarrasser avec dextérité le pelage de son compagnon de tous les parasites qui s'y sont enfouis ; elle sait aussi faire entendre son chant mélodieux, tout le temps que dure cette course allègre. C'est pour cela que les Mongols ont surnommé l'imouran « le coursier de la joyeuse alouette ». D'ailleurs celle-ci sait encore lui rendre d'autres services ; elle avertit toujours l'imouran de la présence des aigles et des faucons, en poussant trois coups de sifflet aigus avant de se réfugier derrière une pierre ou dans un fossé. Dès qu'il entend ce signal, nul imouran ne sort plus la tête de son trou tant que le brigand des airs ne s'est pas éloigné. C'est ainsi que l'alouette et son coursier vivent en amical voisinage.

Là où se trouvent en revanche de riches pâturages, j'ai retrouvé un type de rongeur que j'avais déjà rencontré chez les Urianhays. C'est un énorme rat de prairie noir, à courte queue, qui vit en colonie de cent à deux cents têtes. Il n'a pas son égal pour l'intelligence et l'habileté avec laquelle il sait préparer, tel un bon fermier, sa provision de fourrage pour l'hiver. Pendant les semaines où l'herbe est particulièrement succulente, il la fauche grâce à ses longues dents de devant, en procédant par rapides et brusques balancements de tête. Il laisse ensuite sécher son foin et, un peu plus tard, procède à son emmagasinage de la façon la plus méthodique qui soit. Il rassemble d'abord son foin pour en faire un petit tertre d'une trentaine de centimètres de haut, puis il enfonce dans le sol quatre pieux inclinés qui se rejoignent au sommet de la meule, et les relie au-dessus du foin avec les plus longs brins d'herbe, laissant les extrémités dépasser suffisamment pour pouvoir rajouter de la hauteur à sa meule : une fois celle-ci surélevée par une nouvelle provision de foin, il en sangle encore les contours de longs brins d'herbe, afin d'empêcher ses réserves hivernales d'être éparpillées par le vent. Il installe toujours cette meule à la porte de son terrier, ce qui lui évite de longs transports pendant la mauvaise saison. Les chevaux et les chameaux sont très friands du foin de ce petit fermier, car il est toujours fait de l'herbe la plus nourrissante ; mais les meules sont le plus souvent si solidement construites qu'il est pratiquement impossible de les entamer, même à coups de sabot.

J'ai enfin croisé à maintes reprises, à travers toute la Mongolie, des couples voire des compagnies entières de ces perdrix de prairie, appelées *salgas* ou perdrix-hirondelles parce que leurs longues queues sont semblables à celles des hirondelles et que leur vol ressemble à s'y méprendre à celui de ces dernières. Ni sauvages ni craintifs, ces oiseaux vous laissent parfois approcher à moins de dix pas d'eux. Quand ils prennent leur envol, ils s'élèvent incroyablement haut et parcourent des distances considérables sans se poser, en sifflant comme les hirondelles. Leur plumage oscille entre le gris clair et le jaune, les mâles se distinguant par de jolies taches brunes sur le dos et les ailes. Ils ont également pour caractéristique d'avoir les pattes recouvertes de plumes épaisses.

L'ourga qui m'a permis d'explorer de la sorte ces régions peu fréquentées n'était pas cependant sans quelques inconvénients. Les Mongols me transportaient directement et avec rapidité vers ma destination ; en échange, ils recevaient avec satisfaction les dollars chinois que je leur donnais. Mais après les quelque huit mille verstes que j'avais parcourues sur ma selle cosaque, qui gisait à présent au fond de la voiture, couverte de poussière, je supportais avec le plus grand mal les secousses et les sursauts auxquels me condamnaient ces courses éperdues au milieu des pierres et des ornières de toute sorte ; la voiture bondissait, craquait et, à vrai dire, ne tenait bon que parce qu'il fallait prouver au voyageur étranger que ce moyen de locomotion typiquement mongol n'avait pas son égal pour la commodité et l'agrément ! Mes os douloureux ne me laissaient plus en repos et chaque cahot m'arrachait un affreux gémissement ; j'eus en prime à subir une attaque très pénible de sciatique à ma jambe blessée. Le soir, je ne parvenais plus à m'endormir ; incapable de rester ni étendu ni assis, je passais toute la nuit à faire les cent pas dans la plaine, en écoutant les ronflements sonores des habitants de la yourta ; parfois, j'avais de surcroît à me défendre contre des attaques de molosses noirs. Un matin, la douleur se fit telle que je fus obligé d'abandonner ma course dès midi et de me coucher. Je subissais de véritables tortures ; je ne pouvais remuer ni la jambe ni le dos, et bientôt une forte fièvre se déclara. J'avalai toute ma provision d'aspirine et de quinine sans qu'aucun soulagement ne se fît sentir. La perspective d'une nouvelle nuit sans sommeil me plongeait dans une intense frayeur. Nous étions descendus dans la yourta réservée aux visiteurs, près d'un petit monastère, et mes Mongols invitèrent le docteur lama à venir me voir : il me donna une poudre très amère et m'assura que je pourrais repartir le lendemain matin. Je ressentis bientôt une accélération brutale de mon rythme cardiaque, après quoi la douleur devint plus vive encore. De nouveau je passai la nuit sans fermer l'œil, mais quand le soleil se leva, la douleur cessa instantanément ; une heure après, j'ordonnais qu'on me sellât un cheval, car je redoutais de continuer mon voyage en voiture.

Tandis que les Mongols attrapaient les chevaux, survint le colonel Philipoff, lequel me dit qu'il protestait énergiquement contre les accusations de bolchevisme dont son frère, Poletika et lui-même étaient victimes. Bezrodnoff l'avait autorisé à se rendre à Van Koure pour y rencontrer le baron Ungern von Sternberg qu'on y attendait. Ce que Philipoff ignorait, c'est que son guide mongol était armé d'une grenade et qu'un autre Mongol le précédait avec une lettre pour le baron. Il ignorait également que, tandis qu'il faisait route, Poletika et ses frères étaient fusillés à Zain Chabi. Il repartit en toute hâte, souhaitant atteindre Van Koure le jour même. Je quittais le monastère une heure après lui.

XXXII

UN VIEUX DEVIN

Nous empruntâmes la piste des courriers. Les montures que nous pûmes nous procurer dans cette région étaient de misérables bêtes, car les meilleurs chevaux étaient sans arrêt réquisitionnés par les nombreux messagers de Daichin Van et du colonel Kazagrandi. Nous dûmes nous arrêter au dernier relais précédant Van Koure, tenu par un vieux Mongol et son fils. Après souper, le père prit l'omoplate du mouton, qu'on avait soigneusement débarrassée de sa chair, puis, me regardant et plaçant l'os dans les charbons ardents, il me dit après avoir prononcé quelques incantations :

– Je vais vous prédire l'avenir; toutes mes prophéties se réalisent.

Quand l'os fut noirci, il s'en saisit, souffla sur les cendres et commença à l'examiner très attentivement; l'ayant placé devant le feu, il regarda à travers. Il continua cet examen pendant un long moment, puis remit l'os dans le feu. Son visage était crispé par la terreur.

– Qu'avez-vous vu ? demandai-je en riant.

– Taisez-vous ! murmura-t-il. J'ai découvert des signes horribles.

Il reprit l'os, l'examina de nouveau sur toute la surface, avec force prières et quantité de gestes étranges. Enfin, d'une voix calme et solennelle, il livra ses prédictions :

– La mort, en la personne d'un grand homme blanc à cheveux roux, se tiendra derrière vous; elle vous guettera longtemps, de tout près. Vous la sentirez et vous attendrez, mais la mort se retirera. Un autre homme blanc deviendra votre ami. Avant le quatrième jour vous perdrez des compagnons; ils périront frappés d'un long couteau. Je les vois déjà dévorés par les chiens. Méfiez-vous de l'homme à la tête en forme de selle ; il s'efforcera de causer votre mort.

Pendant longtemps encore après qu'il m'eut révélé mon avenir, nous restâmes à fumer et à prendre le thé, mais toujours le vieillard posait sur moi des yeux pleins de crainte. Je pensais en moi-même qu'un condamné à mort n'aurait guère été regardé différemment par ses compagnons de cellule.

Le lendemain matin, nous prîmes congé du devin avant que le soleil ne fut levé. Après avoir franchi vingt-cinq verstes, nous arrivâmes en vue de Van Koure. Je trouvai le colonel Kazagrandi à son quartier général. C'était un homme de bonne famille, ingénieur expérimenté, excellent officier, qui s'était distingué pendant la guerre dans la défense de l'île de Moon, sur la Baltique, puis dans la lutte contre les bolcheviks sur la Volga. Le colonel Kazagrandi m'offrit de prendre un bain dans une vraie baignoire, chez le président de la chambre de commerce. Je me trouvais dans la maison de ce dernier quand un jeune capitaine, de haute taille, fit irruption. Il avait les cheveux roux, longs et bouclés, un visage extraordinairement blanc ; sur un masque épais et sans intelligence se détachaient deux grands yeux, froids comme l'acier, et des lèvres fines, presque féminines. Sa figure ne manquait pas d'attrait, mais elle exprimait une telle cruauté qu'elle avait quelque chose de rebutant. Après qu'il eut quitté la pièce, notre hôte me dit que c'était le capitaine Veseloffsky, officier d'ordonnance du général Redzoukine, qui combattait les rouges au nord de la Mongolie. Ils venaient d'arriver le jour même pour conférer avec le baron Ungern.

Après le déjeuner, le colonel Kazagrandi m'invita à venir le voir dans sa yourta ; nous commençâmes à parler des événements de Mongolie occidentale, où la situation était devenue très tendue.

– Connaissez-vous le docteur Gay ? me demanda Kazagrandi. Vous savez qu'il m'a aidé à former mon détachement ; mais Ourga l'accuse d'être un agent des soviets.

Je défendis Gay du mieux que je pus. Il m'avait aidé et avait été mis hors de cause par Koltchak lui-même.

– Oui, oui, c'est également ainsi que j'ai moi-même essayé de disculper Gay, mais Redzoukine vient d'arriver avec des lettres envoyées par Gay aux bolcheviks, qui ont été saisies sur la route. Par ordre du baron Ungern, Gay et sa famille ont aujourd'hui été envoyés au quartier général de Redzoukine et j'ai bien peur qu'ils n'arrivent jamais à destination.

– Pourquoi ?

– Ils seront exécutés avant !

– Que faire ? m'écriai-je. Il est impossible que Gay soit bolchevik, il a trop de culture et d'intelligence pour cela !

– Je ne sais pas, je ne sais pas, murmura le colonel avec un geste de découragement. Essayez d'en parler à Redzoukine.

Je résolus d'aller trouver Redzoukine aussitôt, mais j'en fus empêché par l'arrivée intempestive du colonel Philipoff, qui entama une longue diatribe sur les erreurs que l'on commettait dans l'instruction militaire des soldats. Au moment où je remettais mon manteau, un second homme entra. C'était un officier de petite taille, portant une casquette cosaque verte à visière et un manteau mongol gris déchiré ; il avait la main droite en écharpe dans un foulard noir noué autour du cou. C'était le général Redzoukine, à qui je fus aussitôt présenté. Le général, poliment et intelligemment, s'enquit de nos faits et gestes depuis trois ans, plaisantant et riant avec réserve. Quand il sortit, je lui emboîtai le pas pour l'entretenir de l'affaire qui nous concernait. Il m'écouta très attentivement et très poliment, puis d'une voix tranquille me dit :

– Le docteur Gay est l'agent des soviets : il s'est déguisé en blanc afin de mieux voir, de mieux entendre et d'en apprendre le plus possible. Nous sommes entourés d'ennemis. Le peuple russe est démoralisé et il est prêt à toutes les traîtrises pour avoir de l'argent. C'est ainsi que Gay a agi. D'ailleurs, à quoi bon discuter plus longtemps à son sujet ? Lui et sa famille ont vécu. Aujourd'hui mes hommes les ont exécutés à cinq verstes d'ici.

Plein d'épouvante et de consternation, je regardai le visage de ce petit homme énergique, à la voix douce et aux manières courtoises. Dans ses yeux se lisait tant de haine et de pugnacité que je compris aussitôt le respect tremblant de tous les officiers que j'avais vus en sa présence. Plus tard, à Ourga, j'appris bien d'autres choses sur le général, qui se distinguait autant par sa bravoure que par sa cruauté. C'était le chien de garde du baron Ungern, prêt à se jeter dans le feu ou à la gorge de ceux que son maître lui désignerait.

Quatre jours seulement avaient passé et « mes amis » avaient péri frappés d'un « long couteau ». Ainsi une partie au moins de la prédiction s'était réalisée. Il me restait maintenant à attendre la menace de la mort. Je n'attendis pas longtemps. Deux jours plus tard, le chef de la division de cavalerie asiatique arrivait. C'était le baron Ungern von Sternberg.

XXXIII

LA MORT... DERRIÈRE VOUS !

Le « terrible général-baron » arriva tout à fait à l'improviste, sans avoir été signalé par les avant-postes du colonel Kazagrandi. Après s'être entretenu avec celui-ci, il nous invita, le colonel Philipoff et moi-même, à comparaître devant lui. Ce fut Kazagrandi qui m'apporta la convocation. Je voulais m'y rendre sur-le-champ, mais le colonel me retint environ une demi-heure ; puis il me souhaita bonne chance.

– Que Dieu vous aide ! Allez !

C'était un étrange message d'adieu, guère rassurant et tout à fait énigmatique. Je pris mon mauser et cachai dans le revers de ma manche mon cyanure de potassium. Le baron était descendu dans la yourta du médecin-major. Quand j'entrai dans la cour, le capitaine Veseloffsky vint à moi. Il portait à la ceinture un sabre cosaque et un revolver sans gaine. Il entra dans la yourta pour annoncer mon arrivée.

– Allez-y, dit-il en ressortant de la tente.

A l'entrée, mes yeux tombèrent sur une mare de sang que le sol n'avait pas encore eu le temps d'absorber ; c'était un signe de mauvais augure qui semblait marquer le destin de celui qui m'avait précédé. Je frappai.

– Entrez ! me répondit une voix grêle.

Comme je passais le seuil, un homme vêtu d'une tunique mongole en soie rouge se précipita sur moi comme un tigre, me serra la main d'un air pressé, puis se laissa tomber sur le lit qui se trouvait d'un côté de la tente.

– Dites-moi qui vous êtes. Nous sommes entourés par les espions et les agitateurs, s'écria-t-il d'une voix criarde où perçait la nervosité.

L'homme ne me quittait pas du regard. Il ne me fallut qu'un instant pour le dévisager et cerner son caractère : une petite tête et de larges épaules ; des cheveux blonds en désordre ; une moustache rousse en brosse, un visage émacié comme celui des vieilles icônes byzantines. Dans cette physionomie, un détail occultait tous les autres : un grand front avancé qui surmontait des yeux d'acier, perçants, fixés sur moi comme ceux d'un animal au fond d'une caverne. Aussi brève qu'ait été mon observation, elle m'avait suffi pour comprendre que j'avais devant moi un homme dangereux, prêt à commettre sans tergiverser l'irréparable. Bien que le danger fût évident, je n'en oubliais pas son attitude insultante.

– Asseyez-vous, dit-il d'un ton cassant et d'une voix sifflante, en m'indiquant une chaise et en tortillant nerveusement sa moustache.

Je sentais la colère monter en moi ; je lui dis en restant debout :

– Vous vous êtes permis de m'offenser, baron. Mon nom est assez connu pour que vous m'épargniez de pareilles humiliations. Vous pouvez faire de moi ce que vous voudrez, parce que vous avez la force de votre côté, mais vous ne me forcerez pas à parler à quelqu'un qui m'insulte.

A ces mots, il se redressa sur le lit et, visiblement étonné, commença à m'examiner, retenant sa respiration et tortillant toujours sa moustache. Gardant ostensiblement mon calme, je balayais la yourta d'un regard indifférent ; c'est alors que je remarquai le général Redzoukine. Je le saluai d'un signe de tête et il me rendit mon salut en silence. Puis je me retournai du côté du baron qui, assis, tête baissée, les yeux fermés, murmurait des paroles inintelligibles en se passant de temps à autre la main sur le front.

Brusquement, il se leva et dit en s'adressant à quelqu'un derrière moi :

– Sortez ! je n'ai plus besoin de vous.

Je jetai un coup d'œil en arrière et vis le capitaine Veseloffsky, le visage blanc et froid. Je ne l'avais pas entendu entrer. Il fit demi-tour militairement et sortit.

« La mort, en la personne de l'homme blanc, était derrière moi, pensai-je, mais m'a-t-elle quitté ? »

Le baron réfléchit un moment, puis se mit à parler en phrases heurtées, inachevées.

– Je vous demande pardon… Vous comprenez, il y a tant de traîtres ! Les honnêtes gens ont disparu. Je ne puis me fier à personne. Il n'y a plus que des faux noms ; les papiers sont falsifiés. Les yeux et les paroles mentent. La démoralisation est partout, le bolchevisme a tout corrompu. Je viens de faire exécuter le colonel Philipoff, lui qui se prétendait le représentant de l'organisation blanche de Russie ! Dans la doublure de ses vêtements nous avons trouvé deux codes secrets employés par les bolcheviks. Quand mon officier d'ordonnance a brandi son sabre au-dessus de sa tête, il s'est écrié : « Pourquoi veux-tu me tuer, Tovarich ? » Je ne puis avoir confiance en personne…

Il se tut. Je gardai moi aussi le silence.

– Je vous demande pardon ! répéta-t-il. Je vous ai offensé, mais je ne suis pas seulement un homme, je suis le chef de forces importantes, et j'ai en tête tant de soucis, de chagrins et de souffrances !

Je sentis dans sa voix un mélange de désespoir et de sincérité. Il me tendit franchement la main. Après un nouveau silence, je répondis :

– Que m'ordonnez-vous à présent ? Je n'ai sans doute aucun document, ni faux ni authentique, mais nombre de vos officiers me connaissent, et j'en pourrai trouver à Ourga qui se porteront garants que je ne suis ni agitateur ni…

– Inutile, inutile ! m'interrompit le baron. Tout est clair, j'ai tout compris ! J'ai vu dans votre âme et je sais tout. C'est la vérité que le houtouktou de Narabanchi a écrite à votre sujet. C'est à moi de vous demander ce que je peux faire pour vous.

Je lui expliquai comment mon ami et moi nous avions fui la Russie soviétique afin d'atteindre notre patrie, et comment un groupe de soldats polonais s'étaient joints à nous dans l'espérance de retourner en Pologne ; je lui demandai de nous apporter son aide pour que nous puissions atteindre le port le plus proche.

– Avec plaisir, avec plaisir… je vous aiderai tous… répondit-il nerveusement. Je vous conduirai à Ourga dans mon automobile. Nous partirons dès demain ; en route, nous pourrons causer de ce qu'il conviendra de faire ensuite.

Je pris congé de lui et sortis de la yourta. En arrivant chez moi, je trouvai le colonel Kazagrandi qui arpentait ma chambre avec anxiété.

– Grâce à Dieu ! s'écria-t-il en faisant le signe de croix.

Sa joie avait beau être touchante, il me semblait tout de même que le colonel aurait pu prendre des mesures plus efficaces pour le salut de son hôte, si telle était réellement son inclination. Les émotions de cette journée m'avaient épuisé et je me sentais vieilli de plusieurs années. En me regardant dans la glace, je remarquai quelques cheveux blancs supplémentaires qui garnissaient mon front. Cette nuit-là, je ne pus dormir, hanté par le jeune et fin visage du colonel Philipoff, la mare de sang devant la yourta, les yeux froids du capitaine Veseloffsky, le son de la voix du baron Ungern avec ses accents de souffrance et de désespoir. Je finis cependant par m'assoupir et fut réveillé au matin par le baron Ungern en personne, qui venait s'excuser de ne pouvoir me prendre dans sa voiture parce qu'il était obligé d'emmener Daichin Van. Mais il m'informa qu'il avait laissé des instructions pour qu'on me donnât son propre chameau blanc et deux cosaques comme serviteurs. J'eus à peine le temps de le remercier qu'il était déjà parti.

Le sommeil m'ayant définitivement abandonné, je m'habillai et me mis à fumer pipe sur pipe, tout en réfléchissant : comme il était plus facile de combattre les bolcheviks sur les marécages de la Seybi et de traverser les crêtes neigeuses de l'Oulan taïga où les mauvais démons tuent les voyageurs ! Là-bas tout était simple et compréhensible ; ici c'est un cauchemar effrayant, une tempête sombre et sinistre !

Il me semblait que tous les mouvements du baron Ungern étaient marqués du sceau de l'horreur et de la tragédie. Et derrière lui, toujours, marchaient Veseloffsky, silencieux et pâle... et la mort.

XXXIV

L'HORREUR DE LA GUERRE

A l'aube le lendemain matin, on m'amena le splendide chameau blanc et nous partîmes. Mon escorte était composée de deux cosaques, de deux soldats mongols et d'un lama avec deux chameaux portant la tente et les provisions. Je craignais toujours que le baron, ne voulant rien tenter contre moi à Van Koure en présence de mes amis, n'ait eu l'idée de ce voyage que pour se défaire plus facilement de moi sur la route. Une balle dans le dos et tout serait terminé. En conséquence, je restai prêt à tirer mon revolver à la moindre alerte et à me défendre. Je pris soin qu'aucun des cosaques ne se tint jamais derrière moi. Vers midi nous entendîmes au loin une sirène d'automobile et nous vîmes bientôt le baron Ungern passer à grande allure. Il avait avec lui deux officiers et le prince Daichin Van. Le baron me salua très cordialement et me cria :

– Je vous reverrai à Ourga !

« Ah ! pensai-je, je vais donc arriver à Ourga ». Je pouvais dans ces conditions voyager tranquille. J'avais beaucoup d'amis là-bas, sans compter les soldats polonais avec qui j'étais à Ouliassoutaï et qui m'avaient devancé dans ce voyage.

Après ma rencontre avec le baron, mes cosaques furent pleins d'attentions pour moi et cherchèrent à me distraire en me racontant des histoires. Ils me narrèrent leurs batailles, avec les bolcheviks en Transbaïkalie et en Mongolie, avec les Chinois près d'Ourga ; ils me dirent comment ils avaient découvert sur plusieurs soldats chinois des passeports communistes fabriqués à Moscou ; ils me parlèrent de la bravoure du baron Ungern qui restait en première ligne, assis près d'un feu de camp, à fumer et à prendre le thé, sans être jamais touché par une balle. Une fois, soixante-quatorze balles percèrent son manteau, sa selle et les caisses qui se trouvaient à côté de lui : aucune ne le toucha. C'était une des raisons de sa grande influence sur les Mongols. Ils m'apprirent qu'avant la bataille il était parti en reconnaissance à Ourga, n'emmenant avec lui qu'un seul cosaque, et qu'à son retour il avait tué un officier et deux soldats chinois avec sa canne de bambou (*tashur*); qu'il n'emportait avec lui rien d'autre que du linge de rechange et une paire de bottes; qu'il était toujours calme et joyeux dans la bataille, grave et sombre aux rares jours de paix; qu'on le trouvait enfin toujours aux côtés de ses soldats quand ceux-ci se battaient.

Je leur racontai en retour ma fuite de Sibérie. Ainsi nous ne vîmes pas le temps passer. Nos chameaux trottaient tout le temps, si bien qu'au lieu de faire trente verstes par jour nous en parcourions près de quatre-vingts. Ma monture était la plus rapide de toutes. C'était une énorme bête, toute blanche, avec une magnifique crinière; le baron Ungern l'avait reçue en cadeau d'un prince mongol, en même temps que deux zibelines noires. Calme, vigoureux, ce hardi géant du désert était si grand que je me croyais en haut d'une tour. Après avoir traversé l'Orkhon, nous rencontrâmes le premier cadavre de soldat chinois, couché sur le dos, les bras en croix, en plein milieu de la route. Après avoir franchi les monts Burgut, nous entrâmes dans la vallée de la Tola, au fond de laquelle se trouve Ourga. La route était jonchée de manteaux, de chemises, de chaussures, de casquettes et de bidons, que les Chinois avaient abandonnés dans leur fuite. Ils avaient également laissé là nombre de leurs morts. Plus loin, nous dûmes traverser un marécage jonché de cadavres d'hommes, de chevaux et de chameaux, de voitures brisées et de débris de toutes sortes. C'est ici que les Thibétains du baron Ungern von Sternberg avaient massacré le train de combat des Chinois en fuite.

Quel étrange et lugubre contraste formait le spectacle de ces monceaux de cadavres avec la nature toute bruissante de la vie du printemps renaissant. Sur les étangs, des canards sauvages d'espèces variées sillonnaient la surface de l'eau; dans l'herbe haute, les grues se livraient à leurs danses étranges et se faisaient la cour; sur les lacs, des cygnes et des oies glissaient en grandes cohortes; au cœur des marécages, des couples de *turpans*, oiseaux sacrés aux brillantes couleurs, formaient des taches de lumière; au sommet des crêtes, des dindes sauvages gambadaient et se disputaient la nourriture, des compagnies de perdrix salgas passaient en sifflant; à flanc de montagne, non loin de nous, les loups lézardaient paresseusement au soleil, jappant et aboyant par instants comme de jeunes chiens joueurs.

La nature ne connaît que la vie. La mort n'est pour elle qu'un épisode. Elle en efface les traces sous le sable ou sous la neige, les fait disparaître sous une végétation luxuriante de verdure ou de fleurs. Qu'importe à la nature si une mère, à Tché-Fou ou sur les rives du Yang-tsé-kiang, fait offrande d'un bol de riz et de quelques bâtons d'encens au dieu du sanctuaire, en priant pour le retour de son fils : martyr obscur, tombé sur les plaines de la Tola, ses ossements se dessèchent sous les rayons destructeurs du soleil, et les vents en éparpillent la poussière sur les sables de la prairie. Il y a de la grandeur dans cette indifférence de la nature envers la mort, dans son ardeur à ne connaître que la vie.

Après quatre jours de marche nous atteignîmes les rives de la Tola. Il faisait déjà nuit et il nous fut impossible de trouver le gué. Je forçai cependant mon chameau à entrer dans le fleuve pour chercher un passage. Par chance, je découvris un endroit peu profond, bien que passablement vaseux, et nous pûmes traverser sans difficulté. Nous pouvions nous en féliciter, les chameaux exposant quelquefois le voyageur à des surprises désagréables en pareille occasion : quand ils estiment l'eau trop profonde, car elle leur monte jusqu'au cou, au lieu d'avancer en nageant comme le font les chevaux, ils se laissent flotter sur un côté, ce qui est, on le devine, assez ennuyeux pour les cavaliers !

Vingt-cinq verstes plus loin, nous traversâmes le champ de bataille où s'était déroulé le troisième grand combat pour l'indépendance de la Mongolie. C'est ici que les troupes du baron Ungern avaient arrêté l'avance des six mille Chinois qui arrivaient de Kiakhta pour défendre Ourga. Les Chinois furent mis en déroute et laissèrent quatre mille prisonniers. Cependant ceux-ci tentèrent de s'échapper pendant la nuit. Le baron Ungern envoya à leur poursuite les cosaques de Transbaïkalie et les Thibétains, et c'est leur œuvre dont nous contemplâmes les résultats sur ce champ de mort. Quinze cents cadavres restaient encore sans sépulture ; on en avait enterré à peu près autant, d'après ce que me dirent les cosaques qui avaient pris part à la bataille. Les morts portaient d'atroces blessures provenant de coups de sabre. Les Mongols avaient quitté la région avec leurs troupeaux ; ils furent remplacés par les loups qui disputaient ces horribles proies à des meutes de chiens devenus sauvages. A notre passage, les bêtes se cachèrent derrière les pierres ou dans les fossés.

Enfin nous quittâmes ce lieu de carnage, consacré au dieu maudit de la guerre. Nous avions atteint un cours d'eau rapide et peu profond ; les Mongols, sautant à terre, enlevèrent leurs casquettes et se mirent à boire. C'était un cours d'eau sacré passant à côté de la demeure du Bouddha vivant. Nous nous trouvâmes bientôt au pied d'une crête montagneuse, couverte de forêts épaisses et sombres.

– Le saint Bogdo-Ol ! s'écria le lama. La demeure des dieux qui protègent notre Bouddha vivant !

Bogdo-Ol est l'énorme nœud qui relie trois chaînes de montagnes : les monts Gegyl au sud-ouest, Gangyn au sud, et Huntu au nord. Cette montagne, couverte de forêts vierges, est la propriété du Bouddha vivant. Les forêts abritent à foison presque toutes les variétés d'animaux que l'on trouve en Mongolie, mais la chasse n'y est pas permise. Tout Mongol qui viole cette loi est condamné à mort ; les étrangers sont expulsés. Il est interdit, sous peine de mort, de franchir le Bogdo-Ol. Un seul homme osa transgresser cet ordre : le baron Ungern von Sternberg, qui traversa la montagne avec cinquante cosaques, pénétra dans le palais du Bouddha vivant, où le pontife d'Ourga était retenu prisonnier par les Chinois, et l'enleva.

XXXV

LA CITÉ DES DIEUX VIVANTS

Enfin nous avions devant les yeux la demeure du Bouddha vivant ! Au pied de Bogdo-Ol, derrière des murs blancs, s'élevait un édifice blanc lui aussi, couvert de tuiles d'un bleu turquoise qui luisaient au soleil. Il était entouré d'une riche verdure que tachetaient ici et là les toits merveilleux des temples et des petits palais. Du côté opposé à la montagne, un long pont de bois traversait la Tola et reliait la demeure à la cité des moines, la cité sacrée, vénérée dans tout l'Orient sous le nom de Ta Koure ou Ourga.

Ici habitent, outre le Bouddha vivant, une foule de faiseurs de miracles, de prophètes, de sorciers et de docteurs. Tous ces personnages sont d'origine divine, et honorés comme des dieux vivants. Sur le haut plateau, à gauche, s'élève un vieux monastère, dominé par une énorme tour rouge : on l'appelle « la Cité des lamas du temple » ; au centre se dresse une gigantesque statue dorée de Bouddha assis sur la fleur de lotus ; autour se trouvent des dizaines de temples, de sanctuaires, d'obos, d'autels en plein air et de tours occupées par les astrologues ; il y a aussi un quartier de maisons basses et de yourtas où vivent soixante mille moines de tout âge et de tout rang, des écoles, des bibliothèques ; et encore les archives sacrées, les demeures des bandis, et les auberges qui accueillent les hôtes venus de la Chine, du Thibet, du pays des Bouriates et de celui des Kalmouks.

En contrebas du monastère se trouve la colonie étrangère où habitent les marchands, russes et chinois pour la plupart. C'est là que le bazar oriental mêle ses foules multicolores et affairées. A une verste de là, l'enclos gris de Maimachen entoure ce qui reste des boutiques chinoises, tandis qu'un peu plus loin, on aperçoit une longue rangée de maisons russes, un hôpital, une église, une prison et, enfin, ce curieux édifice de quatre étages en briques rouges, qui abritait autrefois le consulat russe.

Nous étions à peu de distance du monastère quand je remarquai plusieurs soldats mongols à l'entrée d'un ravin, traînant derrière eux trois cadavres qu'ils voulaient manifestement y cacher.

– Que font-ils ? demandai-je.

Les cosaques se contentèrent de sourire sans répondre. Je vis alors les soldats se redresser et faire le salut militaire : du ravin venait de surgir un cavalier, monté sur un petit cheval mongol. Comme il passait près de nous, je remarquai ses épaulettes de colonel et sa casquette verte à visière. Il m'examina de ses yeux froids, sans couleur, que surplombaient d'épais sourcils. Un peu plus loin, il enleva sa casquette et s'épongea le crâne, qu'il avait chauve. Mes yeux remarquèrent l'étrange ondulation que formait le sommet de sa tête : c'était assurément l'homme à la tête en forme de selle contre lequel m'avait mis en garde le vieux devin !

– Qui est cet officier ? demandai-je.

Bien qu'il fût déjà à bonne distance, le cosaque baissa la voix pour me répondre :

– Le colonel Sepaïloff, commandant d'armes à Ourga.

Le colonel Sepaïloff, le personnage le plus noir de la tragédie mongole ! Autrefois mécanicien, puis gendarme, il avait rapidement gagné ses galons sous le régime tsariste. Il se tortillait sans cesse, nerveusement, parlait constamment, d'une voix gutturale et désagréable, éclaboussant de salive son interlocuteur, tout son visage contracté de spasmes. Il était atteint de folie et le baron Ungern l'avait fait examiner à deux reprises par une commission de spécialistes, qui lui avaient ordonné le repos complet dans l'espoir de le débarrasser de son mauvais génie. J'appris plus tard que ce sadique exécutait lui-même les condamnés, plaisantant et chantant tandis qu'il les mettait à mort. Il courait sur lui des histoires macabres et terrifiantes. La cruauté qu'on prêtait au baron Ungern était en réalité l'apanage de Sepaïloff.

Le baron m'avoua quelques jours plus tard que le colonel

l'inquiétait, car ce dernier était bien capable d'exécuter son propre chef comme le dernier des condamnés. De plus, Sepaïloff avait rencontré en Transbaïkalie un sorcier qui lui avait prédit la mort du baron, si celui-ci renvoyait son collaborateur. Aussi le baron redoutait-il Sepaïloff, aveuglé qu'était le colonel par la superstition de cette prophétie. L'homme ne connaissait aucune pitié pour les bolcheviks ou pour ceux qui étaient associés à ceux-ci, d'une manière ou d'une autre. Autrefois les rouges l'avaient torturé en prison et, après sa fuite, avaient massacré toute sa famille. A présent il se vengeait.

Je descendis chez un marchand russe où je reçus aussitôt la visite de mes compagnons d'Ouliassoutaï; ils m'accueillirent avec joie, après avoir eu tant d'inquiétudes sur l'issue de mon expédition à Zain Chabi et à Van Koure. Je pris un bain, fis un brin de toilette et sortis avec eux. Nous entrâmes au bazar. Il y avait foule, une bigarrure d'acheteurs et de marchands qui criaient à tue-tête parmi les amoncellements chatoyants d'étoffes chinoises, de perles, de colliers, de bracelets et de boucles d'oreilles. Tout avait un air de fête; les uns tâtaient des moutons vivants pour savoir s'ils étaient assez gras; des bouchers taillaient de grands morceaux de mouton dans les carcasses suspendues à leur étal; partout les fils de la plaine plaisantaient et riaient. Les femmes mongoles, avec leurs hautes coiffures surmontées de lourds bonnets d'argent, plats comme des soucoupes, admiraient les rubans de soie multicolores et les longs colliers de corail; un grand Mongol, à l'aspect imposant, examinait un troupeau de splendides chevaux dont il discutait le prix; un Thibétain, noir, nerveux, décharné, venu à Ourga pour offrir des prières au Bouddha vivant – ou peut-être était-il porteur d'un message secret de l'autre dieu de Lhassa –, était accroupi et marchandait un portrait de Bouddha au Lotus, taillé dans l'agate. Ailleurs, une foule de Mongols et de Bouriates s'était rassemblée autour d'un marchand chinois qui vendait des tabatières finement peintes, en verre, en cristal, en porcelaine, en améthyste, en jade, en agate et en néphrite : l'une d'elles, en néphrite verte veinée de brun, portait une fine sculpture représentant un dragon enroulé autour d'un groupe de jeunes filles; le marchand en demandait dix jeunes bœufs. Le rouge des lévites et des petites casquettes brodées d'or des Bouriates se mêlait au noir des manteaux des Tartares et des petites toques de velours qu'ils portent plantées sur le sommet du crâne. La foule des lamas fournissait l'arrière-plan de cette tapisserie chamarrée, avec leurs robes jaunes et rouges, leurs capes négligemment jetées sur les épaules et leurs coiffures variées, champignons jaunes, bonnets phrygiens rouges ou casques des anciens Grecs. Ils se mêlaient à la multitude, causant avec sérénité, égrenant leurs rosaires, disant la bonne aventure, cherchant surtout de riches Mongols à soigner ou à exploiter en leur prodiguant révélations, prédictions, et autres mystères. L'espionnage religieux et politique se pratiquait à grande échelle. Des Mongols, arrivant de Mongolie intérieure, étaient cernés en permanence par un réseau invisible mais dense de vigilants lamas. Sur les bâtiments flottaient des drapeaux russes, chinois et mongols ; une petite boutique portait même la bannière étoilée. Les tentes arboraient les rubans, les carrés, les cercles, les triangles des princes et des particuliers atteints de la petite vérole ou de la lèpre, et qui en mouraient. Tout se mêlait en une masse éclatante sous le brillant soleil. Par moments on apercevait les soldats du baron Ungern qui se pressaient, en uniforme bleu ; des Mongols et des Thibétains en habits rouges, avec des épaulettes jaunes, portant le swastika de Gengis Khan et les initiales du Bouddha vivant ; des soldats chinois appartenant à un détachement de l'armée mongole. Après la défaite de l'armée chinoise, deux mille de ces braves avaient juré fidélité au Bouddha vivant et l'avaient imploré de les enrôler dans ses légions. On les accepta et ils constituèrent deux régiments ; ils portaient, à la casquette et aux pattes d'épaules, des dragons chinois argentés.

Comme nous traversions le marché, surgissant à l'angle d'une rue dans un grand bruit de sirène, apparut une grande automobile. A l'intérieur se trouvait le baron Ungern von Sternberg, vêtu de sa tunique mongole en soie jaune avec une ceinture bleue. La voiture allait très vite, mais il eut le temps de me reconnaître, fit arrêter et descendit pour m'inviter à l'accompagner jusqu'à sa yourta. Sa tente était très simplement arrangée ; elle était dressée dans la cour d'un magasin chinois (*hong*). Il avait installé son quartier général dans deux autres yourtas voisines ; ses serviteurs, quant à eux, logeaient dans l'une des maisons chinoises. Quand je lui rappelai sa promesse de m'aider à atteindre un port sur le Pacifique, le général me regarda de ses yeux brillants et me répondit en français :

– Mon œuvre ici touche à sa fin. Dans neuf jours, je commence la guerre contre les bolcheviks et j'entre en Transbaïkalie. Je vous prie de bien vouloir rester ici jusqu'à cette date. Il y a des années que je vis en dehors de toute société civilisée. Je suis seul avec mes pensées et je voudrais vous les faire connaître. Nous causerons et vous verrez que je ne suis pas le « baron fou de sang » dont parlent mes amis, ni le « sévère grand-père » que craignent mes soldats et mes officiers, mais un homme tout simplement, qui a beaucoup cherché et plus encore souffert.

Le baron resta silencieux quelques minutes, puis continua :

– J'ai beaucoup réfléchi à ce qu'il convient de faire pour votre groupe. J'arrangerai tout. Mais je vous en prie, restez encore avec moi pendant ces neuf jours.

Que pouvais-je faire ? J'acceptai. Le baron me serra la main et commanda le thé.

XXXVI

FILS DE CROISÉS ET DE CORSAIRES

– Parlez-moi de vous et de votre voyage, me dit-il.

Je lui racontai tout ce qui me parut susceptible de l'intéresser et il suivit mon récit avec une attention extrême.

– Maintenant c'est à moi de vous parler de ma vie, et vous saurez qui je suis. Mon nom est entouré de tant de haine et de terreur que nul ne peut distinguer le vrai du faux, l'histoire de la légende. Un jour vous écrirez un livre, vous vous rappellerez votre passage en Mongolie et votre séjour dans la yourta du « général sanguinaire ».

Il ferma les yeux et commença son récit, sans cesser de fumer, précipitant ses phrases nerveusement, sans les achever, comme si on ne lui en laissait pas le temps.

– La famille des Ungern von Sternberg est ancienne : elle est issue d'un mélange d'Allemands et de Hongrois, des Huns du temps d'Attila. Mes ancêtres guerriers prirent part à toutes les guerres européennes. On les vit aux croisades : un Ungern fut tué sous les murs de Jérusalem, où il combattait dans les troupes de Richard Cœur de Lion. La tragique croisade des enfants, elle-même, fut marquée par la mort de Raoul Ungern, à l'âge de onze ans. Quand au douzième siècle les plus hardis guerriers du pays furent envoyés sur les frontières orientales de l'empire germanique pour combattre les Slaves, mon ancêtre Arthur était avec eux : c'était le baron Halsa Ungern von Sternberg. Ces chevaliers des marches frontières formèrent l'ordre teutonique des Chevaliers moines qui, par le fer et par le feu, imposèrent le christianisme parmi les populations païennes : Lithuaniens, Esthoniens, Livoniens et Slaves. Depuis lors, l'ordre des Chevaliers teutoniques a toujours compté parmi ses membres des représentants de notre famille. Quand l'ordre teutonique disparut à Grunwald, sous les coups des troupes polonaises et lithuaniennes, deux barons Ungern von Sternberg furent tués dans la bataille. Notre famille alliait à l'esprit guerrier une tendance au mysticisme et à l'ascétisme.

» Au cours du seizième et du dix-septième siècles, plusieurs barons Ungern von Sternberg eurent leurs châteaux en Livonie et en Esthonie. Maintes légendes rapportent leurs exploits : Heinrich Ungern von Sternberg, qu'on appelait « la Hache » était chevalier-errant. Les tournois de France, d'Angleterre, d'Espagne et d'Italie connaissaient sa renommée et sa lance, qui remplissaient de terreur le cœur de ses adversaires. Il tomba à Cadix sous l'épée d'un chevalier qui lui fendit le crâne. Le baron Raoul Ungern von Sternberg était un chevalier-brigand qui opérait entre Riga et Reval. Le baron Pierre Ungern von Sternberg avait son château dans l'île de Dago, en pleine mer Baltique où il tenait à sa merci les marchands de son époque, grâce à ses exploits de corsaire.

» Au commencement du dix-huitième siècle, un fameux baron, Wilhelm Ungern von Sternberg, fut connu sous le nom de « frère de Satan » à cause de ses talents d'alchimiste. Mon propre grand-père devint corsaire dans l'océan Indien, imposant son tribut aux vaisseaux anglais marchands et échappant toujours à leurs navires de guerre. Finalement capturé, il fut livré au consul russe qui le fit condamner à la déportation en Transbaïkalie. Je suis, moi aussi, officier de marine, mais la guerre russo-japonaise m'a forcé à abandonner ma profession pour rejoindre les cosaques du Zabaïkal. Toute ma vie, je l'ai consacrée à la guerre, ou à l'étude du bouddhisme. Mon grand-père nous avait rapporté le bouddhisme des Indes : mon père et moi en sommes devenus des adeptes. En Transbaïkalie, j'ai essayé de former un ordre militaire bouddhiste pour organiser la lutte implacable contre la dépravation révolutionnaire.

Il se tut et but d'affilée plusieurs tasses de thé, un thé très fort, aussi noir que du café.

– La dépravation révolutionnaire ! Qui donc y songe, en dehors du philosophe français Bergson et du très savant Tashi Lama au Thibet ?

Le petit-fils du corsaire, le lettré qui citait pêle-mêle des théories et des ouvrages scientifiques, des noms de savants et d'écrivains, la Bible, les livres bouddhiques, l'homme qui s'exprimait indifféremment en français, en allemand, en russe ou en anglais, continua :

– Dans les livres bouddhiques comme dans les vieux livres chrétiens, on lit de graves prophéties relatives à l'époque où devra commencer la guerre entre les bons et les mauvais esprits. Alors surviendra la malédiction inconnue qui, s'abattant sur le monde et balayant la civilisation, étouffera toute moralité et détruira les peuples. Son arme est la révolution. Dans toute révolution, l'intelligence créatrice qui se fonde sur l'expérience du passé est remplacée par la force jeune et brutale du destructeur. Celui-ci donnera la prééminence aux passions viles et aux bas instincts. L'homme s'éloignera du divin et du spirituel. La grande guerre a prouvé que l'humanité doit s'élever vers un idéal toujours plus haut, mais elle a marqué l'accomplissement de l'antique malédiction que pressentirent le Christ, l'apôtre saint Jean, Bouddha, les premiers martyrs chrétiens, Dante, Léonard de Vinci, Goethe, Dostoïevsky... La malédiction a fait reculer le progrès, nous a barré la route vers le divin. La révolution est une maladie contagieuse ; l'Europe, en traitant avec Moscou, s'est trompée elle-même comme elle a trompé les autres parties du monde. Le Grand Esprit a mis au seuil de notre vie le Karma, qui ne connaît ni la colère ni le pardon. Il règle nos comptes. Ce qui nous attend, c'est la famine, la destruction, la mort de la civilisation, de la gloire, de l'honneur, la mort des nations, la mort des peuples. Je vois déjà cette horreur, cette sombre et folle destruction de l'humanité !

La porte de la yourta s'ouvrit brusquement : claquant les talons, raidi au garde-à-vous, un officier saluait.

– Pourquoi entrez-vous sans permission ? s'écria le général en colère.

– Excellence, notre petit poste de frontière a capturé une patrouille ennemie et l'a amenée ici.

Le baron se leva. Ses yeux étincelaient et son visage était contracté de spasmes.

– Amenez-les en face de ma yourta ! commanda-t-il.

Tout était oublié – le discours inspiré comme la voix pénétrante –, tout avait disparu sous le commandement bref du chef implacable. Le baron mit sa casquette, saisit le tachour de bambou qu'il portait toujours à la main et sortit vivement. Je le suivis. En face de la yourta se tenaient six soldats rouges, entourés par des cosaques.

Le baron s'arrêta, les regarda fixement pendant quelques minutes. Sur son visage on pouvait suivre le jeu violent de ses pensées. Puis il détourna les yeux, s'assit sur le seuil de la maison chinoise et médita un long moment. Enfin il se leva, se dirigea vers les prisonniers et, d'un mouvement plein de décision, toucha de son bambou chaque prisonnier à l'épaule.

– Toi, à gauche. Toi, à droite !

Il avait partagé le groupe : quatre hommes à droite et deux à gauche.

– Fouillez ces deux-là ! Ce doit être des commissaires ! ordonna-t-il.

Puis, se tournant vers les quatre autres, il demanda :

– Vous êtes sans doute cultivateurs et vous avez été mobilisés par les bolcheviks ?

– Oui, Excellence, s'écrièrent les soldats effrayés.

– Allez vous présenter au commandant et dites-lui que j'ai donné l'ordre de vous enrôler dans mes troupes !

Sur les deux autres on trouva des passeports de commissaires du service politique communiste. Le général fronça les sourcils et, lentement, prononça la sentence :

– Tuez-les à coups de bâton !

Il se détourna d'eux et rentra dans la yourta. Mais notre conversation, après cet incident, était devenue un peu embarrassée et je pris congé du général.

Après le dîner, plusieurs officiers d'Ungern se présentèrent dans la maison russe où j'étais descendu. Nous causions avec animation quand nous entendîmes soudain une trompe d'automobile ; les officiers se turent aussitôt.

– Le général passe par ici, dit l'un d'une voix changée.

Notre conversation interrompue reprit, mais pour peu de temps. L'employé de la maison vint en courant nous avertir :

– Le baron !

Celui-ci entra et s'arrêta sur le seuil de la porte. Les lampes n'étaient pas encore allumées et il commençait à faire nuit. Le baron nous reconnut pourtant aussitôt, s'approcha de la maîtresse de maison et lui baisa la main. Il salua chacun aimablement, accepta la tasse de thé qu'on lui offrait et s'approcha de la table.

– Je suis venu vous enlever votre hôte, dit-il à la maîtresse de maison.

Puis, se tournant vers moi, il me demanda :

– Voulez-vous faire une promenade en automobile ? Je vous montrerai la ville et les environs.

Je pris mon manteau ; suivant mon habitude familière, j'y glissai mon revolver, ce qui fit rire le baron.

– Laissez donc ! Ici vous êtes en sécurité. D'autre part, rappelez-vous la prédiction du houtouktou de Narabanchi : la Fortune sera toujours avec vous.

– Parfait ! répondis-je en riant. Je n'ai pas oublié la prédiction. Seulement je ne sais pas au juste ce que le houtouktou a voulu dire par Fortune. Peut-être est-ce la mort, comme pour tant d'autres, au terme d'un long et pénible voyage ; or j'avoue que je préfère aller plus loin et que la mort ne m'attire pas.

Nous sortîmes. Devant la porte, une énorme Fiat nous attendait avec ses phares éblouissants. Le chauffeur, assis au volant, était immobile comme une statue, la main à la casquette, dans la position du salut, qu'il tint tout le temps que nous mîmes à nous asseoir.

– A la station de T. S. F., ordonna le baron.

L'auto bondit. La ville, comme quelques heures plus tôt, grouillait toujours de ses foules orientales ; la nuit leur donnait un aspect plus étrange et plus merveilleux encore. Parmi la multitude bruyante passaient, rapides, des cavaliers mongols, bouriates et thibétains ; des caravanes de chameaux levaient solennellement la tête à notre passage ; les roues en bois des charrettes mongoles faisaient entendre leur douloureux crissement ; tout était illuminé par les grandes lampes à arc de la station d'électricité que le baron Ungern avait fait construire aussitôt après la prise de la ville, en même temps qu'un réseau téléphonique et un poste de télégraphie sans fil. Il avait également fait nettoyer et désinfecter la ville, les rues n'ayant probablement pas connu le balai depuis l'époque de Gengis

Khan. Il avait organisé un service d'autobus reliant les différents quartiers, et fait construire des ponts sur la Tola et sur l'Orkhon ; il avait lancé la publication d'un journal, créé un laboratoire vétérinaire et des hôpitaux, fait rouvrir les écoles ; enfin, il avait œuvré pour la protection du commerce, faisant pendre sans pitié les soldats russes et mongols qui pillaient les magasins chinois. Ainsi son commandant d'armes arrêta-t-il un jour deux cosaques et un soldat mongol qui avaient volé de l'eau-de-vie dans un magasin chinois ; il amena les coupables devant le baron, qui les fit entrer dans sa voiture, se rendit aussitôt au magasin, rendit l'eau-de-vie au marchand, et ordonna au Mongol qui avait commis le larcin de pendre l'un des deux Russes à la porte de l'établissement. Une fois le cosaque pendu, il lui ordonna de pendre le second. Puis ce fut au tour du Mongol d'être pendu à côté des deux autres. Cette justice expéditive parut satisfaire tout le monde, à l'exception toutefois du marchand chinois, qui s'approcha désespéré du baron et le supplia :

– Général ! Baron ! Je vous en prie, enlevez ces hommes de ma porte ou bien personne ne voudra plus entrer dans ma boutique !

Nous traversâmes en toute hâte le quartier du commerce pour gagner le quartier russe, de l'autre côté de la rivière. Sur le pont se tenait un groupe de soldats, accompagnés de quatre Mongoles à la mine coquette. A notre passage, les soldats s'immobilisèrent au salut, les yeux fixés sur le visage sévère de leur chef. Les femmes commencèrent par s'enfuir effarouchées, puis, prises sans doute par la contagion de la discipline militaire, portèrent la main à leur coiffure et saluèrent, aussi immobiles que leurs galants. Le baron me regarda et se mit à rire.

– Voyez la discipline ! Même les femmes mongoles me saluent !

Nous fûmes bientôt sur la plaine, la voiture filant comme une flèche, le vent sifflant et faisant claquer les pans de nos manteaux. Mais le baron, assis, les yeux fermés, disait toujours : « Plus vite ! Plus vite ! » Pendant quelque temps nous n'échangeâmes plus une parole.

– Hier, mon officier d'ordonnance a été battu pour être entré sans permission dans ma yourta et avoir interrompu mon histoire.

– Vous pouvez la continuer maintenant.

– Ça ne vous ennuie pas ? Eh bien, il ne me reste plus grand'chose à vous dire, mais c'est sans doute la partie la plus intéressante. Je vous ai expliqué comment je voulais fonder un ordre militaire de bouddhistes en Russie. Pourquoi ? Pour protéger l'évolution de l'humanité et lutter contre la Révolution, car je suis certain que l'évolution conduit à la divinité, tandis que la révolution ne mène qu'à la bestialité. Mais j'ai œuvré en Russie ! En Russie où les paysans sont grossiers, illettrés, impulsifs, constamment en colère, haïssant tout et tous sans comprendre pourquoi. Ils sont sceptiques et matérialistes, ne sont portés par aucun idéal noble. Quant aux intellectuels, ils vivent dans leur idéalisme, une utopie sans rapport avec la réalité. Ils ont tendance à tout critiquer sans cesse, mais manquent de puissance créatrice. Ce sont des velléitaires qui ne savent que parler, parler et encore parler. Comme les paysans, ils n'aiment rien ni personne. Leurs sentiments sont chimériques, leurs pensées éphémères ; des mots vides qui passent sans laisser de trace.

» J'ai dû bientôt me rendre à l'évidence : mes compagnons violaient les règlements de l'ordre. Aussi dus-je établir, selon les enseignements de la religion jaune, l'obligation du célibat, la renonciation absolue à la femme, aux conforts de la vie, au superflu ; pour que le Russe puisse dompter ses instincts, je prescrivis en contrepartie l'usage illimité de l'alcool, du haschisch et de l'opium. Aujourd'hui, je fais pendre les officiers et les soldats qui boivent de l'alcool, mais à cette époque-là nous en buvions jusqu'à la « fièvre blanche », jusqu'au *delirium tremens*. Il me fut impossible d'organiser l'ordre selon mes vœux, mais je groupai autour de moi trois cents hommes que j'avais réussi à rendre d'une audace prodigieuse et d'une férocité sans égale. Ils se conduisirent en héros pendant la guerre contre l'Allemagne d'abord, puis contre les bolcheviks. Hélas ! ils ne sont plus très nombreux.

– Le poste de T. S. F., Excellence ! avertit le chauffeur.

– Entrez ! ordonna le général.

Au sommet d'une colline se trouvait la puissante station, que les Chinois, dans leur retraite, avaient en partie détruite, mais qui avait été reconstruite par le génie de l'armée Ungern. Le général prit connaissance des télégrammes et me les communiqua. Ils venaient de Moscou, de Tchita, de Vladivostock et de Pékin. Sur une feuille jaune étaient transcrits des messages chiffrés que le baron glissa dans sa poche en me disant :

– Ces messages viennent des services de renseignements que j'ai à Tchita, Irkoutsk, Kharbin et Vladivostock. Mes hommes sont tous des juifs, très habiles et très hardis, tous des amis personnels. J'ai également un officier juif, Voulfovitch, qui a le commandement d'une partie de mes troupes. Il est aussi féroce que Satan, mais intelligent et courageux... Maintenant nous allons filer comme le vent.

Nous repartîmes à toute vitesse, plongeant dans les ténèbres de la nuit. Ce fut une course éperdue. La voiture bondissait sur les pierres et par-dessus les fossés, franchissant même d'étroits ruisseaux, le chauffeur semblant n'éviter que les gros rochers. Sur la plaine, tandis que nous passions en trombe, je remarquai plusieurs fois des points brillants qui s'allumaient dans la nuit et s'éteignaient aussitôt.

– Des yeux de loups ! Nous les avons engraissés de la chair des nôtres et de celle des ennemis ! observa mon compagnon en ébauchant un sourire, avant de se tourner vers moi pour continuer sa profession de foi.

– Pendant la guerre, nous vîmes se corrompre peu à peu l'armée russe ; la Révolution ne fit bientôt plus aucun doute pour moi, et je prévis rapidement la trahison de la Russie envers les Alliés. Afin de réagir, nous formâmes le projet d'unir tous les peuples mongols restés fidèles à leur ancienne foi et à leurs coutumes ancestrales, pour en faire un seul État asiatique composé de tribus autonomes, sous la souveraineté morale et législative de la Chine, patrie de la plus ancienne et de la plus haute des civilisations. Cet État devait comprendre les Chinois, les Mongols, les Thibétains, les Afghans, les tribus mongoles du Turkestan, les Tartares, les Bouriates, les Kirghiz et les Kalmouks. Il était nécessaire qu'il fût puissant matériellement et moralement, de façon à constituer un solide rempart contre la Révolution ; il devait être le garant de l'esprit de bien, incarner une philosophie et une politique fondées sur le respect de l'individu. Face à une humanité folle et corrompue, qui persistait à menacer l'esprit divin dans le cœur de l'homme, à répandre le sang et à empêcher tout progrès moral, l'État asiatique se devait d'arrêter de manière décisive cette décadence et d'établir la paix, une paix durable et sûre. Notre propagande a connu un grand succès pendant la guerre, jusque chez les Turcomans, les Kirghiz, les Bouriates et les Mongols… Arrêtez ! s'écria-t-il soudain sans achever.

La voiture s'immobilisa avec une brutale secousse. Le général sauta à terre et m'invita à le suivre. Nous marchâmes un moment dans la prairie, le baron les yeux rivés au sol, comme s'il y cherchait quelque trace.

– Ah ! murmura-t-il enfin. Il est parti…

Je le regardai, intrigué.

– Un riche Mongol avait ici sa yourta. C'était le fournisseur d'un marchand russe, Noskoff, que les Mongols appelaient Satan, ce qui donne une idée de la férocité de cet homme qui faisait battre ou emprisonner ses débiteurs mongols par les autorités chinoises. Noskoff avait ruiné ce riche Mongol, qui perdit toute sa fortune et s'enfuit à quarante-cinq verstes d'ici. Noskoff l'y poursuivit, enleva tout ce qui lui restait de bétail et de chevaux, et le laissa mourir de faim avec sa famille. Quand je pris Ourga, le Mongol se présenta devant moi avec une trentaine d'autres familles mongoles ruinées elles aussi par Noskoff. Ils réclamaient sa mort… Je fis pendre Satan.

L'automobile avait repris sa course folle, effectuant une large boucle dans la prairie. De nouveau le baron, de sa voix aigre et nerveuse, parcourait en esprit le cercle de la vie asiatique.

– Puis la Russie a trahi la France, l'Angleterre et l'Amérique ; elle a signé le traité de Brest-Litovsk, contribué à l'avènement et au règne du chaos. Alors nous avons décidé de mobiliser l'Asie contre l'Allemagne. Nos envoyés sont entrés en Mongolie, au Thibet, dans le Turkestan et en Chine. Mais à cette époque les bolcheviks avaient déjà commencé à massacrer tous les officiers russes, et nous avons dû renoncer à nos projets pan-asiatiques pour mener contre eux la guerre civile. Cela ne nous empêche pas d'espérer encore, de croire qu'un jour nous pourrons éveiller l'Asie tout entière et, avec son aide, ramener la paix et le royaume de Dieu sur la terre. Je me plais à penser que j'ai contribué pour ma part à cette œuvre en délivrant la Mongolie.

Il redevint silencieux, resta pensif un moment.

– Quelques-uns des compagnons qui m'assistent dans cette œuvre ne m'aiment guère, à cause de ma sévérité et de ce qu'ils appellent mes atrocités, ajouta-t-il avec tristesse. Ils ne comprennent pas encore que nous ne combattons pas seulement un parti politique mais une secte d'assassins, qui menacent de détruire toute notre civilisation contemporaine. Pourquoi les Italiens exécutent-ils les anarchistes qui lancent des bombes ? N'aurais-je pas, moi, le droit de débarrasser le monde de ceux qui veulent tuer l'âme du peuple ? Moi, descendant des chevaliers teutoniques, des croisés et des corsaires ! Je ne connais que la mort comme châtiment des assassins !…

» Rentrez ! commanda-t-il au chauffeur.

Une demi-heure plus tard, nous étions en vue des lumières électriques d'Ourga.

XXXVII

LE CAMP DES MARTYRS

En approchant de l'entrée de la ville, nous vîmes une automobile arrêtée en face d'une petite maison.

– Qu'est-ce que cela signifie ? s'écria le baron. Allons voir !

Comme notre voiture se rangeait à côté du véhicule, la porte de la maison s'ouvrit brusquement et plusieurs officiers sortirent précipitamment ; ils cherchaient manifestement à ne pas se faire voir.

– Arrêtez ! ordonna le général. Rentrez tous à l'intérieur !

Ils obéirent, le général sur leurs talons, qui martelait le sol de son bambou. La porte était restée ouverte et je pus voir et entendre ce qui se passait.

– Malheur à eux ! murmura le chauffeur. Nos officiers savaient que le baron était sorti de la ville avec moi, ce qui signifie la plupart du temps une longue absence ; ils ont dû en profiter pour s'amuser. Il va les faire rouer de coups.

Je pouvais apercevoir le bout d'une table, couverte de bouteilles et de boîtes de conserves. Dans un coin de la pièce, deux jeunes femmes étaient assises ; à l'entrée du général, elles se levèrent d'un bond. J'entendis la voix rauque du baron prononçant des phrases brèves, sèches, sévères.

– Votre patrie est en train de mourir… La honte en retombe sur vous… et vous ne le comprenez pas… vous ne le sentez pas… vous voulez du vin et des femmes… Coquins ! Brutes !… Cent cinquante coups de tachour à chacun d'entre vous !

La voix s'abaissa jusqu'à n'être plus qu'un murmure.

– Et vous, mesdames, vous rendez-vous compte de la ruine de

votre nation ? Non ? Pour vous, cela n'a aucune importance. N'avez-vous donc plus aucun sentiment pour vos maris qui sont au front et qui peut-être, en ce moment même, tombent sous les balles ennemies ? Vous n'êtes pas des femmes... J'honore la femme, dont les sentiments sont plus profonds et plus forts que ceux de l'homme ; mais vous n'êtes pas des femmes ! Écoutez-moi : que ceci se renouvelle une fois encore, et je vous fais pendre !

Il revint à la voiture, dont il fit lui-même sonner la trompe plusieurs fois. Aussitôt des cavaliers mongols arrivèrent au galop.

– Emmenez ces hommes au commandant. J'enverrai mes ordres plus tard.

Nous gardions le silence. Le baron, énervé, respirait bruyamment, allumant cigarette sur cigarette, et les jetant après une ou deux bouffées.

– Vous dînerez avec moi, me dit-il.

Il invita également son chef d'état-major, un homme très réservé, taciturne, mais qui avait reçu une excellente éducation. Les domestiques nous servirent un plat chinois chaud, suivi de viande froide et d'une compote de fruits de Californie, le tout accompagné de l'inévitable thé. Nous mangions à la chinoise avec des baguettes. Le baron semblait préoccupé. Avec beaucoup de précautions, j'entrepris de lui parler des officiers coupables ; je m'efforçai de plaider leur cause en faisant valoir les circonstances extrêmement pénibles dans lesquelles ils vivaient.

– Ils sont pourris jusqu'à la moelle, ils n'ont plus aucun bon sentiment ; ce sont des hommes au fond de l'abîme, murmura le général.

Mais le chef d'état-major parla dans le même sens que moi, si bien qu'au bout du compte le baron lui ordonna de téléphoner au commandant pour qu'il relâchât les officiers.

Le lendemain je fis avec mes amis une nouvelle promenade dans les rues de la ville. Partout régnait la plus grande animation : l'énergie du baron exigeait une activité constante et il l'imposait à tout son entourage. Il était partout, voyait tout, sans jamais gêner pour autant le travail de ses subordonnés. Chacun œuvrait à ce qu'il devait faire.

Le soir, ce fut au tour du chef d'état-major de m'inviter chez lui ; je rencontrai un grand nombre d'officiers et fut frappé par leur intelligence à tous. Je leur racontai mon voyage. Nous étions lancés dans une conversation animée quand le colonel Sepaïloff entra en chantonnant. Tous ceux qui étaient là se turent brusquement, puis prirent congé les uns après les autres sous des prétextes divers. Sepaïloff tendit à notre hôte une liasse de papiers puis, se tournant vers nous, il annonça :

– Je vais vous faire porter pour souper un délicieux pâté de poisson et de la soupe aux tomates.

Quand il eut quitté la pièce, notre hôte se saisit la tête dans les mains d'un geste de désespoir.

– Dire que depuis la Révolution nous sommes obligés de travailler avec la lie de la terre !

Quelques minutes plus tard un soldat se présentait de la part de Sepaïloff avec une soupière et le pâté de poisson. Tandis que le soldat se penchait sur la table pour y déposer les plats, le chef d'état-major me fit un signe des yeux et me glissa :

– Regardez bien ce visage.

Après le départ du soldat, il scruta avec attention les bruits de pas qui s'éloignaient. Quand on n'entendit plus rien, il me confia à voix basse :

– C'est le bourreau de Sepaïloff, celui qui pend et qui étrangle les malheureux condamnés.

Alors, à ma grande stupéfaction, il renversa le contenu de la soupière sur le sol puis, sortant de la yourta, il jeta le pâté par-dessus la palissade.

– C'est le dîner de Sepaïloff, et bien qu'il soit sans doute très savoureux, il y a aussi des chances pour qu'il soit empoisonné ! Chez Sepaïloff, il est dangereux de boire ou de manger.

Oppressé par tous ces incidents, je rentrai me coucher. Mon hôte n'était pas encore endormi et se précipita à ma rencontre, l'air effrayé. Avec lui se trouvaient tous mes amis.

– Dieu soit loué ! s'écrièrent-ils tous. Il ne vous est rien arrivé !

– Que se passe-t-il ? demandai-je.

– Eh bien, commença l'hôte, après votre départ un soldat est venu de la part de Sepaïloff, et a emporté vos bagages, prétextant que vous l'aviez envoyé les chercher ; nous savions ce que cela voulait dire : ils allaient tout fouiller et ensuite...

J'entrevis aussitôt le danger. Sepaïloff pouvait introduire ce qu'il voulait dans mes affaires, et m'accuser ensuite de n'importe quoi. Mon vieil ami l'agronome et moi partîmes sur-le-champ chez le colonel. Je laissai mon compagnon à la porte et entrai. Je tombai sur le même soldat qui nous avait apporté le souper, mais Sepaïloff me reçut immédiatement. En réponse à ma protestation, il m'assura qu'il s'agissait d'une erreur et, me demandant d'attendre un instant, il quitta la pièce. J'attendis cinq, dix, quinze minutes, mais personne ne vint. Je frappai sans obtenir de réponse. Je décidai alors d'aller trouver le baron, mais en voulant ouvrir la porte, je m'aperçus qu'elle était fermée à clef. Je tentai ma chance avec la seconde porte : fermée à clef également ! J'étais pris au piège ! Pensant alerter mon ami, j'aperçus au mur un téléphone avec lequel j'appelai le baron Ungern. Un moment plus tard il était là, avec Sepaïloff.

– Que s'est-il passé ? demanda-t-il d'une voix sévère et menaçante.

Et sans attendre la réponse de Sepaïloff, il le frappa de sa canne, avec une telle violence que le colonel tomba. Nous sortîmes et le général ordonna qu'on amenât mes bagages. Puis il me conduisit à sa yourta.

– Désormais vous habiterez ici. Je suis très heureux de cet incident, remarqua-t-il avec un sourire, car à présent je puis m'exprimer en toute liberté.

Ceci m'encouragea à lui poser une question :

– M'autoriserez-vous à rapporter tout ce que j'ai vu et entendu ici ?

Il réfléchit un moment avant de répondre :

– Donnez-moi votre carnet de notes.

Je lui passai le carnet sur lequel étaient esquissées mes notes de voyage. Il y écrivit ces mots : « Après ma mort, baron Ungern. »

– Mais je suis plus âgé que vous et je mourrai avant vous, lui fis-je remarquer.

Il ferma les yeux, courba la tête et murmura :

– Oh non ! Cent trente jours encore et tout sera fini. Ensuite… le Nirvana ! Comme je suis las, de chagrin, de misère et de haine !

Nous gardâmes le silence un long moment. Je sentais que je

m'étais fait un ennemi mortel du colonel Sepaïloff et qu'il était prudent de quitter Ourga le plus tôt possible. Il était deux heures du matin. Le baron se leva.

– Allons chez le grand et bon Bouddha, me dit-il, le visage chargé de profondes pensées, les yeux brillants et les traits contractés par un amer et mélancolique sourire.

Telle était la vie chez ces réfugiés martyrs, poursuivis par les circonstances, entraînés vers la mort, conduits par la haine et le mépris de ce descendant des chevaliers teutoniques. Et lui, qui les martyrisait, ne connaissait ni une journée ni une nuit de repos. Ses pensées empoisonnées lui consumaient implacablement le cœur ; il se torturait lui-même, subissant des souffrances de Titan, sachant que chaque jour raccourcissait d'un maillon la courte chaîne des cent trente anneaux qui l'attiraient vers la mort.

XXXVIII

EN PRÉSENCE DE BOUDDHA

A notre arrivée au monastère, nous abandonnâmes l'automobile pour nous enfoncer à pieds dans le labyrinthe d'étroites allées, au cœur duquel se cachait le plus grand temple d'Ourga. Le bâtiment aux murs thibétains était surmonté d'un toit de style chinois, à l'architecture quelque peu prétentieuse. Une seule lanterne brillait à l'entrée. La lourde porte garnie de bronze et d'acier était fermée. Quand le général frappa l'énorme gong de cuivre, les moines effrayés se mirent à courir dans toutes les directions et, apercevant le général-baron, se prosternèrent à terre, n'osant plus relever la tête.

– Levez-vous, ordonna le baron, et conduisez-nous dans le temple !

L'intérieur ressemblait à celui de tous les temples lamaïstes : on y voyait les mêmes oriflammes multicolores ornés de prières, de signes symboliques et d'images de saints, les traditionnelles banderoles de soie suspendues au plafond et les images de dieux et de déesses. De chaque côté du chœur se trouvaient les bancs rouges des lamas et de la maîtrise. Sur l'autel, de petites lampes faisaient briller l'or et l'argent des vases et des candélabres. Au fond pendait un lourd rideau de soie jaune portant des inscriptions thibétaines. Les lamas tirèrent le rideau. Dans la faible lumière des lampes vacillantes apparut la grande statue de Bouddha assis dans le lotus d'or. Le visage du dieu était calme, indifférent, animé d'une douce lueur. De part et d'autre, des milliers de petits bouddhas, apportés en offrande par les fidèles, semblaient monter la garde. Le baron frappa le gong pour attirer l'attention du Grand Bouddha sur sa prière, et jeta une poignée de pièces de monnaie dans la grande coupe de bronze. Alors, ce fils de croisés, cet homme qui avait étudié tous les philosophes occidentaux ferma les yeux, se couvrit le visage de ses mains jointes et pria. Je remarquai un rosaire noir à son poignet gauche. Il pria ainsi pendant dix minutes. Ensuite, il me conduisit à l'autre bout du monastère.

– Je n'aime pas ce temple, me confia-t-il. Il est neuf et a été construit par les lamas alors que le Bouddha vivant était devenu aveugle. Je ne trouve sur le visage du Bouddha doré ni les larmes, ni les espoirs, ni la détresse, ni la reconnaissance du peuple. Celui-ci n'a pas encore eu le temps d'y laisser les traces de ses prières. Je vais vous montrer maintenant le vieux sanctuaire des prophéties.

C'était un édifice beaucoup plus petit, noirci par l'âge ; il avait l'aspect d'une tour, avec un toit en dôme. Les portes étaient ouvertes. De chaque côté de l'entrée se trouvaient des roues à prières, qu'on pouvait faire tourner ; au-dessus, une plaque de cuivre avec les signes du zodiaque. A l'intérieur, deux moines psalmodiaient les sutra sacrés ; ils ne levèrent pas les yeux à notre entrée. Le général s'approcha d'eux et leur dit :

– Jetez les dés pour savoir le compte de mes jours.

Les prêtres apportèrent deux coupes remplies de dés et firent rouler ceux-ci sur leur table basse. Le baron regarda et compta en même temps qu'eux :

– Cent trente ! Toujours cent trente !

S'approchant de l'autel qui portait une ancienne statue de Bouddha en pierre, rapportée des Indes, il se remit à prier. Le jour commençait à poindre. Nous nous promenâmes ensuite dans le monastère, visitant les temples et les sanctuaires, le musée de l'école de médecine, la tour des astrologues et la cour où les bandis et les jeunes lamas s'exercent le matin à la lutte. Quelques-uns tiraient à l'arc. Des lamas d'un grade plus élevé nous offrirent du mouton, du thé et des oignons sauvages.

A notre retour dans la yourta, je me couchai et essayai en vain de trouver le sommeil. Trop de questions m'inquiétaient : « Où suis-je ? Quelle époque suis-je donc en train de vivre ? » Sans que rien ne soit parfaitement clair dans mon esprit, je sentais que tout cela devait participer d'une grande idée dont je sentais au-dessus de ma tête la présence invisible, d'un projet gigantesque qui s'inscrivait au cœur d'une indescriptible misère humaine.

Après notre déjeuner, le général manifesta le désir de me présenter au Bouddha vivant. Il est si difficile d'obtenir une audience du Bouddha que je fus ravi de cette occasion. Notre voiture s'arrêta bientôt à la porte du grand mur zébré de blanc et de rouge qui entoure le palais du dieu. Deux cents lamas en robes jaunes et rouges se précipitèrent pour saluer le général, le chiang chun, d'un murmure respectueux : « Khan ! Dieu de la guerre ! » En cortège solennel, ils nous conduisirent à une salle spacieuse aux lumières tamisées. De lourdes portes sculptées s'ouvraient sur l'intérieur du palais. A l'extrémité de la salle, sur une estrade, se trouvait le trône, recouvert de coussins de soie jaune. Le dossier du fauteuil était rouge bordé de bois doré ; de part et d'autre, des écrans de soie jaune dans des cadres d'ébène aux sculptures compliquées et, contre les murs, des vitrines remplies d'objets de toutes sortes, venant de Chine, du Japon, des Indes ou de Russie. Je remarquai parmi les bibelots un marquis et une marquise en porcelaine de Sèvres, d'une grâce exquise. Devant le trône, huit nobles Mongols étaient assis autour d'une longue table basse : le président, un digne vieillard au visage intelligent, énergique, et au regard pénétrant, me rappelait les authentiques statues de bois des saints bouddhistes, avec leurs yeux de pierres précieuses, que j'avais vues au musée impérial de Tokyo, parmi les anciennes statues d'Amida, de Daunichi Bouddha, de la déesse Kwannon et du joyeux Hotei.

C'était le Jahantsi Houtouktou, président du Conseil des ministres de Mongolie, honoré et vénéré bien au-delà des frontières de son pays. Les autres personnages étaient les ministres, les khans et les princes des Khalkhas. Le Jahantsi Houtouktou invita le baron Ungern à s'asseoir à côté de lui, et on apporta pour moi une chaise européenne. Le baron annonça au Conseil des ministres, par l'intermédiaire d'un interprète, qu'il quitterait la Mongolie quelques jours plus tard ; ils les implora de protéger la liberté conquise par le pays des successeurs de Gengis Khan, dont l'âme toujours vivante demandait aux Mongols de redevenir un peuple puissant et de réunir à nouveau dans un grand État asiatique tous les royaumes sur lesquels il avait régné.

Le général se leva et tous les autres l'imitèrent. Il prit congé de chacun en particulier, avec gravité. Devant Jahantsi Lama il s'inclina, tandis que le houtouktou lui donnait sa bénédiction avec imposition des mains. De la chambre du Conseil, nous passâmes dans la résidence particulière du Bouddha vivant. La maison, de style russe, était entourée d'une foule de lamas rouges et jaunes, de serviteurs, de conseillers, de fonctionnaires, de devins, de docteurs et de favoris. De la porte d'entrée partait une longue corde rouge dont l'autre extrémité était jetée par-dessus le mur de la propriété, et pendait dans la rue à côté de la grille. Les pèlerins se pressaient en masse, rampant à genoux pour toucher l'extrémité de la corde, après quoi ils donnaient au moine en faction un hatyk de soie ou une pièce d'argent. En touchant la corde dont l'extrémité intérieure est dans la main du Bogdo, les pèlerins entrent en communication avec le Dieu vivant incarné. Une onde de bénédiction coule par ce câble, fait en poil de chameau et en crin de cheval. Tout Mongol ayant touché cette corde mystique reçoit un ruban rouge qu'il porte autour du cou comme témoignage de l'accomplissement de son pèlerinage.

J'avais beaucoup à dire au sujet du Bogdo Khan. On m'avait parlé de son goût pour l'alcool, cause de sa cécité, de ses inclinations pour la culture occidentale, de sa femme elle aussi portée sur la boisson, mais qui recevait en son nom de nombreuses délégations et une bonne partie des émissaires les plus importants.

Dans la salle dont le Bogdo avait fait son cabinet de travail, et où deux lamas secrétaires veillaient jour et nuit sur le coffre qui contenait les grands sceaux, régnait la simplicité la plus austère. Sur une table basse en bois laqué, sans ornements, se trouvait ce qu'il fallait pour écrire, ainsi qu'un étui enveloppé de soie jaune contenant les sceaux donnés par le gouvernement chinois et par le Dalaï-Lama. A côté, un fauteuil bas et un poêle de bronze ; sur les murs, des inscriptions mongoles et thibétaines, ainsi que le swastika ; derrière le fauteuil, un petit autel avec une statue dorée de Bouddha, devant laquelle brûlaient deux lampes ; le plancher était recouvert d'un épais tapis jaune.

Quand nous entrâmes, les deux lamas secrétaires étaient seuls dans la pièce ; le Bouddha vivant se trouvait dans le petit sanctuaire voisin, où ne sont autorisés à pénétrer que le Bogdo Khan lui-même et le kampo gelong, qui s'occupe du temple et assiste le Bouddha vivant dans ses prières solitaires. Le secrétaire nous apprit que le Bogdo avait manifesté une grande nervosité le matin même. A midi il avait pénétré dans le sanctuaire. Pendant longtemps la voix du chef de la religion jaune s'était fait entendre, psalmodiant de ferventes prières, puis après la sienne, une autre voix inconnue aux accents très distincts : dans le sanctuaire avait eu lieu une conversation entre le Bouddha sur la terre et le Bouddha dans le ciel. Ainsi nous parlèrent les lamas.

– Attendons un peu, proposa le baron. Il sortira peut-être bientôt.

Tandis que nous attendions, le général commença à me parler de Jahantsi Lama. Jahantsi, me dit-il, était un homme calme et ordinaire ; mais quand il était préoccupé et plongé dans de profondes réflexions, un nimbe apparaissait autour de sa tête.

Au bout d'une demi-heure, les lamas secrétaires commencèrent à montrer de grands signes d'inquiétude et à tendre l'oreille vers le sanctuaire. Bientôt ils se prosternèrent, face contre terre. La porte s'ouvrit lentement ; alors entra l'empereur, le Bouddha vivant, Sa Sainteté Bogdo Djebtsung Houtouktou, khan de Mongolie extérieure. C'était un vieillard de forte taille, dont le visage rasé ressemblait à ceux des cardinaux romains. Il était vêtu de la tunique mongole de soie jaune à ceinture noire. Les yeux du vieillard étaient grands ouverts. La crainte et l'étonnement s'y lisaient. Il s'affaissa dans le fauteuil en murmurant :

– Écrivez !

Un secrétaire prit immédiatement du papier et une plume chinoise tandis que Bogdo commençait à dicter sa vision dans la plus grande confusion. Il termina ainsi :

– Voilà ce que moi, Bogdo Houtouktou Khan, j'ai vu, parlant au grand et sage Bouddha, entouré des bons et des mauvais esprits. Sages lamas, houtouktous, kampos, marambas et saints gheghens, interprétez ma vision !

En terminant, il s'épongea le front qui perlait de sueur et demanda qui était présent.

– Le khan chiang chun baron Ungern avec un étranger, répondit un des secrétaires à genoux.

Le général me présenta au Bogdo qui inclina la tête en signe de salut. Ils commencèrent à discuter tous les deux à voix basse. Par la porte ouverte, j'apercevais une partie du sanctuaire. Je distinguai une grande table recouverte de livres, les uns ouverts, les autres épars sur le plancher, un poêle avec des charbons rouges, un panier contenant des omoplates et des entrailles de mouton. Bientôt le baron se leva et s'inclina devant le Bogdo. Le Thibétain posa les mains sur la tête du baron et marmotta une prière. Puis il enleva de son cou une lourde icône et la suspendit à celui du baron.

– Vous ne mourrez pas : vous serez incarné dans la forme d'être la plus élevée. Rappelez-vous cela, Dieu incarné de la guerre, Khan de la Mongolie reconnaissante !

Je compris que le Bouddha vivant donnait au « général sanguinaire » sa bénédiction avant la mort.

Le lendemain et le jour suivant, j'eus l'occasion de rendre de nouveau visite au Bouddha vivant, à trois reprises, en compagnie d'un ami du Bogdo Khan, le prince bouriate Djam Bolon. Ce sont ces visites que je décris dans la quatrième partie du présent ouvrage.

Le baron Ungern organisa mon voyage jusqu'au rivage du Pacifique. Nous devions gagner la Mandchourie du nord à dos de chameau, cet itinéraire permettant de ne pas avoir à négocier avec les autorités chinoises, si mal disposées en ce qui concerne les relations internationales avec la Pologne. Ayant envoyé d'Ouliassoutaï un courrier à la légation française de Pékin, et emportant avec moi une lettre de la chambre de commerce chinoise, dans laquelle les représentants m'exprimaient leur reconnaissance pour avoir préservé la ville d'un pogrom, j'avais ensuite l'intention de gagner la station de chemin de fer la plus proche dans l'est de la Chine, d'où je pourrais prendre un train pour Pékin. Le négociant danois E.-V. Olufsen devait faire partie du voyage, ainsi qu'un savant lama, Turgut, qui se rendait en Chine.

Je n'oublierai jamais la nuit du 19 au 20 mai 1921 ! Après le dîner, le baron Ungern me proposa d'aller chez Djam Bolon dont j'avais fait la connaissance le lendemain de mon arrivée à Ourga. Sa yourta était placée sur une estrade, dans un enclos situé derrière le quartier russe. Deux officiers bouriates vinrent à notre rencontre et nous firent entrer. Djam Bolon était un homme d'âge moyen, grand et mince, au visage très allongé. Avant la grande guerre c'était un simple berger, mais il avait combattu sur le front allemand, puis contre les bolcheviks avec le baron Ungern. Il était grand-duc des Bouriates, successeur des anciens rois détrônés par le gouvernement russe, après la tentative avortée pour proclamer l'indépendance du peuple bouriate. Les domestiques nous apportèrent des plats chargés de noix, de raisins secs, de dattes et de fromage, et nous servirent le thé.

– C'est la dernière nuit, Djam Bolon ! lui dit le baron. Et vous m'avez promis…

– Je me rappelle, répondit le Bouriate. Tout est prêt.

Pendant longtemps je les écoutai évoquer les souvenirs de leurs anciens combats et des amis disparus. La pendule marquait minuit quand Djam Bolon se leva et sortit.

– Je veux me faire dire l'avenir encore une fois, dit le baron comme s'il cherchait à se justifier. Pour le bien de notre cause… il est encore trop tôt pour que je meure…

Djam Bolon revint avec une femme d'âge moyen, petite, qui s'accroupit à l'orientale devant le feu, s'inclina et commença à regarder fixement le baron. Elle avait le visage plus blanc, plus allongé et plus maigre que les Mongoles, les yeux noirs et perçants. Son costume ressemblait à celui d'une bohémienne. J'appris par la suite que c'était une devineresse et prophétesse célèbre parmi les Bouriates, fille d'une Bohémienne et d'un Bouriate. Elle tira un petit sac de sa ceinture et, d'un geste plein de lenteur, en extirpa de petits os d'oiseau et une poignée d'herbe sèche. Elle commença à murmurer des mots inintelligibles, tout en jetant de temps en temps de l'herbe sur le feu, ce qui remplit la tente d'un moelleux parfum. Je sentis mon cœur se mettre à battre et la tête me tourner. Après que la devineresse eut brûlé toute son herbe, elle plaça les os d'oiseau sur le charbon, les tournant et retournant avec des pincettes de bronze. A mesure que les os noircissaient, elle les examinait avec une concentration de plus en plus grande. Soudain une expression d'épouvante pleine de souffrance se peignit sur son visage. Elle arracha nerveusement la coiffe qui était enroulée autour de sa tête et, agitée de convulsions, commença à prononcer des phrases brèves et rapides.

– Je vois... Je vois le dieu de la guerre... Sa vie s'écoule horriblement... Après cela, une ombre... noire comme la nuit... Ombre... Cent trente pas encore... Au-delà, des ténèbres... Rien... Je ne vois rien... Le dieu de la guerre a disparu...

Le baron baissa la tête. La femme tomba sur le dos, inerte, les bras en croix. Elle avait perdu connaissance, mais il me sembla voir une de ses pupilles briller sous les cils fermés. Deux Bouriates emportèrent le corps inanimé, après quoi un long silence régna dans la yourta du prince bouriate. Le baron Ungern se leva enfin et commença à marcher autour du feu, se parlant à lui-même. Au bout d'un temps, il s'arrêta, puis se mit à déclamer avec un débit d'une extrême rapidité.

« Je vais mourir ! Je vais mourir !... Mais qu'importe ? Qu'importe ? La cause est en bonne voie et ne mourra pas. Je connais la route que suivra la cause. Les tribus des successeurs de Gengis Khan se sont réveillées. Personne n'éteindra la flamme dans le cœur des Mongols ! En Asie naîtra un grand État, de l'océan Pacifique et de l'océan Indien aux rives de la Volga. La sage religion de Bouddha s'étendra vers le nord et vers l'ouest. Ce sera la victoire de l'esprit ! Un conquérant, un chef, apparaîtra, plus fort et plus résolu que Gengis Khan et Ugadaï. Il sera plus habile et plus miséricordieux que le sultan Baber [1] et gardera le pouvoir entre ses mains jusqu'au jour béni où, de sa capitale souterraine, sortira le Roi du Monde. Pourquoi, pourquoi ne serais-je pas au premier rang des guerriers du bouddhisme ? Pourquoi le Karma en a-t-il ainsi décidé ? Mais ce qui doit être sera. Il faut d'abord que la Russie se lave de l'insulte de la Révolution, qu'elle se purifie dans le sang et la mort ; tous ceux qui acceptent le communisme doivent périr avec leurs familles afin que soit détruite toute leur descendance !

Le baron leva la main au-dessus de sa tête et la secoua comme s'il donnait des ordres à quelque personnage invisible.

Le jour commençait à poindre.

– Mon temps est venu ! dit le général. Bientôt je vais quitter Ourga.

1. Bâbur (1483-1530). Descendant de Tamerlan, il conquit Samarkand, puis toute l'Inde du Nord, et fonda l'empire Moghol. *(NdE)*

Il nous serra la main vivement et énergiquement.

– Adieu à jamais ! Je mourrai d'une mort atroce, mais le monde n'a jamais vu une terreur et une mer de sang comme celle qu'il s'apprête à contempler.

La porte de la yourta se ferma violemment ; il était parti. Je ne le revis plus jamais [1].

– Il faut que je parte moi aussi, dis-je au prince, car je dois quitter Ourga aujourd'hui.

– Je sais, répondit le prince ; mais ce n'est pas sans raison que le baron vous a laissé auprès de moi. Je vais vous donner un quatrième compagnon : le ministre de la Guerre de Mongolie. Vous l'accompagnerez pour revenir à votre yourta. C'est absolument nécessaire, dans votre propre intérêt.

Djam Bolon prononça cette dernière phrase en accentuant chaque mot. Je ne lui posai aucune question, habitué que j'étais aux mystères de ce pays, où règnent les bons et les mauvais esprits.

1. L'homme qui avait chassé les Chinois d'Ourga et mis si longtemps les bolcheviks en échec fut capturé par les rouges quelques mois plus tard, et exécuté le 18 septembre de la même année. *(NdE)*

XXXIX

L'HOMME A LA TÊTE EN FORME DE SELLE

Après avoir pris le thé dans la yourta de Djam Bolon, je revins chez moi et préparai mes bagages. Le lama Turgut était déjà là.

– Le ministre de la Guerre voyagera avec nous, murmura-t-il. C'est nécessaire.

– Très bien, répondis-je

Puis je me rendis chez Olufsen. Mais ce dernier m'annonça, à ma grande surprise, qu'il était forcé de passer quelques jours encore à Ourga : cette décision devait lui être fatale ; en effet un mois plus tard, Sepaïloff, resté commandant d'armes après le départ du baron Ungern, signala dans un rapport qu'il avait été tué.

Rejointe par le ministre de la Guerre, un jeune et vigoureux Mongol, notre caravane se mit donc en route. A une dizaine de verstes de la ville, le bruit d'une automobile se fit entendre derrière nous. Le lama ne put retenir un frisson et me regarda avec frayeur. Retrouvant cette sensation de danger qui m'était désormais familière, j'ouvris mon étui et dégageai le cran de sûreté de mon revolver. L'automobile s'arrêta bientôt à côté de notre caravane. Sepaïloff nous salua très cordialement et demanda :

– Vous changez de chevaux à Khazahuduk ? Faut-il pour s'y rendre emprunter la route qui traverse le col en face de nous ? Je ne connais pas le chemin et je dois rattraper un messager qui y est allé.

Le ministre de la Guerre répondit que nous serions à Khazahuduk le soir même, et donna à Sepaïloff les indications nécessaires pour trouver la route. L'automobile s'éloigna à grande vitesse. Quand elle eut atteint la crête, le ministre ordonna à l'un des Mongols de partir en reconnaissance au galop, pour voir si elle ne s'était pas arrêtée de l'autre côté du col. Le Mongol donna un coup de cravache à son cheval et partit, tandis que nous le suivions d'un train plus lent.

– Que se passe-t-il ? demandai-je. Expliquez-moi.

Le ministre m'apprit alors que Djam Bolon avait été informé la veille d'un complot ourdi par Sepaïloff pour me rattraper sur la route et me tuer ; le colonel me soupçonnait en effet d'avoir excité le baron contre lui. Djam Bolon avait prévenu le baron, lequel avait organisé cette colonne pour me protéger. Tandis que le ministre achevait de me mettre au courant, nous vîmes revenir le Mongol qui nous annonça que l'automobile avait disparu.

– Maintenant, dit le ministre, nous allons prendre une tout autre direction ; Sepaïloff pourra bien nous attendre en vain à Khazahuduk !

Nous obliquâmes au nord, vers Undur Dobo. Dans la soirée, nous atteignions le camp d'un prince local. Nous prîmes congé du ministre, on nous donna des chevaux splendides et nous pûmes reprendre notre marche vers l'est, laissant derrière nous « l'homme à la tête en forme de selle », contre lequel le vieux devin des environs de Van Koure m'avait mis en garde.

Après douze jours de marche, sans autres aventures, nous arrivâmes à la première station sur la ligne chinoise du chemin de fer de l'est. De là je gagnai Pékin.

Au milieu du confort moderne de l'hôtel de Pékin, je quittai ma peau de voyageur, de chasseur et de guerrier. Je ne pouvais guère oublier cependant le charme mystérieux de ces neuf jours passés à Ourga où, quotidiennement, j'avais vécu auprès du baron Ungern, « dieu incarné de la Guerre ». Les journaux, qui rendaient compte de la marche sanglante du baron à travers la Transbaïkalie, ravivaient sans cesse dans mon esprit le souvenir de ces journées. Aujourd'hui même, bien que plus de sept mois se soient écoulés, ces jours de folie, d'inspiration et de haine restent gravés dans ma mémoire.

Les prophéties se sont réalisées. Environ cent trente jours après notre séparation, le baron fut capturé par les bolcheviks, à la suite de la trahison de ses officiers. Il fut exécuté à la fin du mois de septembre.

Baron Ungern von Sternberg... Comme un orage sanguinaire du Karma vengeur, il passa sur l'Asie centrale. Qu'a-t-il laissé derrière lui ? L'ordre du jour sévère qu'il adressa à ses soldats et qui se terminait par les paroles de la révélation de saint Jean :

– Que personne n'arrête la vengeance qui doit frapper le corrupteur et le meurtrier de l'âme russe. La révolution doit être arrachée du monde. Contre elle, la révélation de saint Jean nous a prévenus en ces termes : « Et la femme était vêtue de pourpre et d'écarlate, parée d'or, de pierres précieuses et de perles ; elle avait à la main une coupe d'or pleine des abominations et de la souillure de ses impudicités. Et sur son front était écrit ce nom mystérieux : la grande Babylone, la mère des débauches et des abominations de la terre. Je vis cette femme enivrée du sang des saints et du sang des martyrs de Jésus. »

C'est un vrai témoignage humain qu'il laissait là, un témoignage de la tragédie russe, un témoignage peut-être de la tragédie mondiale.

Mais il restait une autre trace, plus importante encore.

Dans les yourtas mongoles, près des feux des bergers, Bouriates, Mongols, Dzoungars, Kirghiz, Kalmouks et Thibétains racontent la légende née de ce fils de croisés et de corsaires : « Du Nord est venu un guerrier blanc qui appela les Mongols, les conviant à briser leurs chaînes d'esclavage, qui tombèrent sur notre sol délivré. Ce guerrier blanc était Gengis Khan réincarné ; il a prédit la venue du plus grand de tous les Mongols, qui répandra la belle foi de Bouddha, la gloire et la puissance des descendants de Gengis, d'Ugadaï et de Kublaï Khan. Et ce temps viendra ! »

L'Asie s'est réveillée et ses fils prononcent d'audacieuses paroles.

Il serait bon, pour la paix du monde, qu'ils se montrassent les disciples des sages créatures. Qu'ils suivent Ugadaï et le sultan Baber plutôt que de se ranger sous les auspices des mauvais démons de Tamerlan le Destructeur !

QUATRIÈME PARTIE

LE BOUDDHA VIVANT

XL

AU JARDIN DES MILLE BÉATITUDES

En Mongolie, terre des miracles et des mystères vit le gardien du Mystérieux et de l'Inconnu, Sa Sainteté le Bouddha vivant, Djebtsung Damba Houtouktou Khan, Bogdo Gheghen, pontife de Ta Koure. C'est l'incarnation de l'immortel Bouddha, le représentant de la lignée de souverains spirituels dont le règne remonte à 1670, et qui se transmettent l'esprit toujours plus épuré de Bouddha Amitabha attaché à Chan-ra-zi, l'Esprit Miséricordieux des montagnes. En lui se trouve le Tout : le mythe du soleil et la fascination des pics mystérieux de l'Himalaya, les contes des pagodes de l'Inde, la sévère majesté des conquérants mongols, empereurs de l'Asie tout entière, les antiques et brumeuses légendes des sages Chinois, l'immersion dans les pensées des brahmanes, la vie austère des moines de l'Ordre Vertueux, la vengeance des guerriers éternellement errants, les Olets, avec leurs khans, Batour Hun Taïgi et Gushi, le fier héritage de Gengis et de Kublaï Khan, la morale cléricale réactionnaire des lamas, le mystère des rois thibétains dont l'origine se trouve chez Srong-Tsan, l'implacable cruauté de la secte jaune de Paspa. Toute la brumeuse histoire de l'Asie, de la Mongolie, du Pamir, de l'Himalaya, de la Mésopotamie, de la Perse et de la Chine entoure le Dieu vivant d'Ourga. Aussi ne doit-on pas s'étonner que son nom soit vénéré tout le long de la Volga, en Sibérie, en Arabie, entre le Tigre et l'Euphrate, en Indo-Chine et jusqu'aux rives de l'océan Arctique.

Lors de mon séjour à Ourga, j'ai rendu plusieurs visites au Bouddha vivant ; j'ai eu avec lui des conversations et j'ai observé la manière dont il vivait. Ses favoris parmi les savants marambas m'ont longuement entretenu de lui. Je l'ai vu lire des horoscopes, j'ai entendu ses prédictions, j'ai consulté ses archives, des livres anciens et des manuscrits contenant la vie et les prédictions de tous les Bogdo Khans. Les lamas me parlaient avec franchise et sans réserve, car la lettre du houtouktou de Narabanchi m'avait gagné leur confiance.

La personnalité du Bouddha vivant offre la même dualité que celle qu'on trouve dans le lamaïsme. Intelligent, pénétrant, énergique, il s'adonne en même temps à l'alcoolisme, qui a causé sa cécité. Quand il est devenu aveugle, les lamas ont sombré dans le plus profond des désespoirs. Certains décrétèrent qu'il fallait l'empoisonner et mettre à sa place un autre Bouddha incarné ; les autres firent valoir les grands mérites qu'avait le pontife aux yeux des Mongols et des fidèles de la religion jaune. Il fut finalement décidé que l'on bâtirait un grand temple, avec une gigantesque statue de Bouddha, afin d'apaiser les dieux. Ceci cependant ne réussit pas à ramener la vue du Bogdo ; ce fut en revanche pour lui l'occasion de hâter le départ pour l'autre monde de ceux de ses lamas qui avaient fait montre d'un radicalisme excessif concernant la manière de résoudre le problème de sa cécité.

Il ne cesse de méditer sur l'Église et sur la Mongolie, mais dans le même temps s'inquiète de bagatelles superflues. Il s'intéresse à l'artillerie ; un officier russe en retraite lui a donc offert deux vieux canons, lesquels ont valu à leur donateur le titre de Tumbaïr Hun, « prince cher à mon cœur ». Les jours de fête, on tire le canon, à la grande joie de l'auguste aveugle.

La demeure du Dieu vivant regorge d'objets : automobiles, gramophones, téléphones, cristaux, porcelaines, tableaux, parfums, instruments de musique ; mais également d'animaux et d'oiseaux rares : éléphants, ours de l'Himalaya, singes, serpents et perroquets des Indes. Tous ces trésors qui encombrent le palais n'ont plu qu'un temps ; ils sont désormais oubliés, voués à l'indifférence du maître des lieux.

A Ourga arrivent des pèlerins et des offrandes de toutes les parties du monde lamaïste et bouddhiste. Le trésorier du palais, l'honorable Balma Dorji, me montra un jour la grande salle où l'on conservait tous les présents offerts au Bouddha. C'est un musée d'objets précieux qui n'a pas son équivalent. On y trouve rassemblées des pièces rares et uniques que ne possède aucun des musées d'Europe. Ouvrant une vitrine fermée par une serrure en argent, le trésorier m'expliqua :

– Voici des pépites d'or pur qui proviennent de la rivière Bei Kem, des zibelines noires de Kemchik, des bois de cerf miraculeux. Ceci est une boîte envoyée par les Orochons, remplie de précieuses racines de ginseng et de musc parfumé ; ici c'est un morceau d'ambre provenant des côtes de la mer de Glace qui pèse cent vingt-quatre lans (environ dix livres); là, des pierres précieuses des Indes et des ivoires sculptés de Chine.

Il me montra tous les articles du musée, m'en parlant avec un plaisir manifeste. Et c'étaient en effet pures merveilles ; j'avais devant les yeux des fourrures rares, castors blancs, zibelines noires, renards blancs, bleus et noirs, panthères noires ; de petites boîtes en écaille de tortue, splendidement sculptées, qui contenaient des hatyks de dix ou quinze mètres de long, en soie des Indes aussi fine que des toiles d'araignée ; des petits sacs tissés de fils d'or garnis de perles, offerts par les rajahs hindous ; des anneaux de rubis et de saphirs de Chine et des Indes, de gros morceaux de jade, des diamants bruts ; des défenses d'ivoire ornées de perles et de pierres précieuses ; des costumes brodés d'or et d'argent ; des bas-reliefs sculptés dans des défenses de morse par des artistes primitifs des côtes de la mer de Behring ; et encore tout ce que je ne puis me rappeler ni citer. Dans une salle particulière se trouvaient les vitrines contenant les statues de Bouddha en or, argent, bronze, ivoire, corail, nacre, ou en bois rares, colorés et parfumés.

– Vous savez que lorsque des conquérants envahissent un pays où l'on honore les dieux, ils brisent les images, les démolissent. C'est ce qui est arrivé, il y a plus de trois cents ans, quand les Kalmouks ont pénétré au Thibet, mais également en 1900, quand les troupes européennes ont mis Pékin à sac. Savez-vous pourquoi ? Prenez une de ces statues et examinez-la.

Je pris celle qui était le plus près du bord, un Bouddha de bois, et commençai à l'examiner. Quand on l'agitait, quelque chose faisait du bruit à l'intérieur.

– Vous entendez ? demanda le lama. Ce sont des pierres précieuses et des morceaux d'or, les entrailles du dieu. Voilà la raison pour laquelle les conquérants brisent les statues de nos dieux. Beaucoup de pierres précieuses parmi les plus fameuses ont été trouvées à l'intérieur des statues de divinités, aux Indes, à Babylone, en Chine.

La bibliothèque occupait plusieurs salles ; des manuscrits et des volumes de différentes époques, en différentes langues et sur des sujets extrêmement variés, remplissaient les rayons. Quelques-uns tombaient malheureusement en poussière : pour les préserver des ravages de l'air, les lamas les enduisaient d'une solution gélatineuse. Je vis aussi des tablettes d'argile portant des inscriptions cunéiformes, qui provenaient évidemment de Babylone ; des livres chinois, hindous et thibétains, à côté de livres mongols ; des volumes du pur bouddhisme antique mais également des œuvres des « bonnets rouges », c'est-à-dire du bouddhisme corrompu ; des ouvrages du bouddhisme jaune ou lamaïste ; des livres abritant la tradition, pleins de légendes et de paraboles. Plusieurs lamas lisaient, étudiaient et copiaient ces volumes, conservant et transmettant ainsi à leurs successeurs cette antique sagesse.

Une salle particulière abritait les livres des mystères et de la magie, les biographies des trente et un Bouddhas vivants et leurs écrits ; là se trouvaient les bulles du Dalaï-Lama, du pontife de Tashi Lumpo, du houtouktou d'Utaï en Chine, du Pandita Gheghen de Dolo-Nor en Mongolie intérieure, et des cent sages Chinois. Seuls le Bogdo Houtouktou et le maramba Ta-Rimpo-Cha sont autorisés à pénétrer dans ce sanctuaire de science mystérieuse. Les clefs en sont conservées avec les sceaux du Bouddha vivant et l'anneau de rubis de Gengis Khan orné du swastika, dans le coffre qui se trouve dans le cabinet de travail du Bogdo.

Sa Sainteté est entourée de cinq mille lamas. Ils appartiennent à une hiérarchie compliquée qui va des simples serviteurs aux conseillers de Dieu, membres du gouvernement. Parmi ces conseillers se trouvent les quatre khans de Mongolie et les cinq plus hauts princes.

Parmi les lamas, trois ordres possèdent une importance et un intérêt tout particuliers, ainsi que me l'expliqua lui-même le

Bouddha vivant, quand je lui rendis visite en compagnie de Djam Bolon. Le premier est celui des devins et des prophètes. Mais le Dieu vivant déplorait la vie luxueuse et dissolue de certains lamas, qui vouait cet ordre à la disparition :

– Si les monastères de Jahantsi et de Narabanchi n'avaient pas conservé leur régime et leur règle sévères, Ta Koure resterait sans devins ni prophètes. Baroun Abaga Nar, Dorchioul-Jurdok et les autres saints lamas, qui avaient le pouvoir de pénétrer ce qui est caché à la vue du commun, ont disparu avec la bénédiction des dieux.

Or cet ordre de lamas est extrêmement important, car tout grand personnage visitant les monastères d'Ourga est désigné à son insu au lama *tzuren* (devin), afin que soit étudiée sa destinée. Le Bogdo Houtouktou en est aussitôt averti, de telle sorte qu'ayant en sa possession ces renseignements, il sait comment traiter son hôte et quelle attitude adopter envers lui. Les tzurens sont pour la plupart des vieillards décharnés, épuisés, vivant dans l'ascétisme le plus sévère. Mais j'en ai rencontré de plus jeunes, encore presque des enfants : c'étaient les hubilgans, les dieux incarnés, futurs houtouktous et futurs gheghens des monastères mongols.

Le second ordre comprend les Ta lamas. Ils observent l'action des plantes et de certains produits animaux sur les hommes, conservent les remèdes du Thibet, étudient soigneusement l'anatomie, mais sans pratiquer la vivisection. Ils sont très habiles pour réduire les fractures, excellents dans les massages, mais sont surtout de remarquables hypnotiseurs et magnétiseurs.

Le troisième ordre, composé pour l'essentiel de Thibétains et de Kalmouks, est celui des docteurs au grade le plus élevé : ce sont les empoisonneurs, mais on pourrait aussi bien les appeler docteurs en médecine politique. Ils vivent à part, ne se mêlent jamais aux autres et constituent la grande arme silencieuse du Bouddha vivant. Je me suis laissé dire que beaucoup d'entre eux étaient muets. J'en ai moi-même rencontré un : celui-là même qui empoisonna le médecin chinois envoyé par l'empereur de Pékin pour liquider le Bouddha vivant. C'était un petit vieillard chenu, à la face sillonnée de rides profondes, portant une barbiche blanche et possédant deux yeux vifs qui scrutaient sans cesse ce qui se passait autour de lui avec une excessive curiosité. Quand ce personnage se présentait dans un monastère, le « dieu lui-même » de l'endroit cessait de manger et de boire tant il redoutait cette créature aux allures de Locuste. Pourtant de telles précautions étaient bien inutiles pour celui qui était condamné, et les desseins du Bogdo Khan pouvaient fort bien s'accomplir grâce à une simple coiffe, une chemise, une botte, un rosaire, une bride, des livres ou quelque objet de piété, imprégnés d'une solution vénéneuse.

L'estime et la fidélité religieuse les plus profondes entourent le pontife aveugle. Devant lui tous se prosternent, face contre terre. Les khans et les houtouktous s'approchent de lui à genoux. Tout ce qui l'entoure est sombre, plein d'antique solennité orientale. Ce vieillard aveugle et ivrogne, qui se délasse en écoutant son gramophone chanter un air banal, ce maître qui châtie ses serviteurs en leur envoyant des secousses électriques avec sa dynamo, ce féroce tyran qui empoisonne ses ennemis politiques, ce lama qui maintient son peuple dans les ténèbres en le trompant par ses prédictions et ses prophéties, est un homme différent de tous les autres.

Un jour, nous nous trouvions assis dans le cabinet du Bogdo ; le prince Djam Bolon lui traduisait mon récit de la grande guerre et le vieillard suivait attentivement. Soudain il ouvrit les yeux tout grands et commença à écouter des bruits qui venaient de l'extérieur. Son visage était empreint d'une vénération suppliante et apeurée.

– Les dieux m'appellent, murmura-t-il.

Alors il se dirigea lentement vers son sanctuaire particulier où il demeura deux longues heures à prier à voix haute, à genoux, immobile comme une statue. Sa prière était une conversation avec les dieux invisibles aux questions desquels il lui fallait répondre. Il sortit du sanctuaire pâle, épuisé, mais satisfait, presque radieux. Telle était sa prière personnelle.

Pendant le service religieux du temple, le Bogdo khan ne prend pas part aux prières, car alors il est « Dieu ». Assis sur son trône, il est porté en grandes pompes sur l'autel, où les lamas et les fidèles peuvent lui adresser leurs prières. Il reçoit leurs invocations, leurs espérances, leurs larmes, leur douleur et leur désespoir, fixant, immobile, l'espace devant lui, de ses yeux brillants mais sans vie.

Au cours du service, les lamas le revêtent de différentes robes, jaunes et rouges, et changent sa coiffure. La cérémonie s'achève sur le moment solennel où le Bouddha vivant, la tiare sur la tête, donne la bénédiction pontificale aux fidèles, se tournant successivement vers les quatre points cardinaux, étendant pour finir ses mains vers le nord-ouest, c'est-à-dire vers l'Europe où, selon les croyances de la religion jaune, doivent pénétrer les enseignements du sage Bouddha.

Après de ferventes prières ou de longs services dans le temple, le pontife connaît des phases d'agitation extrême : il appelle alors ses secrétaires, leur dicte ses visions et ses prophéties, fort compliquées, et pour lesquelles il n'existe pas toujours d'explications.

Quelquefois, après avoir prononcé la phrase rituelle : « Leurs âmes communiquent », il revêt la robe blanche et va prier dans son sanctuaire. Alors on ferme les portes du palais et tous les lamas tombent en prostration, emplis d'une frayeur mystique et solennelle ; tous sont en prière, égrenant leurs rosaires et récitant leur oraison : *Om ! Mani Padme Hung !* Parfois, ils font tourner les roues à prières et se livrent aux exorcismes. Les devins lisent les horoscopes et les visionnaires écrivent le récit de leurs visions, tandis que les marambas cherchent dans les livres anciens l'explication des paroles du Bouddha.

XLI

LA POUSSIÈRE DES SIÈCLES

Avez-vous jamais fait attention aux toiles d'araignée poussiéreuses, à la moisissure des caves que l'on rencontre parfois dans les vieux châteaux, en Italie, en France ou en Angleterre ? C'est la poussière des siècles. Elle a peut-être effleuré le visage, le casque ou l'épée d'un empereur romain, de saint Louis, du Grand Inquisiteur, de Galilée ou du roi Richard. A cette pensée votre cœur se contracte involontairement et vous vous sentez plein de respect pour ces témoins des siècles passés. J'ai ressenti la même impression à Ta Koure, plus profonde encore s'il se peut. La vie continue ici comme elle se déroulait il y a huit siècles. L'homme vit dans le passé, la vie contemporaine ne s'imprime qu'en surface sur l'existence quotidienne dont elle semble perturber le cours immobile.

– C'est aujourd'hui un grand jour, me dit une fois le Bouddha vivant ; nous commémorons la date où le bouddhisme triompha de toutes les autres religions. C'était il y a fort longtemps ; Kublaï Khan appela à lui les lamas de toutes les religions et leur ordonna de lui expliquer leur foi. Ils louèrent leurs dieux et leurs houtouktous. Au milieu des discussions et des querelles qui s'étaient élevées dans l'assistance, un lama pourtant restait silencieux. Enfin il sourit d'un air moqueur et déclara :

» – Grand empereur ! ordonne à chacun de prouver la puissance de ses dieux par l'accomplissement d'un miracle ; ensuite tu jugeras et tu choisiras.

» Kublaï Khan ordonna donc à tous les lamas d'accomplir devant lui un miracle, mais tous gardèrent le silence, confus et impuissants.

» – Maintenant, dit l'empereur en s'adressant au lama qui avait fait cette proposition, maintenant c'est à toi de prouver la puissance de tes dieux.

» Le lama regarda longuement et silencieusement l'empereur, puis il se retourna, regarda l'assemblée et, lentement, étendit la main vers eux. A cet instant, le gobelet d'or de l'empereur se souleva de la table et se pencha vers les lèvres du khan sans qu'aucune main visible ne le soutienne. L'empereur goûta aux délices d'un vin parfumé. Tous restaient frappés de stupeur ; alors Kublaï Khan parla ainsi :

» – Mes prières iront à tes dieux, et c'est eux que tous mes peuples devront prier. Quelle est ta religion ? Qui es-tu et d'où viens-tu ?

» – Ma religion est enseignée par le sage Bouddha. Je suis le Pandita Turjo Gamba, du lointain et glorieux monastère de Sakkia au Thibet, où demeurent incarnés dans un corps humain, l'esprit de Bouddha, sa sagesse et sa puissance. Rappelle-toi, ô Kublaï Khan, que les peuples qui partagent notre foi posséderont tout l'univers qui compose l'Occident, et que pendant cent onze années ils répandront leurs croyances dans le monde entier.

» Voilà ce qui advint, il y a des siècles. Le Pandita Turjo Gamba ne retourna pas au Thibet ; il resta ici, à Ta Koure, où n'existait encore qu'un tout petit peuple. Puis il se rendit auprès de l'empereur à Karakoroum et, plus tard, l'accompagna dans la capitale de la Chine, pour le fortifier dans la foi, lui prédire la destinée des affaires de l'État et l'éclairer selon la volonté de Dieu.

Le Bouddha vivant garda le silence un moment, murmura une prière et ajouta :

– Ourga, patrie ancienne du bouddhisme. Avec Gengis Khan, partirent à la conquête de l'Europe les Olets, appelés aussi Kalmouks. Ils y demeurèrent presque cent ans, vivant sur les plaines de Russie. Puis ils revinrent en Mongolie, rappelés par les lamas jaunes qui combattaient les rois du Thibet, les lamas aux bonnets rouges, qui opprimaient le peuple. Les Kalmouks aidèrent la religion jaune ; mais ils comprirent que Lhassa se trouvait sur des terres trop reculées pour que l'on pût répandre à partir de ce lieu saint nos croyance sur toute la terre. Le Kalmouk Gushi Khan s'en fut donc au Thibet chercher un saint lama, Undur Gheghen, qui avait rendu visite au Roi du Monde. A partir de ce jour, le Bogdo Gheghen a constamment habité Ourga : il s'est montré le protecteur des libertés mongoles et des empereurs chinois d'origine mongole. Undur Gheghen fut le premier Bouddha vivant au pays des Mongols. Il nous a transmis, à nous ses successeurs, l'anneau de Gengis Khan, envoyé par Kublaï Khan au Dalaï-Lama en récompense du miracle accompli par le Pandita Turjo Gamba ; nous possédons aussi le sommet du crâne d'un mystérieux thaumaturge noir des Indes ; Srong-Tsan, roi du Thibet, s'en servait comme d'une coupe et y buvait pendant les cérémonies du temple, il y a de cela seize cents ans ; nous avons encore en notre possession une antique statue de Bouddha en pierre, rapportée de Delhi par le fondateur de la religion jaune, Paspa.

Le Bogdo frappa dans ses mains, et l'un des secrétaires prit dans une étoffe rouge une grosse clef d'argent avec laquelle il ouvrit le coffre aux sceaux. Le Bouddha vivant plongea la main dans le coffre et en tira une petite boîte d'ivoire sculpté dont il sortit, pour me la montrer, une grosse bague en or montée d'un splendide rubis taillé, portant le signe du swastika.

– Cette bague, Gengis Khan et Kublaï la portaient constamment à la main droite, me dit-il.

Quand le secrétaire eut refermé le coffre, le Bogdo lui ordonna de faire venir son maramba favori, à qui il fit lire quelques pages d'un ancien livre qui se trouvait sur la table.

Le lama commença à lire d'une voix monotone.

– Quand Gushi Khan, chef des Kalmouks, eut fini la guerre contre les bonnets rouges, il emporta avec lui la pierre noire miraculeuse que le Roi du Monde avait envoyée au Dalaï-Lama. Gushi Khan voulait créer en Mongolie occidentale la capitale de la religion jaune. Mais les Olets, à cette époque, étaient en guerre contre les empereurs mandchous à qui ils disputaient le trône de Chine ; ils subissaient défaite sur défaite. Le dernier khan des Olets, Amoursana, s'enfuit en Russie mais, avant de s'échapper, il envoya à Ourga la pierre noire sacrée. Aussi longtemps qu'elle resta dans la cité, le Bouddha vivant s'en servit pour bénir le peuple : jamais la maladie ni le malheur ne touchèrent les Mongols ni leurs animaux.

Il y a une centaine d'années, la pierre sacrée a été volée. Les bouddhistes l'ont alors cherchée en vain dans le monde entier. Depuis sa disparition, le peuple mongol a commencé lentement à mourir.

– Cela suffit ! s'écria le Bogdo Gheghen. Nos voisins nous méprisent ; ils oublient que nous fûmes autrefois leurs maîtres ! Mais nous conservons nos saintes traditions ; nous savons que le jour du triomphe viendra pour les tribus mongoles et la religion jaune. Nous avons avec nous les protecteurs de la foi, les Bouriates ! Ce sont eux les plus fidèles gardiens de l'héritage de Gengis Khan.

Ainsi parla le Bouddha vivant. Ainsi parlaient les anciens livres.

XLII

LES LIVRES DES MIRACLES

Le prince Djam Bolon demanda à un maramba de nous montrer la bibliothèque du Bouddha vivant. C'était une grande salle occupée par des vingtaines de scribes qui travaillaient aux ouvrages traitant des miracles de tous les Bouddhas vivants, depuis ceux de Undur Gheghen jusqu'à ceux des gheghens et des houtouktous des différents monastères lamaïstes. Un maramba lut pour nous deux citations :

– Le Bienheureux Bogdo Gheghen souffla sur un miroir. Aussitôt, comme à travers une brume, apparut une vallée dans laquelle des milliers et des milliers de guerriers combattaient les uns contre les autres.

» Le sage Bouddha vivant, favorisé par les dieux, brûla de l'encens et implora que lui fût révélée la destinée des princes. Alors, dans la fumée bleue, tous virent une sombre prison et les corps pâles, torturés, des princes morts.

Un livre particulier, déjà reproduit à des milliers d'exemplaires, racontait les miracles du Bouddha vivant actuel. Le prince Djam Bolon me fit connaître quelques-uns des passages de ce volume.

– Il existe une antique statue en bois de Bouddha aux yeux ouverts. Elle a été apportée des Indes. Bogdo Gheghen la plaça un jour sur l'autel et commença à prier. Quand il revint du sanctuaire il ordonna qu'on apportât la statue. Tous furent frappés de stupeur, car les yeux du dieu étaient clos et répandaient des larmes. Sur le corps, des bourgeons verts apparurent et le Bogdo dit : *Le malheur et la joie m'attendent. Je deviendrai aveugle ; mais la Mongolie sera libre.*

La prophétie s'est accomplie.

Une autre fois, alors que le Bouddha vivant était particulièrement agité, il fit apporter un bassin rempli d'eau, qu'il fit placer devant l'autel. Il appela les lamas et commença à prier. Soudain les cierges et les lampes s'allumèrent spontanément et l'eau du bassin s'irisa.

Le prince me raconta ensuite comment le Bogdo Khan prédisait l'avenir : en lisant dans le sang frais à la surface duquel apparaissaient des lettres et des images, ou dans les entrailles de chèvres et de moutons, sur lesquelles il déchiffrait les pensées et la destinée des princes ; il utilisait également des pierres et des os sur lesquels il voyait se former avec une grande précision les signes décrivant l'avenir de chacun ; enfin, il observait les étoiles dont la position lui enseignait comment préparer des amulettes contre les blessures et les maladies.

– Dans les temps anciens, le Bogdo Khan ne disait l'avenir qu'à l'aide de la pierre noire, m'expliqua le maramba. Sur la surface de la pierre apparaissaient des inscriptions thibétaines que le Bogdo déchiffrait, apprenant de cette manière le destin de nations tout entières.

Quand le maramba parla de la pierre noire sur laquelle apparaissaient les légendes thibétaines, je me souvins que le phénomène était parfaitement vraisemblable : au sud-est de la région des Urianhays, dans l'Oulan taïga, j'avais traversé un endroit, riche en ardoise noire. Celle-ci était en état de décomposition avancée et recouverte d'un lichen blanc formant des dessins très compliqués, qui évoquaient pour moi un motif en dentelle de Venise ou des pages d'écritures en caractères runiques. Quand l'ardoise était humide, les dessins disparaissaient ; quand elle était sèche, ils redevenaient visibles.

Nul n'a le droit ni l'audace de demander au Bouddha vivant de lui révéler son avenir. Le Bogdo Khan ne fait ses prédictions que lorsqu'il se sent inspiré, ou quand un délégué spécial vient à lui, porteur d'une requête du Dalaï-Lama ou du Tashi Lama. Quand le tsar Alexandre Ier tomba sous l'influence de la baronne de Krudener et de son mysticisme, il dépêcha auprès du Bouddha vivant un envoyé particulier pour demander quelle serait sa destinée. Le

Bogdo Khan de cette époque, un tout jeune homme, lut son avenir sur la pierre noire, et prédit que le tsar blanc passerait la fin de son existence à errer douloureusement, inconnu de tous, sans cesse pourchassé où qu'il aille. Et aujourd'hui en Russie, la croyance populaire s'est répandue qu'Alexandre Ier a effectivement terminé ses jours à errer à travers le pays sous le pseudonyme de Feodor Kusmitch, assistant les prisonniers, les mendiants et ceux qui souffrent, poursuivi et emprisonné à maintes reprises par la police, et qu'il a fini par mourir à Tomsk en Sibérie, où l'on a gardé la maison où il vécut ses derniers instants et où son tombeau est devenu un lieu sacré de pèlerinages et de miracles. La dynastie déchue des Romanoff s'intéressait de très près à la biographie de Feodor Kusmitch, ce qui tendrait à confirmer la foi populaire : ce personnage aurait bien été le tsar Alexandre Ier, lequel se serait volontairement imposé cette austère pénitence [1].

1. Tolstoï ajoutait foi à cette « légende » – étrangement corroborée par le fait que lorsqu'on ouvrit, longtemps après sa mort, le cercueil « officiel » du tsar, celui-ci s'avéra vide. *(NdE)*

XLIII

LA NAISSANCE DU BOUDDHA VIVANT

Le Bouddha vivant ne meurt pas. Son âme passe quelquefois dans celle d'un enfant qui naît le jour de sa mort, parfois se transmet chez un autre homme pendant la vie même du Bouddha. Cette nouvelle demeure mortelle de l'esprit sacré de Bouddha apparaît presque toujours dans la yourta de quelque pauvre famille thibétaine ou mongole. Il y a à ceci une raison politique. Si le Bouddha faisait son apparition dans une riche famille princière, le risque serait grand que, honorée de la sorte, cette famille refuse d'obéir au clergé, comme cela s'est déjà produit par le passé. Au contraire, une famille pauvre et inconnue qui hérite du trône de Gengis Khan, et acquiert de ce fait une incommensurable richesse, se soumet toujours volontiers aux lamas. Seuls trois ou quatre Bouddhas vivants furent d'origine purement mongole ; les autres étaient thibétains.

Un des conseillers du Bouddha vivant, le lama Jassaktou Khan, me raconta un jour ceci :

– Les monastères de Lhassa et de Tashi Lumpo sont constamment tenus au courant par des lettres d'Ourga de l'état de santé du Bouddha vivant. Quand son corps humain devient vieux et que l'esprit de Bouddha cherche à s'en dégager, des services solennels sont célébrés dans les temples thibétains et les astrologues se mettent à étudier l'avenir. Ces rites désignent plusieurs lamas dont la piété est renommée, et à qui il appartient de découvrir où l'Esprit de Bouddha doit se réincarner. Ils voyagent à travers tout le pays et observent les gens autour d'eux. Souvent Dieu lui-même leur envoie des signes et des indications. Quelquefois un loup blanc apparaît près de la yourta d'un pauvre berger; ou bien c'est un agneau à deux têtes dont on annonce la naissance, ou encore un météore qui tombe du ciel. Des lamas vont pêcher des poissons dans le lac sacré de Tangri-Nor, et lisent sur les écailles le nom du nouveau Bogdo Khan; certains ramassent des pierres dont les craquelures leur indiquent où ils doivent chercher et qui ils doivent trouver; d'autres enfin se retirent au plus profond des ravins montagneux pour écouter la voix des esprits qui chantent le nom du nouvel élu des dieux. Quand on sait qui il est, on recueille secrètement tous les renseignements possibles sur sa famille, et on les transmet au très saint Tashi Lama connu sous le nom d'Erdeni, c'est-à-dire la Perle du Savoir, lequel, selon les rites de Rama, vérifie le choix de l'élu. Si le choix concorde avec les textes sacrés, le Tashi Lama envoie une lettre secrète au Dalaï-Lama qui célèbre un sacrifice spécial dans le temple de l'Esprit des montagnes et confirme l'élection en apposant son grand sceau sur la lettre du Tashi Lama.

» Si le vieux Bouddha vivant est encore de ce monde, le nom de son successeur est soigneusement gardé secret; si l'esprit de Bouddha a déjà quitté le corps du Bogdo Khan, une délégation spéciale quitte le Thibet avec le nouveau Bouddha vivant. Les mêmes formalités accompagnent le choix du gheghen et des houtouktous dans tous les monastères lamaïstes de Mongolie, mais la confirmation du choix est réservée au Bouddha vivant et n'est annoncée à Lhassa qu'après l'événement.

XLIV

UNE PAGE DE L'HISTOIRE DU BOUDDHA

Le Bogdo Khan qui règne actuellement sur la Mongolie extérieure est Thibétain. Il descend d'une pauvre famille qui vivait dans les environs de Sakkia Koure, dans l'ouest du Thibet. Dès sa plus tendre enfance, il fit preuve d'un caractère orageux et d'une nature excessive. S'étant rallié avec flamme à l'idée de l'indépendance mongole, il brûlait de glorifier l'héritage de Gengis Khan. Cette attitude lui donna rapidement une grande influence parmi les lamas, les princes et les khans de Mongolie, ainsi qu'auprès du gouvernement russe, qui chercha toujours à s'en faire un allié. Il ne craignit pas de se dresser contre la dynastie mandchoue de Chine, et obtint toujours l'assistance de la Russie, du Thibet, des Bouriates et des Kirghiz, qui lui fournirent de l'argent, des armes, des soldats et l'aide de leurs diplomates. Les empereurs de Chine évitèrent d'entrer en guerre ouverte avec le Dieu vivant, de peur de provoquer les protestations des bouddhistes chinois. Ils tentèrent cependant d'envoyer au Bogdo Khan un habile médecin empoisonneur. Mais le Bouddha vivant comprit immédiatement la nature des attentions médicales que lui prodiguerait ce médecin et, connaissant le pouvoir des poisons de l'Asie, il décida de s'éloigner. Il partit en voyage pour visiter les monastères mongols et thibétains, confiant le soin de le remplacer pendant son absence à un hubilgan qui devint l'ami du docteur chinois. Bientôt le Chinois mourut sans qu'on sût la véritable cause de sa mort, et le Bouddha vivant revint dans sa capitale.

Un autre danger menaça bientôt le Dieu vivant, lorsque Lhassa décida que le Bogdo Khan pratiquait une politique par trop indépendante à l'égard du Thibet. Le Dalaï-Lama négocia alors secrètement avec plusieurs khans et princes, regroupés sous l'autorité de Sain Noion Khan et de Jassaktou Khan ; il les persuada d'accélérer la migration de Bouddha dans une autre forme humaine. Les conspirateurs se rendirent donc à Ourga, où le Bogdo Khan les accueillit avec les plus grandes marques de joie et d'estime. On leur offrit un grand festin, tandis qu'ils se préparaient à exécuter les ordres du Dalaï-Lama. Mais à la fin du banquet, ils furent soudainement pris d'un malaise qui devait les emporter au cours de la nuit. Le Bouddha vivant renvoya les corps aux familles, avec tous les honneurs dus à leur rang.

Le Bogdo Khan connaît toutes les pensées, toutes les actions des princes et des khans ; il décèle la moindre des conspirations ourdie contre lui, et le coupable est d'habitude aimablement invité à venir à Ourga d'où il repart rarement vivant.

Toujours fermement décidé à en finir avec la lignée des Bouddhas vivants, le gouvernement chinois, qui s'était résolu à ne plus lutter de front contre le pontife d'Ourga, imagina de ruser de la manière suivante :

Pékin sollicita le Pandita Gheghen de Dolo-Nor ainsi que le chef des lamaïstes chinois, le houtouktou d'Utaï, car aucun de ces deux personnages ne reconnaissait la suprématie du Bouddha vivant. Après avoir consulté les livres bouddhiques, les deux hommes décidèrent que le Bogdo Khan actuel devait être le dernier Bouddha vivant, la partie de l'esprit de Bouddha qui demeure chez les Bogdo Khans ne pouvant s'arrêter que trente et une fois dans le corps humain. Or Bogdo Khan étant le trente et unième Bouddha incarné depuis Undur Gheghen, avec lui devait se terminer la dynastie des pontifes d'Ourga. Cependant, en apprenant ceci, le Bogdo Khan entreprit ses propres recherches et découvrit dans les vieux manuscrits thibétains qu'un des pontifes thibétains avait été marié, et que son fils était devenu un Bouddha incarné. C'est pour cette raison que le Bogdo avait pris femme : il a maintenant un fils, jeune homme énergique et capable ; de sorte que le trône religieux de Gengis Khan ne restera jamais vacant. La dynastie des empereurs chinois a disparu entre-temps de la scène des événements politiques, mais le Bouddha vivant continue à incarner mieux que personne l'idée pan-asiatique.

En 1920, le nouveau gouvernement chinois a mis le Bouddha vivant en état d'arrestation, dans son propre palais. Mais au commencement de 1921, le baron Ungern von Sternberg a traversé le Bogdo-Ol sacré pour prendre à revers le palais. Ses cavaliers thibétains ont tué les sentinelles chinoises à coups de flèches, et les Mongols ont pénétré dans le palais, délivrant leur dieu qui, immédiatement, a soulevé la Mongolie et réveillé les espérances des peuples et des tribus de l'Asie.

Dans le grand palais du Bogdo, un lama m'a montré une cassette spéciale, recouverte d'un tapis précieux, dans laquelle sont gardées les bulles du Dalaï-Lama et du Tashi Lama, les décrets des empereurs russes et chinois, et les traités signés entre la Mongolie, la Russie, la Chine et le Thibet. Dans cette même cassette se trouve la plaque de cuivre portant le signe mystérieux du Roi du Monde et le récit de la dernière vision du Bouddha vivant.

XLV

LA VISION DU BOUDDHA VIVANT

J'ai prié et j'ai vu ce qui est caché aux yeux du peuple. Une vaste plaine s'étendait devant moi entourée de lointaines montagnes. Un vieux lama portait un panier rempli de lourdes pierres. Il avançait avec peine. Du nord vint un cavalier vêtu de blanc. Il s'approcha du lama et lui dit :

– Donne-moi ton panier. Je t'aiderai à le porter jusqu'à la Koure.

Le lama lui tendit son lourd fardeau, mais le cavalier fut incapable de le soulever jusqu'à la hauteur de sa selle ; alors le vieux lama dut le replacer sur son épaule et continuer son chemin, courbé sous le poids de sa charge. Mais vint un second cavalier, vêtu de noir et monté sur un cheval noir ; lui aussi s'approcha du lama et lui dit :

– Imbécile ! Pourquoi transportes-tu ces pierres, quand elles jonchent partout le sol ?

En disant ces mots, il bouscula le vieux lama du poitrail de son cheval, et renversa le sac de pierres sur le sol : au moment où les pierres touchèrent le sol, elles se transformèrent en diamants. Les deux cavaliers et le lama se précipitèrent pour les soulever, mais aucun d'entre eux ne parvint à les détacher du sol. Le vieux lama s'écria :

– Dieux ! Toute ma vie j'ai porté ce lourd fardeau, et maintenant, alors qu'il me restait si peu de chemin à faire, je viens de tout perdre. Aidez-moi, dieux puissants et miséricordieux !

C'est alors qu'un vieillard chancelant apparut. Il rassembla tous les diamants, les plaça sans difficulté dans le panier, enleva la poussière qui les recouvrait, souleva le fardeau jusqu'à hauteur de son épaule et s'éloigna en disant au lama :

– Repose-toi un moment. J'ai porté mon fardeau, là où je le devais et je suis heureux maintenant de t'aider à porter le tien.

Ils continuèrent leur route ; je les perdis de vue tandis que les cavaliers commençaient à combattre. Ils se battirent tout le jour et toute la nuit. Quand le soleil se leva sur la plaine, aucun des deux n'était plus là, ni mort, ni vivant. Ils avaient disparu sans laisser de trace.

Voilà ce que j'ai vu, moi Bogdo Houtouktou Khan, qui parle au grand et sage Bouddha, entouré des bons et des mauvais démons. Sages lamas, houtouktous, kampos, marambas et saints gheghens, donnez la réponse à ma vision.

Ceci fut écrit en ma présence, le 17 mai 1921, d'après les paroles prononcées par le Bouddha vivant au moment où il sortait de son sanctuaire particulier. J'ignore ce que les houtouktous, les gheghens, les devins et les sorciers ont trouvé à répondre à cette vision, mais il me semble bien que la situation actuelle de l'Asie éclaire singulièrement le sens de ce récit.

L'Asie se réveille. Pleine d'énigmes, elle possède ses propres réponses aux questions posées par les destinées de l'humanité. Ce grand continent de pontifes mystérieux, de dieux vivants, de mahatmas, d'hommes qui lisent dans le livre terrible du Karma, sort d'un long sommeil. L'Asie est un océan de centaines de millions d'êtres humains, un océan démonté, agité de vagues monstrueuses.

CINQUIÈME PARTIE

LE MYSTÈRE DES MYSTÈRES
LE ROI DU MONDE

XLVI

LE ROYAUME SOUTERRAIN

– Arrêtez ! murmura mon guide mongol un jour que nous traversions la plaine près de Tzagan Luk. Arrêtez !

Il se laissa glisser du haut de son chameau, qui s'était couché sans qu'il eût besoin de lui en donner l'ordre.

Le Mongol éleva ses mains devant son visage en un geste de prière et commença à psalmodier la phrase sacrée : *Om! Mani Padme Hung!* Les autres Mongols avaient eux aussi arrêté leurs chameaux et s'étaient mis à prier.

« Qu'est-il arrivé ? » me demandais-je tout en contemplant autour de moi l'immensité de la plaine, couverte d'une belle herbe grasse et tendre, sous un ciel sans nuage dans lequel s'attardaient, rêveurs, les derniers rayons du soleil vespéral.

Les Mongols prièrent ainsi pendant un bon moment puis, après s'être murmuré quelques paroles les uns aux autres, ils refirent les sangles de leurs chameaux, prêts à repartir.

– Avez-vous vu, me demanda le guide, comme nos chameaux remuaient les oreilles de frayeur, comme le troupeau de chevaux sur la plaine restait immobile et attentif, comme les moutons et le bétail se couchaient sur le sol ? Avez-vous remarqué que les oiseaux avaient cessé de voler, les marmottes de courir et les chiens d'aboyer ? L'air s'est mis à vibrer doucement, apportant de très loin la musique d'un chant qui pénètre dans le cœur des hommes, des bêtes et des oiseaux. La terre et le ciel ont retenu leur haleine ; le vent s'est arrêté de souffler ; le soleil a interrompu sa course. En un moment comme celui-ci, le loup qui s'approche des moutons à la dérobée fait halte dans sa marche sournoise ; le troupeau d'antilopes apeurées retient son élan éperdu ; le couteau du berger prêt à trancher la gorge du mouton lui tombe des mains ; l'hermine rapace laisse aller la perdrix salga. Tous les êtres vivants sont saisis par la peur. Une force qui les dépasse les pousse à la prière. Ils attendent leur destin. Cela vient de se produire : c'est le Roi du Monde, en son palais souterrain, qui prie et sonde la destinée des peuples de la terre.

Ainsi parla le vieux Mongol, simple berger et homme sans culture.

La Mongolie, avec ses montagnes dénudées et terribles, ses plaines infinies où reposent, épars, les ossements des ancêtres, a donné naissance au mystère. Un mystère dont le peuple, qu'il soit pris dans le tumulte des orages qui secouent la nature ou plongé dans la léthargie d'un monde immobile sur lequel plane l'ombre de la mort, ressent à tout moment la profondeur, un mystère que les lamas rouges et jaunes conservent, poétisent. A Lhassa et à Ourga, il est en la possession des pontifes qui en gardent jalousement le secret.

C'est en Asie centrale que j'entendis pour la première fois parler du mystère des mystères, que je ne puis appeler autrement. Je n'y attachai d'abord qu'une très faible attention, mais je fus amené par la suite, après avoir médité les témoignages sporadiques et contradictoires qui m'avaient été donnés, à reconnaître toute son importance et toute sa valeur.

Les vieillards des rives de l'Amyl me racontèrent une ancienne légende selon laquelle une tribu mongole, qui cherchait à échapper aux exigences de Gengis Khan, se cacha dans une contrée souterraine. Près du lac de Nogan Kul, un Soyote me montra plus tard une excavation d'où se dégageait un nuage de fumée : c'était l'entrée du royaume d'Agharti. C'est par cet orifice qu'un chasseur pénétra autrefois dans le royaume ; après son retour, il commença à raconter ce qu'il y avait vu. Alors, les lamas lui coupèrent la langue pour l'empêcher de parler du mystère des mystères. Dans sa vieillesse, il revint à l'entrée de la caverne, et disparut dans le royaume souterrain dont le souvenir avait orné et réjoui son cœur de nomade.

J'obtins des renseignements plus détaillés de la bouche de Jelyb

Djamsrap, houtouktou de Narabanchi Koure. Il me conta l'histoire du puissant Roi du Monde, sorti du royaume souterrain ; comment il était apparu, quels furent ses miracles et ses prophéties. Je compris alors que derrière cette légende, cette chimère, cette vision collective, quels que soient le nom et le sens qu'on lui prêtât, se cachait non seulement un mystère, mais une force réelle et souveraine, capable d'influer sur le cours des événements politiques en Asie. Je voulus donc en savoir plus.

Le gelong favori du prince Choultoun Beyli et le prince lui-même me livrèrent la description du royaume souterrain :

– Dans le monde, me dit le gelong, tout est constamment en état de transition et de changement : les peuples, les religions, les lois et les coutumes. Combien de grands empires et de brillantes cultures ont péri ! Cela seul qui reste inchangé, c'est le mal, instrument des mauvais esprits. Il y a plus de six mille ans, un saint homme disparut avec toute une tribu dans les profondeurs de la terre. Depuis, jamais il n'a reparu à la surface du monde, mais plusieurs personnages ont pu visiter son royaume : Çakya-Mouni, Undur Gheghen, Paspa, Baber et d'autres encore. Nul ne sait véritablement où il se trouve. L'un dit en Afghanistan, d'autres aux Indes. Dans cette région, tous les hommes sont protégés contre le mal ; le crime n'existe pas à l'intérieur de ses frontières. La science s'y est développée dans la paix, rien n'y est menacé de destruction. Le peuple souterrain a atteint le plus haut degré du savoir. A présent, c'est un grand royaume qui compte des millions de sujets sur lesquels règne le Roi du Monde. Ce dernier connaît toutes les forces de la nature, lit dans toutes les âmes humaines et dans le grand livre de la destinée. Invisible, il règne sur huit cents millions d'hommes, prêts à exécuter ses ordres.

Le prince Choultoun Beyli ajouta :

– Ce royaume est Agharti. Il s'étend à travers les passages souterrains du monde entier. J'ai entendu un savant lama chinois dire au Bogdo Khan que toutes les cavernes souterraines de l'Amérique sont habitées par le peuple ancien qui disparut jadis sous la terre ; quelques traces de son existence subsistent encore à la surface du pays. Tous les habitants de ce monde souterrain sont gouvernés par des chefs qui reconnaissent la souveraineté du Roi du Monde. Rien de cela n'est inexplicable : vous n'ignorez pas qu'au milieu des deux plus grands océans de l'Est et de l'Ouest se trouvaient autrefois deux continents. Ils furent engloutis sous les eaux, mais leurs habitants passèrent dans le royaume souterrain. Les cavernes profondes où ils vivent sont éclairées par une lumière particulière qui permet la croissance des céréales et des végétaux et protège les êtres de la maladie.

» Il y a là-dessous de nombreux peuples qui vivent en tribus. Un vieux brahmane bouddhiste du Népal, qui accomplissait la volonté des dieux et se rendait en pèlerinage dans l'ancien royaume de Gengis, le Siam, rencontra un jour un pêcheur qui lui ordonna de prendre place dans sa barque et de voguer avec lui sur la mer. Le troisième jour ils atteignirent une île où vivait une race d'hommes ayant deux langues avec lesquelles ils parlaient deux langages différents. Ces hommes montrèrent au brahmane des animaux bizarres, des tortues cyclopes à seize pattes, de monstrueux serpents à la chair extrêmement savoureuse, des oiseaux dotés de dents qui attrapaient du poisson pour leurs maîtres. Ils lui dirent qu'ils étaient venus du royaume souterrain et lui en décrivirent certaines régions.

Le lama Turgut qui fit le voyage d'Ourga à Pékin avec moi me donna d'autres détails :

– La capitale d'Agharti est entourée de villes où habitent des grands prêtres et des savants. Elle rappelle Lhassa, la ville où le palais du Dalaï-Lama, le Potala, se dresse au sommet d'une montagne recouverte de temples et de monastères. Le trône du Roi du Monde est entouré de deux millions de dieux incarnés. Ce sont les saints panditas. Le palais lui-même est entouré des palais des *goros* [1] qui maîtrisent toutes les forces visibles et invisibles de la terre, de l'enfer et du ciel, et qui ont tout pouvoir sur la vie et la mort des hommes. Si notre humanité dans sa folie osait leur faire la guerre, ils seraient capables de faire sauter la surface de notre planète et de la transformer en déserts. Ils peuvent dessécher les mers, changer les continents en océans et répandre les montagnes parmi les sables du désert. A leur commandement, les arbres, les herbes et

1. Grands prêtres du Roi du Monde. *(NdA)*

les buissons se mettent à pousser ; des hommes vieux et faibles redeviennent jeunes et vigoureux ; les morts ressuscitent. Dans d'étranges chariots, inconnus de nous, ils sillonnent à toute vitesse les étroits corridors qui déroulent leurs méandres à l'intérieur de notre planète. Quelques brahmanes indiens et des dalaï-lamas du Thibet ont réussi à gravir des pics montagneux où nul autre pied humain ne s'était jamais posé ; ils y ont trouvé des inscriptions taillées dans le roc, des traces de pas dans la neige et des marques laissées par les roues d'engins mystérieux. Le bienheureux Çakya-Mouni trouva au sommet d'une de ces montagnes des tablettes de pierre sur lesquelles se trouvaient gravés des mots qu'il ne réussit à déchiffrer qu'à un âge avancé de sa vie. Il pénétra alors dans le royaume d'Agharti, d'où il rapporta les miettes de savoir sacré que sa mémoire avait conservées. C'est là, dans de féeriques palais de cristal, qu'habitent les chefs invisibles des fidèles, le Roi du Monde, Brahytma, qui peut parler à Dieu comme je vous parle, et ses deux assistants, Mahytma, qui connaît les événements de l'avenir, et Mahynga, qui règne sur les causes de ces événements.

» Les saints panditas étudient le monde et ses forces. Parfois les plus savants d'entre eux se rassemblent et envoient des délégués vers les endroits qu'aucun œil humain n'a jamais contemplés. Ceci nous a été décrit par le Tashi Lama qui vivait il y a huit cent cinquante ans. Les plus hauts panditas, une main sur les yeux et l'autre à la base du cerveau de prêtres plus jeunes, les endorment profondément, lavent leurs corps avec une infusion de plantes, les immunisent contre la douleur, les rendent aussi durs que la pierre, les enveloppent dans des bandelettes magiques, puis se mettent à prier le Dieu puissant. Les jeunes hommes pétrifiés, couchés, gardent les yeux ouverts ; ils voient tout, entendent tout et n'oublient rien de ce qu'ils ont observé. Un goro s'approche d'eux et les fixe longuement du regard. Lentement leurs corps se soulèvent et disparaissent progressivement dans les airs. Le goro reste assis, les yeux fixés sur l'endroit où il les a envoyés ; des fils invisibles les retiennent à sa volonté. Quelques-uns d'entre eux voyagent parmi les étoiles, observent ce qui s'y passe – les peuples, inconnus des terriens, la vie, les lois. Ils épient les conversations, lisent les livres, connaissent la fortune et la misère, la sainteté et les péchés, la piété et le vice... Quelques-uns se mêlent à la flamme, voient la créature de feu, vive et féroce, combattant sans trêve, fondant et martelant des métaux dans les profondeurs des planètes, faisant bouillir l'eau des geysers et des sources thermales, faisant fondre les rochers et déversant par les orifices des montagnes des flots en fusion sur la surface de la terre. D'autres se mêlent aux créatures de l'air, infiniment petites, évanescentes et transparentes, et pénètrent les mystères et le but de leur existence. D'autres encore glissent dans les profondeurs de la mer et observent le royaume des sages créatures de l'eau, qui transportent et répandent leur bénéfique chaleur sur toute la terre, gouvernent les vents, les vagues et les tempêtes. Au monastère d'Erdeni Dzou vivait autrefois Pandita Houtouktou qui était venu d'Agharti. En mourant, il parla du temps où il avait vécu, selon la volonté du goro, sur une étoile rouge à l'est du firmament, puis sur l'océan couvert de glace, enfin parmi les feux orageux qui brûlent dans les entrailles de la terre.

Telles sont les histoires que j'entendis raconter dans les yourtas des princes et dans les monastères lamaïstes. Le ton des récitants interdisait qu'on fît planer sur ces récits le moindre doute.

Mystère...

XLVII

LE ROI DU MONDE EN FACE DE DIEU

Pendant mon séjour à Ourga, j'essayai de trouver une explication à cette légende du Roi du Monde. Naturellement le Bouddha vivant était celui qui pouvait le mieux me renseigner. Je m'efforçai par conséquent de le faire parler à ce sujet. Au cours d'une de nos conversations, je mentionnai le Roi du Monde. Le vieux pontife tourna brusquement la tête de mon côté et fixa sur moi ses yeux immobiles et sans vie. Malgré moi je gardai le silence. Au bout d'un temps qui me parut une éternité, le pontife reprit la conversation et lui donna un tour tel que je compris qu'il ne désirait pas aborder la question. Je ne pus par ailleurs m'empêcher de noter l'expression de stupeur et de crainte qu'avaient produite mes paroles sur les visages des personnes présentes, en particulier sur celui du bibliothécaire. On comprendra aisément que cela ne fit qu'accroître mon impatience d'en apprendre davantage.

Comme je quittais le cabinet de travail du Bogdo Houtouktou, je rencontrai le bibliothécaire qui était sorti avant moi. Je lui demandai s'il consentirait à me faire visiter la bibliothèque du Bouddha vivant. J'entendais l'amener à se confier, en usant d'une manière subtile.

– Savez-vous, mon cher lama, lui dis-je, que je me suis trouvé un jour dans la plaine, à l'heure où le Roi du Monde s'entretenait avec Dieu ? J'ai profondément ressenti l'impressionnante majesté de ce moment.

A ma surprise, le vieux lama me répondit d'un air calme :

– Il n'est pas juste que le bouddhisme et que notre religion jaune le cachent. La reconnaissance de l'existence du plus saint et du plus puissant des hommes, du royaume bienheureux et du grand temple de la science sacrée est une telle consolation pour nos cœurs de pécheurs et nos vies corrompues que le cacher à l'humanité serait un péché.

» Écoutez-moi ! continua-t-il ; toute l'année le Roi du Monde guide la tâche des panditas et des goros d'Agharti. Seulement, par moments, il se rend dans la caverne du temple, où repose le corps embaumé de son prédécesseur dans un cercueil de pierre noire. Cette caverne est toujours sombre, mais quand le Roi du Monde y pénètre, les murs se zèbrent de feu, et du couvercle du cercueil s'échappent des langues de flamme. Le doyen des goros se tient devant lui, la tête et le visage recouverts, les mains jointes sur la poitrine. Le goro n'enlève jamais le voile de son visage, car sa tête est un crâne nu, avec des yeux vivants et une langue qui parle. Il communie avec les âmes de ceux qui s'en sont allés.

» Le Roi du Monde parle longtemps, puis s'approche du cercueil en étendant la main. Les flammes brillent plus éclatantes ; les raies de feu sur les murs s'éteignent et reparaissent, s'entrelaçant, formant les signes mystérieux de l'alphabet vatannan [1]. Du cercueil commencent à surgir des banderoles de lumière transparentes, à peine visibles : ce sont les pensées de son prédécesseur. Bientôt la lumière forme une auréole autour du Roi du Monde, et les lettres de feu écrivent, écrivent sans cesse sur les parois, les désirs et les ordres de Dieu. A cet instant le Roi du Monde entre en communication avec les pensées de tous ceux qui dirigent la destinée de l'humanité : rois, tsars, khans, chefs guerriers, grands-prêtres, savants, hommes puissants de toutes sortes. Il pénètre leurs intentions et leurs idées. Si elles plaisent à Dieu, le Roi du Monde les favorisera de son aide invisible ; si elles lui déplaisent, le Roi les vouera à l'échec. Ce pouvoir est donné à Agharti par la science mystérieuse d'*Om*, mot par lequel nous commençons toutes nos prières. « Om » est le nom d'un ancien saint, le premier des goros, qui vécut il y a trois cent mille ans. Il fut le premier homme à connaître Dieu, le premier qui enseigna à l'humanité comment croire, comment espérer, comment lut-

1. Langage de l'État souterrain du Roi du Monde. *(NdA)*

ter contre le mal. Alors Dieu lui donna tout pouvoir sur les forces qui gouvernent le monde visible.

» Après sa conversation avec son prédécesseur, le Roi du Monde assemble le grand Conseil de Dieu, juge les actions et les pensées des grands hommes, les aide ou les abat. Mahytma et Mahynga organisent ces actions et ces pensées parmi les causes qui gouvernent le monde. Ensuite le Roi du Monde entre dans le grand temple et prie dans la solitude. Le feu apparaît sur l'autel, s'étendant petit à petit à tous les autels proches, et à travers la flamme ardente apparaît peu à peu le visage de Dieu. Le Roi du Monde annonce respectueusement à Dieu les décisions du Conseil, et reçoit en échange les ordres divins du Tout-Puissant. Quand il sort du temple, le Roi du Monde rayonne de la lumière divine.

XLVIII

RÉALITÉ OU FICTION MYSTIQUE ?

– Quelqu'un a-t-il vu le Roi du Monde ? demandai-je.

– Oui, répondit le lama. Pendant les fêtes solennelles de l'ancien bouddhisme, au Siam et aux Indes, le Roi du Monde apparut à cinq reprises. Il avançait sur un char magnifique traîné par des éléphants blancs, orné d'or, de pierres précieuses et des plus fines étoffes ; il était vêtu d'un manteau blanc et portait sur la tête une tiare rouge d'où pendaient des rivières de diamants qui lui masquaient le visage. Il bénissait le peuple avec une pomme d'or surmontée d'un agneau. Les aveugles retrouvèrent la vue, les sourds entendirent de nouveau, les infirmes recommencèrent à marcher et les morts se dressèrent dans leurs tombeaux, partout où se posèrent les yeux du Roi du Monde. Il apparut aussi il y a cent quarante ans à Erdeni Dzou, et visita les anciens monastères de Sakkia et Narabanchi Koure.

» Un de nos Bouddhas vivants et un des Tashi lamas reçurent de lui un message écrit en caractères inconnus sur des tablettes d'or. Nul ne pouvait lire ces signes. Le Tashi Lama entra dans le temple, posa la tablette d'or sur sa tête et commença à prier. Grâce à cette prière, les pensées du Roi du Monde pénétrèrent dans son cerveau et, sans avoir lu les signes énigmatiques, il comprit et accomplit le message du Roi.

– Combien y a-t-il de personnes qui sont allées à Agharti ? demandai-je.

– Un grand nombre, répondit le lama, mais tous ont tenu secret ce qu'ils y ont vu. Quand les Olets détruisirent Lhassa, un de leurs détachements se trouvait dans les montagnes du sud-ouest ; il arriva jusqu'aux limites d'Agharti. Les hommes y apprirent quelques-unes des sciences mystérieuses et les rapportèrent à la surface de la terre.

» Voilà pourquoi les Olets et les Kalmouks sont d'habiles sorciers et de grands prophètes. Quelques tribus noires de l'est pénétrèrent aussi à Agharti et y ont vécu plusieurs siècles. Plus tard elles furent chassées du royaume et retournèrent à la surface de la terre, rapportant avec elles le mystère des prédictions selon les cartes, les herbes, et les lignes de la main. Ce sont les bohémiens. Quelque part au nord de l'Asie enfin, existe une tribu qui est en train de disparaître; elle vient de la caverne d'Agharti. Ses membres savent rappeler les esprits des morts quand ils flottent dans l'air.

Le lama resta silencieux quelque temps. Puis, comme s'il répondait à mes pensées, il continua :

– A Agharti, les savants panditas inscrivent sur des tablettes de pierre toute la science de notre planète et des autres mondes. Les savants bouddhistes chinois le savent bien. Leur science est la plus haute et la plus pure. Chaque siècle, cent sages de Chine se réunissent en un endroit secret, sur les rives de la mer, d'où jaillissent des profondeurs cent tortues immortelles. Sur leurs écailles les Chinois écrivent les conclusions de la science divine du siècle.

Ceci me rappelle l'histoire que me raconta un vieux bonze chinois du temple du Ciel à Pékin. Il me dit que les tortues vivaient plus de trois mille ans sans air ni nourriture et que c'est la raison pour laquelle toutes les colonnes du temple du Ciel reposaient sur des tortues vivantes, afin d'empêcher le bois de pourrir.

– Plusieurs fois les pontifes d'Ourga et de Lhassa ont envoyé des ambassadeurs auprès du Roi du Monde, me dit le lama bibliothécaire, mais il leur fut impossible de le découvrir. Seul un certain chef thibétain, après une bataille avec les Olets, trouva la caverne portant l'inscription : « Cette porte conduit à Agharti ». De la caverne sortit un homme de belle apparence, qui lui présenta une tablette d'or portant les signes mystérieux en lui disant :

» – Le Roi du Monde apparaîtra devant tous les hommes quand le temps sera venu pour lui de conduire dans la guerre les bons contre les méchants; mais ce temps n'est pas encore venu. Les hommes les plus mauvais de l'humanité ne sont pas encore nés.

» Le chiang chun baron Ungern envoya le jeune prince Pounzig en ambassade auprès du Roi du Monde, mais il revint avec une lettre du Dalaï-Lama de Lhassa. Le baron le renvoya une seconde fois, il ne revint jamais.

XLIX

LA PROPHÉTIE DU ROI DU MONDE EN 1890

Au commencement de 1921, je rendis une visite au houtouktou de Narabanchi, qui me raconta la chose suivante :

– Quand le Roi du Monde apparut devant les lamas, favorisés de Dieu, dans notre monastère, il y a de cela une trentaine d'années, il délivra une prophétie se rapportant aux cinquante années qui devaient suivre. La voici :

« Les hommes oublieront peu à peu leurs âmes pour ne s'occuper que de leurs corps. La plus grande corruption régnera sur la terre. Les hommes deviendront semblables à des animaux féroces, assoiffés du sang de leurs frères. Le Croissant s'effacera et ses adeptes tomberont dans la mendicité et dans la guerre perpétuelle. Ses conquérants frappés par le soleil renonceront à s'élever ; il leur arrivera le plus grand des malheurs, qui s'achèvera en insultes aux yeux des autres peuples. Les couronnes des rois, grands et petits, tomberont : un, deux, trois, quatre, cinq, six, sept, huit… Il y aura une guerre terrible où seront entraînés tous les peuples. Les océans rougiront… la terre et le fond des mers seront couverts d'ossements… des royaumes seront morcelés, des peuples entiers mourront, terrassés par la faim, la maladie, par des crimes inconnus des lois et que jamais encore le monde n'avait pu imaginer. Alors viendront les ennemis de Dieu et de l'Esprit divin qui se trouvent dans l'homme. Ceux qui prennent la main d'un autre périront aussi. Les oubliés, les persécutés, se lèveront et retiendront l'attention du monde entier. Il y aura des brouillards et des tempêtes. Des montagnes dénudées se couvriront de forêts. La terre tremblera… Des millions d'hommes échangeront les chaînes de l'esclavage et de l'humiliation contre la faim, la maladie, la mort. Les anciennes routes seront couvertes de foules allant d'un endroit à un autre. Les plus grandes, les plus belles cités périront par le feu… une, deux, trois… Le père se dressera contre le fils, le frère contre le frère, la mère contre la fille. Le vice, le crime, la destruction du corps et de l'âme suivront… Les familles seront dispersées… La fidélité et l'amour disparaîtront… De dix mille hommes, un seul survivra… il sera nu, fou, sans force et ne saura pas se bâtir une maison ni trouver sa nourriture… Il hurlera comme le loup furieux, dévorera des cadavres, mordra sa propre chair et défiera Dieu au combat… Toute la terre se videra. Dieu s'en détournera. Sur elle se répandront la nuit et la mort. Alors j'enverrai un peuple, encore inconnu à ce jour, qui d'une main puissante arrachera les mauvaises herbes de la folie et du vice, et conduira ceux qui restent fidèles à l'esprit de l'homme dans la bataille contre le mal. Ils fonderont une nouvelle vie sur la terre purifiée par la mort des nations. Dans la cinquantième année, trois grands royaumes seulement apparaîtront, qui vivront heureux pendant soixante et onze ans. Puis viendront dix-huit ans de guerre et de destruction. Alors les peuples d'Agharti sortiront de leurs cavernes souterraines et apparaîtront sur la surface de la terre. »

Plus tard, voyageant à travers la Mongolie orientale, vers Pékin, il m'arriva souvent de me demander : « Qu'arriverait-il ? qu'arriverait-il si des peuples entiers, des peuples de couleurs, de religions, de tribus différentes commençaient à émigrer vers l'ouest ? »

Maintenant, à l'heure où j'écris ces dernières lignes, mes yeux se tournent involontairement vers ce cœur infini de l'Asie sur lequel se déroule le tracé de mes courses errantes. A travers les tourbillons de neige ou les tempêtes de sable du Gobi, je revois le visage du houtouktou de Narabanchi, tandis que d'une voix calme, sa main fine montrant l'horizon, il m'ouvrait le secret de ses intimes pensées :

– Près de Karakoroum, sur les rives d'Ubsa-Nor, je vois

d'immenses camps multicolores, des troupeaux de chevaux et de bétail, les yourtas bleues des chefs. Au-dessus flottent les bannières de Gengis Khan, des rois du Thibet, du Siam, d'Afghanistan et des princes de l'Inde ; les signes sacrés des pontifes lamaïstes ; les armes des khans, des Olets et les simples signes des tribus mongoles du Nord. Je n'entends pas le bruit de la foule agitée. Les chanteurs ne chantent pas les airs mélancoliques des montagnes, des plaines et des déserts. Les jeunes cavaliers ne se plaisent pas à courir, montés sur leurs rapides chevaux… Il y a là des foules innombrables de vieillards, de femmes et d'enfants, et, au-delà, au nord et à l'ouest, aussi loin que l'œil peut atteindre, le ciel est rouge comme la flamme, on entend le grondement et le pétillement de l'incendie, le bruit féroce de la bataille qui accompagne ces guerriers, versant sous le ciel rougi leur sang et celui des autres ! Qui conduit ces foules de vieillards sans armes ? Je vois un ordre sévère, une compréhension profonde et religieuse du but, de la patience, de la ténacité, une nouvelle émigration des peuples, la dernière marche des Mongols.

Le Karma a peut-être ouvert une nouvelle page dans l'histoire.

Et qu'adviendra-t-il si le Roi du Monde est avec eux ?

Mais ce mystère d'entre les mystères a pour gardien le silence.

TABLE

DEUXIÈME PARTIE

LA TERRE DES DÉMONS

TROISIÈME PARTIE

AU CŒUR FIÉVREUX DE L'ASIE

QUATRIÈME PARTIE

LE BOUDDHA VIVANT

CINQUIÈME PARTIE

LE MYSTÈRE DES MYSTÈRES
LE ROI DU MONDE

Cet ouvrage
réalisé pour le compte des Éditions Phébus
a été mis en pages par In Folio,
reproduit et achevé d'imprimer
en septembre 2000
dans les ateliers de Normandie Roto Impressions S.A.
61250 Lonrai
N° d'imprimeur : 00-2189

Dépôt légal : octobre 2000
ISBN : 2-85940-680-8
ISSN : 1285-6002